Kunden gewinnen mit Meta-Selling

Thomas W. Lörsch

Kunden gewinnen mit Meta-Selling

So steigern Sie Ihre Abschlussquote radikal

Thomas W. Lörsch
Linz
Österreich

ISBN 978-3-658-06963-6   ISBN 978-3-658-06964-3 (eBook)
DOI 10.1007/978-3-658-06964-3

Die Deutsche Nationalbibliothek verzeichnet diese Publikation in der Deutschen Nationalbibliografie; detaillierte bibliografische Daten sind im Internet über http://dnb.d-nb.de abrufbar.

Springer Gabler

Lektorat: Manuela Eckstein

Gedruckt auf säurefreiem und chlorfrei gebleichtem Papier

Springer Fachmedien Wiesbaden ist Teil der Fachverlagsgruppe Springer Science+Business Media (www.springer.com)

Vorwort

▶ Wenn Sie morgen das Gleiche tun wie gestern, werden Sie auch die
gleichen Ergebnisse erzielen!

Morgen früh habe ich den Deal meines Lebens. Um diesen Meilenstein zu würdigen und zu etwas Besonderem zu machen, schenke ich mir das blaue Samtsakko,
das ich schon seit einem halben Jahr im Visier habe. Gerade noch vor Geschäfts-
schluss schaffe ich es durch die Eingangstür des Herrenausstatters. Mein Herz
klopft vom kurzen Sprint, aber ich bin drin. Ich laufe die Rolltreppe hinauf und
oben angekommen, scheinen alle Verkäufer sich in den Feierabend zu retten. Aufgrund des Zeitdrucks brauche ich jetzt schnell einen kompetenten Berater. Ich eile
durch die Abteilung. Alle scheinen vor mir zu flüchten. Jetzt weiß ich, wie sich
auch in unserem Haus die Kunden fühlen müssen, wenn die Kollegen schon mit
ihren Gedanken im Feierabend sind. Die Zeit wird immer knapper, eine leichte
Unruhe überkommt mich. War die ganze Hetzte umsonst? Auch mein Versuch, mir
selbst einen Überblick zu verschaffen, wird bereits im Keim erstickt, als die Hin-
tergrundmusik abrupt von einer Durchsage übertönt wird: „Unser Haus schließt in
wenigen Minuten. Wir wünschen Ihnen…".

Ich bin bereits zurück auf dem Weg zur Rolltreppe, als plötzlich ein Verkäufer ganz lässig auf mich zukommt, mir die Hand reicht und mich anlächelt. Mit
ruhiger, sympathische Stimme begrüßt er mich und sagt: „Lassen Sie sich bitte
durch diese Durchsage nicht stören. Einen tollen Anzug kauft man in Ruhe." Er
bittet mich, einen kleinen Augenblick zu warten, geht zum Haustelefon, wählt und
spricht: „Lass doch bitte das Licht in der Ersten noch an. Ich kümmere mich später
selbst darum." In diesem Augenblick spürte ich etwas ganz Besonderes.

Kennen Sie das Gefühl, wenn Sie sofort merken, dass Ihr Gegenüber für diesen
Job geboren ist? Ich verrate Ihnen ein Geheimnis: Niemand wird für einen Job geboren. Menschen, von denen man denkt, sie seien für ihren Beruf geboren, hatten
ein festes Ziel vor Augen und haben sich dorthin entwickelt – wie eine Raupe

zum Schmetterling. Dies war meine erste bewusste Begegnung mit einem Meta-Verkäufer. Damals ahnte ich nicht, wie sehr sich mein Leben dadurch verändern würde. An jenem Tag beschloss ich, diese besonderen Menschen genauestens zu analysieren. Mich interessierte brennend, was sie motiviert, was sie antreibt. Die gewonnen Erkenntnisse haben mich dazu bewogen, dieses Buch für Sie zu schreiben, um diese Muster sichtbar zu machen. Ich werde Ihnen in diesem Buch aufzeigen, wie auch Sie zum Meta-Verkäufer werden. Sie werden lernen, Ihr wahres Potenzial zu nutzen, von dessen Existenz Sie vielleicht nicht einmal zu träumen wagen. Sie werden lernen, ganzheitlich in einer neuen Dimension zu kommunizieren, wie es zielgerichteter nicht sein könnte, und damit Ihre Abschlüsse auf ein neues Level heben.

Wenn Sie sich Ihres natürlichen Talents auf dem Gebiet der Kommunikation bewusst werden und erkennen, wie Sie dieses systematisch entwickeln und zielgerichtet einsetzen, werden Sie im Vertrieb Erfolge erleben, die sich positiv auf Ihr gesamtes Leben auswirken.

Dieses Buch jedoch nur zu lesen und zu glauben oder zu hoffen, jetzt seien Sie am Ziel ankommen und würden über Nacht zum Meta-Verkäufer, ist ein großer Irrtum. Vergleichen Sie die Entwicklung verkäuferischer Fähigkeiten mit dem Erlernen des Autofahrens. In der Fahrschule lernen Sie die Theorie. Die Praxis lernen Sie auf der Straße. Im übertragenen Sinne in Ihrem Berufsalltag. Ich habe dieses Buch für Menschen geschrieben, die den Willen und die Bereitschaft haben, etwas zu verändern. Denn Veränderung schafft neue Realitäten.

- Sind Sie bereit, für mehr Abschlüsse?
- Sind Sie bereit, mehr Geld zu verdienen?
- Sind Sie bereit, für mehr Lebensqualität?
- Sind Sie bereit, im Berufsleben und im Alltag zufriedener zu sein?
- Sind Sie bereit ein Abenteuer zu starten?

Dann lesen Sie dieses Buch. Ich werde Ihr Begleiter sein und weihe Sie Schritt für Schritt in die Geheimnisse der Meta-Verkäufer ein. Sie werden Schlüsselmomente erleben, die Sie Ihr wahres Potenzial erkennen lassen und Sie ermutigen, es voll auszuschöpfen.

In der ersten Hälfte dieses Buches erfahren Sie die wichtigsten Grundlagen zu Motivation, Struktur und Effektivität im Verkauf, bevor wir mit Beginn der zweiten Hälfte in die sieben Meta-Programme einsteigen. Nach einigen Hintergrundinformationen und Erläuterungen zur Funktionsweise der Meta-Programme lernen Sie anhand von Praxisbeispielen jedes einzelne der sieben Programme kennen und können Ihr Wissen mithilfe von Praxisübungen vertiefen. Anschließend werden wir uns mit Ihren Glaubenssätzen und mit der Bedeutung klar formulierter Ziele als Voraussetzung für dauerhaften Erfolg beschäftigen. Welche Faktoren wichtig sind, um diese „klaren Ziele" zu formulieren, und wie Sie die Hindernisse auf Ihrem Weg dorthin überwinden, werden Sie ebenfalls erfahren. Diese Ziele und sechs weitere Faktoren bilden die Grundlage für Ihre Selbstmotivation. Vermutlich werden Sie einige Aha-Erlebnisse haben, wenn Ihnen die Tendenz Ihrer eigenen Meta-Programme klar wird.

Leser, die sich schon ausführlich mit Motivation, Glaubenssätzen, Zielen und Effektivität im Vertrieb beschäftigt haben oder sich gerne als Erstes mit den sieben Meta-Programmen beschäftigen möchten, empfehle ich, die Tabelle „Kernfragen" am Ende von Kap. 1 auszufüllen und dann direkt bei Kap. 2 einzusteigen.

Ich wünsche Ihnen viel Freude und Erfolg bei der Umsetzung!

Herzlichst
Ihr
Thomas W. Lörsch

Danksagung

Wenn man etwas Neues leisten möchte, braucht man auch eine neue Herangehensweise. Das habe ich in den unterschiedlichsten Situationen meines Lebens immer wieder beobachtet und auch selbst erfahren. So auch bei diesem Buch-Projekt, bei dem ich dachte, mich auf meine langjährigen Erfahrungen im Vertrieb stützend, in relativ absehbarer Zeit, die letzten Zeilen zu formulieren. Es dauerte dann doch ein ganzes Jahr und wurde nur durch die tatkräftige Unterstützung einiger Menschen möglich, bei denen ich mich herzlich bedanke.

Mein besonderer Dank gilt Marko Huemer, Guido Noll und Ralph Frien. Ohne Marko Huemer wäre dieses Buch wohl nie zustande gekommen. Er brachte mich überhaupt auf die Idee meine Erfahrungen in dieser Form der Öffentlichkeit zur Verfügung zu stellen. Seiner kreativen Unterstützung bei der Konzeption und unermüdlichen extrinsischen Motivation während der gesamten Arbeit waren immer wieder inspirierend. Mithilfe seiner wertvollen wie genialen, strategischen Ideen, entstand dieses Werk. Guido Noll begeisterte und motivierte mich immer wieder. Er vermag es wie kaum ein anderer seine Kreativität und seinen feinen Sinn für die Wirksamkeit der Sprache zu verbinden. Für seine gestalterische Hilfe und seine Ermunterungen danke ich Ralph Frien, der mir unermüdlich ein offenes Ohr lieh und immer eine Lösung parat hatte. Außerdem bedanke ich mich bei Daniel Danzer, Martin Lau, Patrick Zauner und Sören Bortz für die intelligenten Diskussionen. Dem Lektorat von Springer-Gabler danke ich für die konstruktive und professionelle Zusammenarbeit und hierbei im Besonderen Frau Manuela Eckstein.

Diese Danksagung wäre nicht vollständig, würde ich mich nicht bei meinen Seminarteilnehmern bedanken, deren positives Feedback mich ebenfalls inspirierte dieses Buch zu schreiben.

Inhaltsverzeichnis

Der Autor

Thomas W. Lörsch war mehr als zwanzig Jahre Vertriebsmanager in namhaften deutschen und österreichischen Unternehmen. Seine Karriere führte den gebürtigen Trierer nach Frankfurt, wohin er seinen Lebensmittelpunkt verlagerte. Heute lebt er in Linz, Österreich und in der Main-Metropole.

Bevor er sein eigenes Unternehmen gründete, war er als Geschäftsführer und Vertriebsleiter für über 1000 Mitarbeiter verantwortlich.

Der Vertriebsexperte und Coach berät Unternehmer und stellt sein profundes Wissen sowie seine facettenreichen Erfahrungen auf sehr motivierende Weise in Vorträgen, Seminaren und Workshops zur Verfügung.

Einleitung

Wir leben in einem Informationszeitalter, das unser Konsumverhalten ständig verändert. Menschen haben die Möglichkeit, sich durch die modernen Medien deutlich besser zu informieren und vorzubereiten, bevor sie eine Kaufentscheidung treffen. Mit dieser Entwicklung steigt auch für die Verkäufer die Komplexität ständig, da sich der Käufer immer mehr als Experte fühlt. Gerade wegen des hohen Informationsvorsprungs der Kunden im Vergleich zu früher bleibt der entscheidende Faktor für den erfolgreichen Verlauf eines Verkaufsgesprächs die Kommunikationsfähigkeit des Verkäufers.

Es gibt viele Menschen, die ihre Leidenschaft im Vertrieb gefunden haben. Die über einen sehr guten Instinkt verfügen und damit intuitiv recht passable Ergebnisse, sprich Abschlüsse und Provisionen, erzielen – und das auch mit einer gewissen Kontinuität. Die meisten von ihnen verfügen über eine gute Basisausbildung, ahnen jedoch nicht, dass viel mehr in ihnen steckt.

„Das Schöne am Verkaufen liegt im persönlichen Kontakt und in der direkten Kommunikation mit den Menschen." So fast einheitlich die Meinung von Verkäufern, danach befragt, was ihnen an ihrem Beruf am besten gefalle. Nur einige wenige stellen sich jedoch die Frage: Wie kann ich die Kommunikation mit Menschen optimieren und dadurch besser verkaufen?

Schon zu Beginn meiner mehr als zwanzigjährigen Vertriebslaufbahn erkannte ich, dass es Verkäufer gibt, die dauerhaft überdurchschnittliche Erfolge erzielen. Nicht selten erzielen sie den doppelten oder dreifachen Umsatz. Manche sogar deutlich mehr. Wegen ihres Erfolgs sind sie natürlich auch deutlich zufriedener und glücklicher, wie sich mir in unzähligen Einzelgesprächen offenbarte. Immer wieder habe ich überdurchschnittlich erfolgreiche Verkäufer kennengelernt. Und immer wieder stellte sich die Frage: Wie machen sie das? Wie gelingt es ihnen, um so viel erfolgreicher zu sein als andere? Und das völlig unabhängig von der aktuellen Wirtschaftslage oder den Besucherstatistiken der Kauf- oder Handelshäuser?

Als ich das Verhalten dieser Verkäufer genauer zu analysieren begann, erkannte ich ganz klare Muster.

Sie hatten den Erfolg nicht mit der Muttermilch aufgesogen! Nein, für alle war es eine langjährige und aufwändige Entwicklung. Eine Entwicklung, die stets auf ein bestimmtes Ziel gerichtet war: auf mehr Abschlüsse. Mehr Abschlüsse führen zu mehr Geld. Und dies spiegelt sich in der Lebensqualität wider. Mit dieser Entwicklung stellt sich dann automatisch das ein, woraus alle Menschen Motivation und Selbstbewusstsein gewinnen: Anerkennung und Wertschätzung! Voraussetzung ist danach also die eigene bzw. die *intrinsische* Motivation, deren Ursprung auf klaren Zielen im Leben basiert.

Wie alle erfolgreichen Menschen besaßen alle überdurchschnittlich erfolgreichen Verkäufer Disziplin und arbeiteten sehr strukturiert. Sie hatten sehr gute empathische Fähigkeiten, die es ihnen ermöglichten, sich sehr schnell auf unterschiedliche Kundentypen einzustellen. Eine natürliche Begabung – zweifelsohne – die, gepaart mit viel Übung und Erfahrung in Kommunikation, eine vorzügliche Kombination darstellt. Diese Kombination sollte später die Grundlage für eine neue Methodik werden.

Als ich mich zum ersten Mal mit den Meta-Programmen zu beschäftigen begann, ahnte ich, damit ein Werkzeug gefunden zu haben, mit dem es gelingen würde, die Kommunikation im Verkauf zu revolutionieren und das für jeden erlern- und nutzbar sein sollte. Ich filterte die umfangreichen Systeme und verdichtete sie, bis zum guten Schluss die wichtigsten sieben Schemata einer zielgerichteten Kommunikation für den Vertrieb entstanden.

In einem meiner Seminare überarbeiteten wir beispielsweise die Formulierungen des E-Mail-Responders eines Teilnehmers, dessen Unternehmen im Onlineservice tätig ist. Bereits in der Folgewoche rief er mich an und berichtete von unglaublichen Zuwächsen in den Onlinebestellungen. Wir hatten die automatisierten E-Mail-Formulierungen mit den sieben Meta-Programmen genau auf seine Zielkunden zugeschnitten, sodass sich seine Kunden sofort besser verstanden fühlten, und das sogar ohne direkte persönliche Kommunikation. Außerdem verwendete er die Meta-Programme beim Telefonverkauf und konnte dadurch sofort erkennen, nach welchem Schema sich sein Kunde ausdrückte. „Das verkürzt die Dauer meiner Telefongespräche und erhöht meine Abschlussquote deutlich", berichtete er.

Ein anderer Teilnehmer, ein Anwalt, erzählte davon, dass seine Ansprachen vor Gericht sich seit dem Seminar deutlich geändert hätten. Er wisse jetzt noch besser, wie er einen Richter ansprechen müsse, da er dessen Meta-Programme erkenne. „Grundsätzlich gibt mir die Art der Tätigkeit erste Hinweise, aber ich erkenne mittlerweile auch individuell, in welchen Meta-Programmen sich meine Gesprächspartner gerade ausdrücken. Das hat meiner Kommunikation den Feinschliff gegeben. Sowohl im Umgang mit meinen Klienten als auch im Privatleben. Ich merkte mittlerweile recht schnell und zuverlässig, ob ich beispielsweise mit einem *detailorientierten* Menschen spreche oder mit einem, dem der Überblick wichtig ist. Dadurch wurde mir bewusst, warum es manchmal sinnlos ist, einen Klienten zu unterbrechen. Ist dieser *detailorientiert* und dazu noch im *inneren Bezug,* würde er immer wieder von vorne beginnen, bis er seine ganze Geschichte erzählt hat."

Ein Finanzberater rief mich zwei Monate nach dem Seminar an: „… wenn ich nur Ihr erstes Meta-Programm bei der Kundenanalyse berücksichtige, kann ich jetzt dadurch anhand der Sprache und den Reaktionen sofort erkennen, ob mein Kunde von seiner Persönlichkeit her eher *Freude erleben* will und *risikobereit* ist oder jemand, der *Probleme oder Nachteile vermeiden* möchte. Meine Gespräche verlaufen nicht nur deutlich besser, sondern ich brauche auch weniger Anläufe und spare Zeit, zudem entsteht eine bessere Vertrauensebene. Meine Abschlussquote hat sich deutlich erhöht und das Schönste daran ist, es macht mir auch noch mehr Freude als vorher. Ich verstehe meine Kunden besser und sie mich. Und im Privaten funktioniert es genauso."

▶   Meta-Verkäufer zu werden ist ein Entwicklungsprozess.

Nicht nur jeder Verkäufer, der bereit ist, an sich zu arbeiten, kann ein Meta-Verkäufer werden, sondern jeder Mensch erhält dadurch die Möglichkeit, besser zu kommunizieren. Hat man erst einmal erkannt, dass man durch strukturiertes, zielgerichtetes Vorgehen seinen Erfolg selbst bestimmen kann, beginnt man das eigene Leben und damit auch die Welt mit anderen Augen zu sehen. Letzten Endes führt dies zu mehr Motivation, Selbstbewusstsein und einem glücklicheren Leben.

Modernste neurowissenschaftliche Erkenntnisse enthüllen, welche Regionen des menschlichen Gehirns angesprochen werden müssen und wodurch hier ein Reiz ausgelöst wird, damit eine Kaufentscheidung getroffen wird. Sie zeigen auch, welches Verhalten, welche Kommunikation zum Ziel führt und welche sogar eine gegenteilige Wirkung erzeugt. Eines steht nach diesen Forschungen und den daraus gewonnenen Erkenntnissen außer Frage:

▶   Die Kaufentscheidung wird im Unterbewusstsein getroffen und nirgendwo anders!

Im Unterbewusstsein wirken jedoch keine Fakten und keine Logik. Das einzige, was hier *ankommt* und *wirkt*, sind Bilder. Bilder, die Sie mit einer gezielten Kommunikation erzeugen können.

Die DNA des Verkaufs

1

Der Erfolg eines Verkäufers hängt maßgeblich von seiner Motivation ab. Ist es alleine das Gehalt, das er für seine Arbeit erhält, oder der Umgang mit Menschen, der ihn motiviert? Ist es seine Serviceorientierung oder der Wunsch, anderen Menschen zu helfen? Es sind immer Kombinationen dieser Faktoren in unterschiedlichsten Ausprägungen. Je besser ein Verkäufer in der Lage ist, sich in die Welt eines Kunden zu versetzen, desto erfolgreicher wird er sein. Wer strukturiert vorgeht und die Welt bewusst aus Kundensicht betrachtet, kann sein wahres Potenzial ausschöpfen.

1.1 Drei Verkäufer-Typen

Um die Entwicklung der Sicht- und Denkweise zum Meta-Verkäufer abbilden zu können, werden in diesem Kapitel drei Grundtypen von Verkäufern beschrieben.

1.1.1 Der Vermeider

Wahrscheinlich haben Sie es auch schon so oder ähnlich erlebt: Sie betreten eine Fachabteilung einer der großen Elektronik-Fachgeschäfte und haben einen konkreten Wunsch. Nur noch eine kurze fachliche Unterstützung und sie gehen mit Ihrer „Beute" zur Kasse. Jetzt, da Sie tatsächlich einen Verkäufer brauchen, scheinen alle wie vom Erdboden verschluckt. Haben Sie endlich einen entdeckt und Ihren Wunsch geäußert, schickt dieser Sie in die Abteilung zurück, aus der Sie gerade ge-

© Springer Fachmedien Wiesbaden 2015
T. W. Lörsch, *Kunden gewinnen mit Meta-Selling,*
DOI 10.1007/978-3-658-06964-3_1

kommen sind. „Da müssen Sie die Kollegen in der Abteilung fragen." Die nächsten Verkäufer, die Sie finden, sind damit beschäftigt, Ware auszupacken und in die Regale zu räumen. Sie sprechen die beiden an, was Sie leider auch nicht weiterbringt. Im Gegenteil! Offensichtlich stören Sie gerade beim Auspacken. Aber wenigstens kommt man Ihrer Bitte nach, einen Verkäufer ausrufen zu lassen. In der Zwischenzeit beginnen Sie die Produktinformationen auf Preisschildern und Verpackung zu studieren. Vielleicht kommen Sie ja ohne Beratung zum Ziel? Nach ein paar Minuten kommt der zuständige Verkäufer: „Was kann ich für Sie tun?" Sie äußern Ihren Wunsch und stellen die noch offenen Fragen. „Ja, da müssen wir mal auf die Beschreibungen schauen…" Er beginnt sich zu orientieren. Eine Fachberatung stellen Sie sich anders vor. Spätestens jetzt beginnen Sie sich zu ärgern. Wahrscheinlich schon deutlich früher. Denn Verkäufer sind häufig die kritischsten Kunden. Sie wissen, wie der Verkauf funktioniert bzw. funktionieren sollte.

Nach diesem Erlebnis werden Sie Ihren Einkauf wahrscheinlich in einem anderen Geschäft tätigen. Vor allem dann, wenn Sie eine Fachauskunft benötigen. Denn Einkaufserlebnisse dieser Art stellen nicht nur die Geduld von Kunden auf eine harte Probe. Sie schädigen das Image des Unternehmens. Denn jeder Mitarbeiter, der von einem Kunden als solcher wahrgenommen wird, repräsentiert die Firma, für die er arbeitet.

Warum verhalten sich einige Verkäufer so desinteressiert? Meist hat dies mehrere Ursachen:

- Sie verfügen über mangelnde Fachkompetenz.
- Sie sind sich ihrer Verantwortung hinsichtlich des Unternehmensimages nicht bewusst.
- Sie haben keine Erfolgserlebnisse und demzufolge auch keine Motivation. Und ohne Motivation kein Erfolg.

Dieser Verkäufer-Typ macht seine Arbeit nur nach genauen Anweisungen. Er ist mit dem relativ geringen Grundgehalt zwar nicht zufrieden, hat sich aber damit abgefunden. Mehr Geld zu verdienen scheint für ihn nur möglich, wenn sich irgendwann eine neue Jobgelegenheit ergibt. Er erkennt nicht, dass seine unbefriedigende Situation allein auf seiner eigenen Leistung beruht. An seinen täglichen Misserfolgen sind nur die äußeren Umstände schuld: Der Chef, die Kollegen, die Kunden, die Firma, die schlechte Werbung, das Wetter… Wie soll er da motiviert sein? Wie soll er unter diesen „Umständen" Erfolg haben können?

Die Lösung beginnt bei der Selbstreflektion, bei dem „Selbst-Bewusst-Sein". Um in der Beispielsituation zu bleiben, nenne ich es noch „Selbst-Bewusst-Werden". Von Erfolgreichen zu lernen und sich selbst zu entwickeln, sind für diesen Verkäufer noch keine reellen Möglichkeiten. Ihm fehlt es an Mut, die Dinge selbst in die Hand zu nehmen. Er hat meist keine konkreten Ziele. Weder im Beruf noch privat. Er hat Angst zu versagen. Völlig zu Unrecht!

Wenn Sie sich auch nur ein wenig in diesem Verkäufer wiedererkennen, verspreche ich Ihnen mit diesem Buch ganz neue Erkenntnisse und mehr Freude an Ihrem „Beruf". Und der macht schließlich die Hälfte Ihres Lebens aus. Sie müssen jedoch eines ganz sicher in sich spüren: Den Wunsch, etwas in Ihrem Leben ändern zu wollen.

Können Sie sich vorstellen, wie es sich anfühlt, mehr Erfolg zu haben? Mehr Geld zu verdienen? Zufriedener zu sein mit Ihrem Beruf? Können Sie sich vorstellen, wie es sich anfühlt zu erkennen, wenn Ihr Beruf zur „Berufung" wird? Und Sie Freude haben an dem, was Sie tun? Mögen Sie grundsätzlich den Umgang mit Menschen? Können Sie sich vorstellen, wie es ist, für andere ein Problemlöser zu sein? Geschätzt und respektiert zu werden? Wenn Sie sich eine Vorstellung von all dem machen können, müssen Sie es nur noch „**wollen**"! Dieser Wunsch muss aus Ihrem „*Inneren*" kommen. Glauben Sie mir, Sie können es! Ich habe so oft in meiner Zeit im Handel erlebt, wie sich Verkäufer, die diesen Entschluss gefasst hatten, im Laufe von wenigen Jahren zu Meta-Verkäufern entwickelt haben.

Wichtige Grundregeln

- Handeln Sie immer aus Kundensicht!
- Tragen Sie dazu bei, den Einkauf für den Kunden so angenehm wie möglich zu gestalten.
- Seien Sie immer für Kunden ansprechbar.
- Egal, womit Sie beschäftigt sind, für eine freundliche Begrüßung haben Sie immer Zeit!
- Auch, wenn Sie von der gewünschten Ware *noch* keine Ahnung haben, begleiten Sie Ihre Kunden in die richtige Abteilung.
- Übergeben Sie den Kunden persönlich an einen kompetenten Kollegen.
- Schildern Sie Ihrem Kollegen grob, welchen Wunsch Ihr Kunde hat.
- Verabschieden Sie sich freundlich bei den Kunden.

Wenn Sie diese Regeln beherzigen, vermitteln Sie Kompetenz und zeigen dem Kunden, dass er im „richtigen Geschäft" ist. So wirken Sie aktiv an der Kundenbindung mit. Denn auch mit dem Einkauf dieses einen Kunden tragen Sie direkt zum Unternehmenserfolg bei!

1.1.2 Der Fachkompetente

Gemeinsam mit Ihrer Partnerin betreten Sie die Wohnzimmerabteilung eines Einrichtungshauses. Endlich haben Sie die Zeit gefunden, sich nach einem neuen Sofa umzuschauen. Der Verkäufer ist mit seinem Bildschirm beschäftigt und nimmt keine Notiz von Ihnen. Sie schauen sich um und entdecken nach einem kurzen Rundgang eine Polster-Garnitur, die Ihren Vorstellungen schon recht nahe kommt. Nur die Farbe gefällt Ihnen nicht und etwas zu klein ist sie auch. Während Ihre Frau das Sofa genauer inspiziert, gehen Sie zu dem Verkäufer, der immer noch am Bildschirm sitzt und darin zu versinken scheint. Sie überkommt das untrügliche Gefühl, ihn gerade bei etwas ganz Wichtigem zu stören, aber Ihr Wunsch, jetzt und heute dieses Sofa zu kaufen, ist stärker. Sie unterbrechen ihn mit einem etwas ungeduldigen, „Guten Tag!" Und wider Erwarten ist der Herr sogar recht nett, erwidert Ihren Gruß mit einem freundlichen Lächeln und schenkt Ihnen seine ungeteilte Aufmerksamkeit. Inzwischen hat Ihre Frau schon die Stoffmuster entdeckt und zwei, drei Farben ausgewählt, wovon eine Ihnen auf Anhieb gefällt. Doch was nun folgt, wird zur Odyssee. Nach einer halben Stunde kennen Sie sämtliche Arten von Polsterungen, wissen, was Scheuertouren sind, haben sich einen Vortrag über Stilkunde und die Möglichkeiten von Raumgestaltungen angehört und vier Alternativvorschläge angesehen. Ihre Geduld neigt sich langsam, aber sicher dem Ende. „Eigentlich ist die alte Garnitur ja noch ganz okay", denken Sie und bereiten die Flucht vor. Bevor Ihre Frau noch weiter den Schilderungen lauschen kann, kommt der Verkäufer mit einer ganz neuen Idee und möchte noch zwei weitere Alternativen präsentieren… Sie verlassen das Geschäft, mit dem Gefühl, Ihre Zeit verschwendet zu haben.

Erkennen Sie sich ein wenig wieder? Dann kann ich Ihnen einerseits gratulieren. Sie verfügen über hohe Fachkompetenz und gute Umgangsformen. In diesem Fall nutzt Ihnen beides leider nichts, da Sie keinen Abschluss erzielt haben. Andererseits verfügen Sie über großes Entwicklungspotenzial. Ihre Effizienz wird sich deutlich steigern, wenn Sie den Inhalt dieses Buches verinnerlichen und strukturiert vorgehen. Sie werden lernen, Ihre Kompetenzen zu nutzen und auf die konkreten Wünsche Ihrer Kunden einzugehen. Dadurch werden Sie Ihre Abschlussquote deutlich steigern können!

In Ihre künftige professionelle und gezielte Bedarfsermittlung binden Sie eine fundamental wichtige Frage ein: die nach dem geplanten Budget! Zusätzlich begrenzen Sie die Auswahl auf maximal zwei bis vier Produkte. Denn dadurch geben Sie Ihren Kunden die Chance, eine schnelle und dauerhaft zufriedenstellende Entscheidung treffen zu können.

▶ Wichtige Grundregel: Wenn ein Kunde den Verkaufsraum betritt, gibt es nichts Wichtigeres als ihn!

Sie werden lernen, den richtigen Zeitpunkt zu erkennen, um die wesentliche Frage zu stellen: Die Frage nach dem Kaufabschluss! Sie werden lernen, diesen Zeitpunkt zu planen und ihn zu entwickeln.

▶ Zeit ist Geld. Für Sie – und für Ihre Kunden!

1.1.3 Der Meta-Verkäufer

Der glänzende Marmorboden der Verkaufshalle lässt die edlen Karossen fast wie Kunstobjekte wirken. Ihre Blicke schweifen umher, durch nichts abgelenkt. Dann steht er da. Genau so sollte er aussehen. Ihr Porsche 911… Wie zufällig ist ein Verkäufer in der Nähe und fordert Sie freundlich auf: „Setzen Sie sich ruhig rein! Ich bin gleich wieder bei Ihnen." Sie nehmen das Angebot an und sind auf Tuchfühlung mit Ihrem Wunschauto. Den größten Teil des Betrags haben Sie erwirtschaftet, und lange wird es nicht mehr dauern, bis sie ihn hier oder bei einem anderen Händler bestellen werden. Der Verkäufer kommt zurück und begrüßt sie mit Handschlag und einem freundlichen Lächeln: „Mein Name ist Michael Müller. Sie haben einen guten Geschmack! Haben Sie schon über die Farbe, Ausstattung und Motorisierung nachgedacht oder sich schon genauer informiert?" Er scheint sehr interessiert an Ihren Vorstellungen Ihres künftigen Autos. Denn bevor er fortfährt, bittet er Sie um Ihr Einverständnis: „Damit ich Sie wirklich perfekt beraten kann, möchte ich Ihnen ein paar Fragen stellen. Ist das in Ordnung für Sie?" Gekonnt umschreibt er kurz ein Szenario, wie Sie mit diesem Auto an der Ampel stehen und man Sie freundlich anlächelt. Die Beschreibung ist so gekonnt und lustig, das es Ihnen schmeichelt. Auch, wenn Sie nicht bewusst wahrnehmen, warum eigentlich… Der Verkäufer bittet Sie darum, ihn an seinen Beraterplatz zu begleiten, um dort detaillierter über Ihre Wünsche zu sprechen. Auf dem Weg dorthin: „Haben Sie auch schon über die Finanzierung nachgedacht? Wir haben aktuell ein sehr interessantes Angebot, mit einem unschlagbar niedrigen Zinssatz. Das Angebot ist zeitlich befristet. Es ist so interessant, dass man darüber nachdenken sollte, sein Geld anderweitig anzulegen, anstatt bar zu zahlen. Das aber nur zu Ihrer Information vorab. Damit ich es nicht vergesse." Er lächelt sympathisch und bittet Sie, Platz zu nehmen. Sie kommentieren diese Aussage nicht, sind aber in Gedanken schon wieder einen Schritt weiter und rechnen sich aus, im Falle einer Finanzierung sogar heute schon bestellen zu können. „Darf ich Ihnen einen Kaffee anbieten? Einen Cappuccino vielleicht?" Sie nehmen dankend an. Er reicht Ihnen einen Prospekt. „Vielleicht möchten Sie ein wenig darin blättern? Ich hole nur schnell Ihren Kaffee." Sehr geschickt, denken Sie sich und grinsen. Dieses Gespräch verläuft vollkommen anders, als Sie es von Autoverkäufern gewohnt sind. Sie schlagen den Prospekt auf und sehen Ihren Traumwagen vor den schönsten Kulissen. Auf einsamen Passstraßen, an einer sonnigen Küste… Wenige Minuten später ist der Verkäufer zurück. Er serviert Ihnen den Cappuccino. Die Tasse ist das einzige, was auf seinem Schreibtisch steht. Nichts lenkt Sie ab. Ehe Sie sich versehen, sind Sie mit ihm über Ihren Fußball-Club, Ihr Hobby oder ein Reiseziel im Gespräch, während er Ihren Wunschwagen, gemeinsam mit Ihnen, Schritt für Schritt konfiguriert und auf dem Bildschirm präsentiert. „Sind Sie schon einmal ein solches Modell gefahren? Ich habe gerade einen auf dem Hof stehen. Wenn Sie möchten und Zeit haben, drehen wir eine kleine Runde." Wenig später fahren Sie mit einem Porsche durch die Stadt. Als hätte er es vorhergesehen, spielt sich nun ab, was er eben im Verkaufsraum beschrieben hat. Sie beide lachen, und schon ist Ihre Entscheidung im Bauch eindeutig getroffen! Zurück im Autohaus stellt er Ihnen die Frage, ob Ihnen kleine Ausflug gefallen hat. Und erwähnt noch einmal kurz das nette Lächeln an der Ampel.

So arbeiten Meta-Verkäufer. Aber glauben Sie nicht, dass das angeboren ist oder bloß großes Talent, Zufall oder Glück. Dahinter steckt ein harter und langer Weg. „Positive Beschleuniger" wie das Lächeln an der Ampel lassen sich überall finden und in ein Verkaufsgespräch einbauen. Ob bei Elektrogeräten, Möbeln oder was auch immer. Zugegeben, bei Schweinehälften brauchen Sie ein wenig mehr Fantasie. Eines ist jedoch gewiss: Ein solcher Verkäufer liebt seinen Job, hat klare Ziele und lässt sich seine positive innere Stimmung nicht von äußeren Umständen verderben. Er weiß, dass nur einer für seinen Erfolg verantwortlich ist: er selbst!

▶ Die Entwicklung vom Anfänger zum Meta-Verkäufer ist ein Prozess. Er hängt von Ihrem Fach-Wissen und in sehr großem Maße von Ihrer Persönlichkeit und von Ihrem Selbstbewusstsein ab.

Für den ein oder anderen von Ihnen, liebe Leser, wird sich nun die Frage stellen: „Wo stehe ich in meiner Entwicklung?" Andere wiederum werden es vermessen finden, wenn ich ihr Selbstbewusstsein und ihre Persönlichkeit als Maßstab für ihren Erfolg heranziehe. Sie könnten sich kritisiert fühlen und meine Darstellungen als schulmeisterlich empfinden.

Stellen Sie sich vor, Sie hätten die Möglichkeit, sich auf eine Zeitreise zu begeben. Sie könnten sieben Jahre in die Zukunft reisen. Dort angekommen, würden Sie sich selbst begegnen. Sich selbst als Verkäufer mit sieben Jahren weiterer

Entwicklung. Sie hätten sich sieben Jahre lang interessiert und weitergebildet. So, wie Sie nun neben sich stehen, beantworten Sie sich Ihre eigene Frage, die sich damit auftut: „Wer, glauben Sie, ist der erfahrenere von Ihnen beiden? Wer ist der erfolgreichere Verkäufer?" Eine Suggestivfrage, die sehr klar macht, um was es geht. Es geht um Ihre persönliche Entwicklung! Nur Sie entscheiden, wie schnell diese voranschreitet. Sie entscheiden, was Sie lernen, wann Sie lernen und wie schnell Sie lernen. Die Bedingung: Sie müssen erkennen, dass Sie sich verbessern können. Erkennen können Sie das nur, wenn Sie bereit sind, sich selbst in Frage zu stellen. Psychologen nennen das „Selbstreflektion". Sie ist die Voraussetzung für Ihre Entwicklung.

1.2 Aufbau der Beziehung zwischen Verkäufer und Kunde

Im Verkauf können Sie nur dann erfolgreich sein, wenn es Ihnen gelingt sich in die Lage des Kunden zu versetzen. Welchen Wunsch, welchen Bedarf hat er? Und was genau steckt wirklich hinter seinem Wunsch? Um dahin vorzudringen muss es Ihnen zuerst gelingen das Vertrauen Ihres Kunden zu gewinnen, denn ohne Vertrauen wird er nicht preisgeben, was ihn wirklich antreibt. Dazu gibt es einige Hürden zu überwinden. Die allererste ist die erfolgreiche Kontaktaufnahme und die beginnt mit dem so oft be- und umschriebenen „Ersten Eindruck". Er entscheidet darüber, ob ein Kunde Sie als sympathisch empfindet, oder nicht.

▶   Lassen Sie Träume wahr werden!

Nimmt Ihr Kunde Sie als sympathisch war und schätzt Sie als kompetent ein, haben Sie den Grundstein gelegt, auf dem Sie Ihr Verkaufsgespräch aufbauen können. Misslingt Ihnen dieser erste Eindruck, werden Sie es sehr schwer haben, denn Ihre Chancen sinken gegen Null.

Die meisten Verkäufer sehen im Verkaufen nur eine reine Dienstleistung. Ein Kunde möchte etwas kaufen. Er hat einen Bedarf und den helfe ich zu decken. Oder, wie in einigen Verkaufsseminaren kernig auf den Punkt gebracht und schon so oft gepredigt wurde: „Verkaufen heißt Verkaufen". Das ist natürlich grundsätzlich richtig und wichtig, „damit der Rubel rollt". Diese oder ähnliche Formulierungen haben die meisten Verkäufer schon einmal gehört. Die Komplexität, die dem zugrunde liegt, wird jedoch häufig unterschätzt.

Ein echter Meta-Verkäufer sieht im Verkaufen viel mehr als den reinen Verkaufsprozess. Er sieht nicht nur die nackte Dienstleistung und versteht sich nicht als bloßer Berater. Das ist zu profan. Er hat sich intensiv mit dem Verhalten der

Menschen beschäftigt und mit der Kommunikation, die sein wichtigstes Werkzeug ist.

Er sieht sich zu Recht als Problemlöser und hilft seinen Kunden, Wünsche und Träume wahr werden zu lassen. Ab dem allerersten Kontakt zu seinen Kunden überlässt er nichts mehr dem Zufall. Er baut eine Brücke, über die er seine Kunden leitet, von ihren Träumen und Wünschen hinüber ans Ziel zu ihrer Erfüllung.

Zugegeben, das klingt etwas theoretisch. In meinen Seminaren blicke ich immer wieder in ungläubige Gesichter, wenn Verkaufen *„Das Erfüllen von Träumen und Wünschen"* bedeuten soll! Aber Sie werden im Laufe dieses Buches erkennen, dass es nichts anderes ist als das.

Es geht um ein besseres, um ein tieferes Verständnis. Es geht darum, das wichtigste Element im Verkauf entscheidend zu verbessern und auf eine höhere Ebene zu heben. Es geht um Ihre Kommunikation.

Es geht darum, *effektiv* zu kommunizieren. Ihr Kunde muss das Gefühl haben, er ist bei dem richtigen Verkäufer angekommen. Bei dem, der ihn tatsächlich versteht. Bei dem, der sich wirklich dafür interessiert, was er will und was er braucht! Stellen Sie sich vor, Sie könnten so kommunizieren, dass nahezu jeder Kunde zufrieden Ihr Geschäft verlässt und gerne wieder zu Ihnen kommt. Das kennen Sie schon! Aber wie wäre es, wenn Sie es in immer kürzerer Zeit schaffen würden? Und wie wäre es, wenn immer mehr Kunden zu Ihnen wollen?

1.2.1 Die Macht des *Ersten Eindrucks*

Für den ersten Eindruck haben wir immer nur eine einzige Chance. Das Bild, das sich unser Gegenüber von uns macht, entsteht in Sekundenbruchteilen und verfestigt sich tief. Es anschließend zu korrigieren ist grundsätzlich sehr schwierig und im Verkauf häufig unmöglich, da wir meist keine Gelegenheit dazu bekommen. In den entscheidenden, ersten Augenblicken eines Kundenkontakts werden die Grundsteine für Vertrauen und Sympathie gelegt. Sie beeinflussen die Kaufentscheidung maßgeblich. Wie wäre es, wenn Sie Ihre Kunden schneller und treffsicherer einschätzen könnten? Wenn Sie diesen ersten, so magischen Augenblick des Kundenkontaktes besser lesen und verstehen könnten? Wenn es Ihnen schneller und besser gelingen würde das Vertrauen Ihrer Kunden zu gewinnen? Es würde Ihren Erfolg beschleunigen!

Mit Meta-Programmen werden Sie genau das alles erreichen. Doch bevor wir uns damit beschäftigen, habe ich für Sie die wichtigsten Grundlagen und Regeln für Ihren perfekten ersten Eindruck zusammengefasst. Der sogenannte „Primär-Effekt" ist ein Gedächtnisphänomen, wonach zuerst eingehende Informationen stärker beurteilt werden, als später folgende. Dies führt dazu, dass der zuerst gewonnen Eindruck nicht revidiert werden kann und später abweichendes Verhalten, Eindrücke oder Informationen ausgeblendet werden (Asch 1946). Der perfekte erste Eindruck bereitet Ihnen die Bühne, um Ihre Fach- und Sozialkompetenz unter Beweis zu stellen. Mit Meta-Programmen werden Sie Ihre Kommunikation perfektionieren. Dieser erste Eindruck wird sich beim Kunden tief verankern und seine Meinung prägen.

Der Primäreffekt, (engl. „primacy effect)

Der Psychologe Prof. Dr. Salomon Asch hat in einem seiner zahlreichen Experimente bereits 1946 festgestellt, dass zuerst eingehende Informationen sich deutlich stärker einprägen als darauffolgende.(Asch 1946)

In seiner Studie sollten sich zwei Personen-Gruppen die Persönlichkeitsmerkmale fiktiver Personen einprägen. Dazu händigte er den beiden Gruppen die folgenden zwei Listen aus:

Gruppe „A": intelligent; fleißig; impulsiv; kritisch; dickköpfig; neidisch

Gruppe „B": neidisch; dickköpfig; kritisch; impulsiv; fleißig; intelligent

Die anschließende Befragung der Versuchspersonen ergab, dass die Gruppe A eher positive Eigenschaften mit den Personen im Gedächtnis behielt und Gruppe B eher die negativen.

Asch bewies in mit diesen Experimenten, dass die zuerst gewonnenen Eindrücke die folgenden nicht nur überschatteten und deutlich länger im Gedächtnis blieben, sondern dadurch die Meinungsbildung prägten. Seine Erkenntnisse und die darauf folgenden Veröffentlichungen wurden zu Basiswerken der Psychologie. Dieser „Primäreffekt" ist nichts anderes als die wissenschaftliche Bestätigung der Wichtigkeit des ersten Eindrucks. Die Wichtigkeit des so häufig diskutierten Erscheinungsbildes des Verkäufers ist damit wissenschaftlich belegt.

Wenn Sie Ihrem Kunden zum ersten Mal begegnen, registriert dieser Ihr äußeres Erscheinungsbild automatisch. Die gespeicherten Interpretationsmuster der äußeren Erscheinung sind dann ausschlaggebend für die Zuordnung, in welche Schublade der Kunden Sie einordnet. Kleidung und Auftreten haben damit einen sehr wesentlichen Einfluss darauf, ob Sie als vertrauenswürdig und sympathisch eingestuft werden.

Ihr Gegenüber wird sich unterbewusst aus seiner Interpretation Ihres Äußeren eine Vorstellung bilden über Ihre Person, Ihren Charakter. Bis zu diesem Moment haben Sie u. U. noch kein einziges Wort gesprochen! Erscheinen Sie gepflegt, haben Körperspannung und lächeln, ordnet Sie das Unterbewusstsein Ihres Kunden in die Kategorie „seriös und sympathisch" ein. Diese „Vorentscheidung" ist das, was allgemein als Bauchgefühl oder „*Intuition*" beschrieben wird. Wirken Sie eher ungepflegt, lasch und Ihre Mimik zeigt Desinteresse, können Sie sich das, was Sie dem Kunden spiegeln, leicht vorstellen. Dieser unterbewusste, sekundenschnelle Abgleich bestimmt die daraus resultierenden Emotionen und damit das Verhalten Ihres Kunden. Bereits jetzt trifft Ihr Kunde die Vorentscheidung, ob er bei Ihnen kaufen will oder nicht. Menschen kaufen grundsätzlich gerne bei einem Verkäufer, der vertrauenswürdig und sympathisch wirkt. (In Kap. 1.3.2 werden wir uns intensiver mit dem Thema Vertrauen beschäftigen)

Neben einer gepflegten Erscheinung sind für den ersten Eindruck noch weitere körpersprachliche Aspekte entscheidend. Eine aufrechte Körperhaltung und ein dynamischer Gang signalisieren Entschlossenheit, Vitalität und eine positive Grundhaltung. Fragen Sie sich nun hin und wieder, wie sind denn gerade in diesem Moment mein Gang, meine Körpersprache? Sie werden feststellen, wenn Sie richtig guter Laune sind, gehen Sie deutlich dynamischer und haben auch eine gute Körperspannung. Ihr innerer Gefühlszustand strahlt tatsächlich immer nach außen. Verglichen mit einem Zeitpunkt, an dem Ihre Motivation nicht auf dem Höhepunkt ist, werden Sie feststellen, dass auch Ihre äußere Erscheinung diesem Zustand entspricht. Daher täuscht sich das Bauchgefühl Ihres Kunden nie.

▶   Die Kunst besteht darin, sich *immer* vor einem Kundenkontakt in die
     richtige Stimmung versetzen.

Genauso wie ein Schauspieler sich mit einer Rolle identifiziert, lernen Sie eine positive Grundeinstellung. Denn diese entscheidet, ob Sie das Vertrauen Ihres Kunden gewinnen, und beeinflusst Ihre Abschlussquote. Noch bevor Sie ein einziges Wort mit Ihrem Kunden gewechselt haben, legen Sie den entscheidenden Grundstein für Ihren Erfolg. Ihre positive Grundstimmung drückt – über Gestik, Mimik und den Händedruck – Sympathie und Vertrauen aus. Wenn Sie auf Ihren Kunden zugehen, lächeln Sie! Sie signalisieren damit, dass Sie sich freuen, jetzt für ihn da zu sein, und sorgen damit für eine angenehme Atmosphäre. Sie erinnern sich an das einleitende Beispiel im Elektronikhandel. Es verdeutlicht mit dem Verkäufertyp „Der Vermeider" die gegenteilige Wirkung. Ein einfaches, aber natürliches Lächeln zeigt Ihren Kunden, dass sie „Herzlich Willkommen" sind.

Vielleicht fragen Sie sich jetzt: Wie soll das funktionieren? Wie soll ich denn auf Knopfdruck meine innere Verfassung ändern? Das jedenfalls waren Fragen, die mir Seminarteilnehmer an dieser Stelle oft gestellt haben.

Denken Sie bitte einmal an einen Ihrer Lieblingsfilme oder an einen, den Sie kürzlich gesehen haben, der Ihnen wirklich gut gefallen hat. Stellen Sie sich eine entscheidende Schlüsselszene vor und sehen Sie die Schauspieler in den jeweiligen emotionalen Momenten. Wirken diese authentisch, oder hatten Sie das Gefühl, es wirke irgendwie aufgesetzt? Sicher, das sind Profis, aber das sind Sie auch! Nur nicht auf der Leinwand, sondern im direkten Kontakt mit einem Kunden. Und wenn Sie an diesem Punkt noch denken, wie so viele andere Verkäufer auch: Das soll funktionieren? Ich soll das lernen? Kann ich das? Ist das noch ehrlicher Verkauf? Dann kann ich Sie beruhigen. Sie können es lernen. Und Sie werden es lernen! Lehnen Sie sich zurück, entspannen Sie sich und lesen Sie weiter.

Übung

Wie man etwas lernt

Verschränken Sie jetzt bitte einmal Ihre Arme. So, wie Sie es normalerweise tun. Ganz spontan und ohne darüber nachzudenken. Nehmen Sie dieses Gefühl bitte bewusst wahr! Wie fühlt es sich an? Normal, werden Sie denken. Diese Position haben Sie irgendwann einmal so gespeichert. Der eine Arm ist oben und der andere darunter. Betrachten Sie die Verschränkung Ihrer Arme und prägen Sie sich diese genau ein. Nun wechseln Sie bitte einmal den oberen und den unteren Arm. Der Arm der vorher oben war ist nun unten und umgekehrt. Wie fühlt sich das nun für Sie an? Es ist ein völlig unnatürliches Gefühl, obwohl es die gleiche Haltung ist, nur spiegelverkehrt.

Stellen Sie sich vor, Sie gehen zum ersten Mal auf einen Golfplatz und haben zum allerersten Mal einen Golfschläger in der Hand. Die Bewegungsabläufe sind Ihnen völlig fremd und Ihr Trainer versichert Ihnen, Sie können in einem, oder zwei Jahren lernen, Ihren Schläger so zu schwingen wie Tiger-Woods. Glauben Sie ihm! Sie können. Es ist eine Frage der Einstellung, des Trainings, der Disziplin und des Ehrgeizes. Wenn Sie all das in Ihr Golfspiel investieren, werden Sie passable Ergebnisse erreichen. Zumindest was den Bewegungsablauf beim Abschlag anbelangt und erste Erfolge in der Treffsicherheit auch. Was Ihnen anfänglich als neu und ungewohnt erscheint, wird nach und nach in Routine übergehen. Die Bewegungsabläufe werden völlig selbstverständlich und automatisiert. Sie werden dadurch recht passable Ergebnisse erreichen können. Die Präzision und den Erfolg eines Tiger Woods zu erreichen, ist wahrscheinlich nicht mehr möglich, da ein solch herausragender Erfolg den Start in jüngster Kindheit voraussetzt und neben des großen Talents viel, viel Übung und vor allem äußerste Disziplin.

Um Meta-Verkäufer zu werden, brauchen Sie nicht die nächste Reinkarnation abzuwarten, um als Kleinkind starten zu können. Dafür genügt Ihre Bereitschaft, Ihr Verhalten im Verkauf zu hinterfragen und es entwickeln zu wollen. Es bedarf als erstes Ihrer Selbstreflektion. Eine Aufgabe, die viele Menschen scheuen, weil sie unbequem ist. Es ist viel einfacher, alles beim Gewohnten zu belassen und in den äußeren Bedingungen die Ursache für den eigenen Erfolg zu suchen.

▶   Jede Entwicklung beginnt mit der Reflektion!

Großer Erfolg setzt einige weitere Dinge voraus, worauf wir im Laufe dieses Buches genau eingehen werden. Fassen wir jedoch fürs erste zusammen, was relevant ist für einen perfekten ersten Eindruck und was Ihnen die Tür öffnet in ein vertrauensvolles Verkaufsgespräch oder eine Präsentation:

Die 7 wichtigsten Faktoren für den perfekten „Ersten Eindruck"

- Ziel: Eine angenehme Stimmung schaffen und ein gutes Gefühl vermitteln.
- Immer ein gepflegtes Äußeres. Dazu zählen sowohl die immer gepflegte Kleidung als auch die Frisur und die entsprechende Körperpflege. Keine dominanten, oder gar aufdringlichen Parfums und ein neutrales oder sehr dezentes Deo. (Mehr zum Thema Kleidung später in Kap. 3.1 „ Die Ich-Marke").
- Eine positive, innere Stimmung erzeugt eine positive Ausstrahlung.
- Lächeln Sie freundlich und authentisch. Ein aufgesetztes, künstliches Lächeln wird sofort enttarnt und schafft Misstrauen.
- Offene Körpersprache und Körperspannung.
- Ein angenehm fester Händedruck bei der Begrüßung, (nur, wenn dies in Ihrem Business üblich ist), dann aber weder zu lasch (signalisiert Unsicherheit), noch zu stark (signalisiert Dominanz).
- Halten Sie unbedingt Augenkontakt!

1.2.2   Individuelle Ansprache und Wertschätzung

Die Art und Weise, wie Sie Ihre Kunden ansprechen sollte so individuell wie möglich- und immer authentisch sein. Zeigen Sie Ihren Kunden, dass Sie sie verstehen und wertschätzen. Wie ich das meine, soll die folgende kleine Geschichte verdeutlichen:

Am Anfang meiner Vertriebskarriere – erst vor wenigen Tagen war ich Geschäftsleiter eines großen Einrichtungshauses mit mehr als 240 Mitarbeitern geworden – erkannte ich, dass ein bestimmter Verkäufer kontinuierlich den besten Umsatz schrieb. Er gehörte zu einer kleinen Gruppe von Top-Verkäufern, die das Ranking der meisten Abschlüsse dominierten. Doch er war der Beste. Nicht nur kurzfristig, sondern seit einigen Jahren und völlig unabhängig von Jahreszeit, laufenden Werbungen und allen anderen Effekten. Der Mann wusste offensichtlich genau, was er tat, und war gut organisiert. Dies war sicher nicht der einzige Unterschied, und ich beschloss, mir seine Verkaufsstrategie genauer anzusehen.

Es war 9:30 Uhr, an einem Samstagmorgen im Sommer, als sich die Türen des Einrichtungshauses öffneten. Bei schönem Wetter besuchten in den Vormittagsstunden nur wenige Kunden ein Möbelhaus, weshalb in der ersten Stunde die Verkaufsabteilungen auch mit wenigen Verkäufern besetzt waren. Nach einer kurzen Besprechung mit einem Kollegen fuhr ich die Rolltreppe herauf und sah ihn schon von weitem, den Topverkäufer, nennen wir ihn Herrn Moll. Eigentlich wäre sein

Dienstbeginn erst um 11:00 Uhr gewesen, aber er war bereits in ein Beratungsgespräch vertieft. Es war 9:45 Uhr. Wegen seiner Top-Leistung hatte ich mit ihm eine Sonderregelung vereinbart, die ihm „mehr Freiheiten" bei seinen Arbeitszeiten verschaffen sollte, wie er es nannte. Die Regelung war fair und eine mustergültige „Win-Win"- Situation.

Was ich nun sehen sollte, war eine Vorführung des absoluten High-End-Verkaufes. Herr Moll war mit einem Pärchen in ein offensichtlich sehr angenehmes Planungs-Gespräch vertieft, als er aus dem Augenwinkel eine Dame wahrnahm, die im Begriff war, die Rolltreppe wieder herabfahren zu wollen. Mit einer netten Geste und einem charmanten Lächeln wandte er sich kurz von dem Kundenpaar ab, eilte zur Rolltreppe, nahm die Dame an der Hand und sagte: "Aber Sie können doch jetzt noch nicht gehen. Ich bin mit den anderen Herrschaften jetzt gleich fertig, und die sind so begeistert von ihrem neuen Bett, das sie schon in drei Wochen geliefert bekommen. Bitte warten Sie noch einen Moment damit ich sie gleich ebenso gut beraten kann. Nehmen Sie doch bitte kurz Platz, ich bin sofort wieder bei Ihnen. Wäre doch schade, wenn Sie den Weg heute umsonst gemacht hätten." Die Dame wirkte zwar etwas verwirrt, erwiderte aber sein Lächeln und setzte sich entspannt in einen Sessel. Er reichte ihr eine Wohnzeitschrift, drehte sich um und war schon wieder bei seinen Kunden. Nach wenigen Minuten stieg er wieder in das Gespräch mit der Dame ein: „Vielen Dank für Ihre Geduld. Darf ich Ihnen als kleine Wiedergutmachung einen Kaffee anbieten?"

Mit seinem ganz eigenen Stil, seinem Fingerspitzengefühl und einer ehrlichen Wertschätzung war es ihm gelungen, zwei Kunden zu beraten, während der ersten Stunde an einem Samstagvormittag. Er hatte seinen eigenen Stil immer weiter entwickelt und war dabei völlig authentisch geblieben. Nichts wirkte gespielt oder gelernt. Wie ich später von Herrn Moll erfuhr, hat er der Dame ein komplettes Schlafzimmer verkauft, im Wert von mehr als 10.000 €.

Gefragt nach seinem Geheimnis antwortete Herr Moll mit einem freundlichen Lächeln: „Ich will Ihnen nicht alles verraten, aber eines mache ich immer: Wenn ich einen Kunden anspreche, versuche ich immer individuell auf ihn einzugehen. Gleich nach der Begrüßung suche ich nach Gemeinsamkeiten, um das Gespräch auf eine persönliche Ebene zu bringen. Nichts gefällt Menschen besser, als persönlich angesprochen zu werden und Wertschätzung zu erfahren."

Sein Kundenkontakt endete auch nie mit dem Kaufabschluss, denn die langfristige und vor allem persönliche Kundenbindung waren immer sein Ziel! Aber damit werden wir uns später noch intensiver beschäftigen. Dieses Beispiel zeigt Ihnen die Bandbreite zwischen einem „Kann ich Ihnen helfen?" und einer professionellen Kommunikation.

1.3 Die 7 Phasen des Verkaufsgesprächs

Ein Verkaufsgespräch braucht eine klare Struktur. Ein Verkäufer muss wissen, warum ein Kunde kauft, und er muss erkennen, warum ein Kunde nicht gekauft hat. Damit er weiß, was er beim nächsten Mal verbessern kann.

Im nächsten Kapitel werden Sie lernen, wie Sie ein Verkaufsgespräch organisieren und führen. Ganz so, wie ein Regisseur am Set klar nach einem Drehbuch vorgeht und die einzelnen Szenen immer wieder probt und optimiert, bis sie passen und er soweit ist, sagen zu können: „... *und Schnitt!*"

Außerdem lernen Sie erkennen, wann Ihre „Liebesmüh" vollkommen vergebens ist. Sicher haben Sie es auch schon erlebt: Sie haben Kunden ausführlich und lange beraten. Sie haben alle zur Verfügung stehenden Register gezogen. Aber völlig unerwartet verabschieden sich Ihre Kunden oder erscheinen nicht mehr zu dem vereinbarten Folgetermin. Vielleicht hatten sie nur eines im Sinn: Vielleicht brauchten sie nur Ihre Fachauskünfte zum Produkt, zur Serviceleistung, oder auch eine Marktübersicht. Sie wissen es schlichtweg nicht! Sie wissen nur: Kaufen wollten sie offensichtlich nicht!

Sie lernen im Kapitel „Die Kaufabsicht ausloten", wie Sie früh genug erkennen, was einem Kunden noch zu seiner Kaufentscheidung fehlt und ob er grundsätzlich ernste Kaufabsichten hat. Diese Erkenntnis ist für Sie bares Geld wert! Denn sie verschafft Ihnen Zeit, Zeit für andere Kundengespräche. Wenn Sie erkennen, die grundsätzliche Kaufabsicht ist nicht vorhanden, zieht nicht der Kunde sich später zurück, sondern Sie und zwar sofort, genau an diesem Punkt! Auf eine professionelle, sympathische Art und Weise, versteht sich. Immer so, dass niemand sein Gesicht verliert und eine Tür offen bleibt, so dass Sie den Verkaufsprozess zu einem späteren Zeitpunkt ggf. wieder starten können. Die dadurch gewonnene Zeit steht Ihnen nun zur Verfügung für die nächsten Beratungsgespräche und somit schaffen Sie die Möglichkeit für mehr Abschlüsse!

Michael war seinerzeit noch in der Trainee-Ausbildung eines mittelständigen Unternehmens im Einrichtungshandel. Am vergangenen Wochenende hatte er ein Verkaufsseminar besucht. Seinem Freund Christian hatte er zuvor bei einem ihrer „konspirativen Treffen" davon erzählt. So nannten sie es, wenn sie sich freitags regelmäßig auf ein Feierabend-Bier trafen. Inhalt ihrer Gespräche war der Erfahrungsaustausch im Vertrieb und die Optimierung von Verkaufsprozessen. Schließlich verband sie beide das gleiche Ziel: Sie wollten Karriere machen im Vertrieb. Christian arbeitet als Key-Account-Manager für ein stahlproduzierendes Unternehmen. Sie waren in grundunterschiedlichen Unternehmen und Branchen beschäftigt, wussten aber, dass es im Verkauf grundsätzlich immer um eines ging: um Umsatz! Für den Konzern, für den Abteilungserfolg, für den einzelnen Verkäufer. Es geht immer um Umsatz. Eine Entwicklung kann nur stattfinden – so erkannten sie –, wenn jeder einzelne sich entwickelt. So war es für Christian nicht wichtig, dass das Verkaufsseminar auf die Einrichtungsbranche zugeschnitten war. Er war sich sicher, auch für seine Branche wichtige Erkenntnisse zu gewinnen. Denn Kernthema war die Organisation und Steuerung des Verkaufsgesprächs. Es war ein Seminar für mehr Abschlüsse! Und das würde jedem Verkäufer nutzen, egal in welcher Branche er tätig war. Da waren sie sich sicher.

Sie lernten, wie wichtig es ist, die Ziele und Beweggründe eines Kunden zu kennen, um ihn wirklich individuell und perfekt beraten zu können. Ein guter Verkäufer hält demnach keinen ermüdenden Vortrag, in dem er alle ihm bekannten Eigenschaften und vermeintlichen Vorteile des Produkts oder der Dienstleistung herunterbetet. Dies tun Verkäufer nur dann, wenn sie noch unerfahren sind. Sie glauben noch, je mehr Argumente sie ihren Kunden liefern, desto sicherer wird der Abschluss. Dass diese Gießkannen-Methode viele Kunden überfordert, ist ihnen noch nicht bewusst. Sie liefern Argumente, die nicht benötigt- und auch nicht verstanden werden. Genau genommen argumentieren sie an den unbekannten Erwartungen ihrer Kunden blind vorbei, ohne es zu merken.

Noch einmal kurz zurück zu Michael. Für ihn waren das vollkommen neue Denkansätze, denn in der Firma lernte und lehrte man fast ausschließlich die internen Prozesse und im Idealfall etwas über Unternehmenskultur und die gewünschten Verhaltensweisen. Zum Thema Verkaufsgespräch kannte man bestenfalls das Grundgerüst wie Begrüßung, Bedarfsermittlung und Abschluss. Das alles war ja auch richtig, aber nur die Spitze des Eisbergs, wie er nun wusste. Ein guter Verkäufer hingegen entwickelt eine „Verkaufsphilosophie", die sich mit Psychologie, marktwirtschaftlichen- und politischen Prozessen beschäftigt.

In seinem Team arbeiteten 43 Verkäufer, von denen drei bereits zu den Top-Verkäufern im Unternehmen zählten, und sieben waren überdurchschnittlich gut. Aber keiner von ihnen verhielt sich so strukturiert, wie er es gerade gelernt hatte! Er kannte seine Mitarbeiter schon sehr gut. Vor drei Monaten hatte er seine ersten Jahresgespräche mit ihnen geführt und dabei sehr viel über jeden einzelnen erfahren. Welche Einstellung jeder einzelne zu den intern angebotenen Schulungen hatte, welche davon schon besucht wurden und welche in Zukunft besucht werden wollten und sollten. Wer seiner Mitarbeiter im Kundengespräch überzeugte und wer sich hier noch entwickeln konnte, wusste er aus dem täglichen Zusammenarbeiten und den damit verbundenen Preisverhandlungen.

Nach jenem Seminar ließen ihn die Gedanken nicht mehr los, wie viele Abschlüsse seine Mitarbeiter erreichen könnten, mit dieser neuen Verkaufstechnik. Und wie konnte er sie dafür gewinnen? Denn eines wusste er aus Motivationsseminaren und aus eigener Erfahrung: Nur, wenn man selbst absolut davon überzeugt ist, dass eine andere Verhaltensweise zu besseren Ergebnissen führt, ist man auch wirklich gewillt, diese zu lernen und zu übernehmen. *„Wie kann ich die Fähigkeiten jedes Einzelnen verbessern und entwickeln?"*, fragte er sich immer wieder und beschloss zuerst Beweise dafür zu schaffen. Er wollte seinem Team das Mögliche sichtbar machen.

Die Folge war: Michael coachte zwei engagierte und vertrauensvolle Mitarbeiter, um mit ihnen die neuen Methoden zu erproben. Nach zwei Monaten fand eine erste Nachbesprechung in seinem Büro statt. Der Gesamtdurchschnitt der Abteilung war leicht gesunken. Nur die beiden hatten ihre Ergebnisse verbessern können. Wegen dieser Erkenntnisse lobte er sie nun und motivierte sie so weiterzumachen. Michael war bewusst geworden:

▶   Die meisten Verkäufer handeln intuitiv.

Was keinesfalls negativ ist! Sie haben grundsätzlich eine hohe Sensibilität und Empathie, die sie dazu befähigt, auf ihren Gesprächspartner gut einzugehen, sprich gut zu kommunizieren und damit im Verkauf erfolgreich zu sein.

Die Ausprägung dieser Fähigkeiten ist sehr individuell, Was Michael auf die Idee brachte, das Verkaufsgespräch noch genauer zu strukturieren, als es ohnehin schon der Fall war. Sein Team musste besser erkennen können, wann ein Kunde kauft, warum er kauft und auch warum er nicht gekauft hat, damit sichtbar wird, woran der Einzelne noch arbeiten kann, um besser zu werden. Der Schlüssel lag bei der Kommunikation, da war Michael mittlerweile sicher. Nur welche Methodik er verwenden sollte, das war noch nicht klar.

Fazit

Ein Unternehmen – und damit auch jeder einzelne Verkäufer – kann nur dann mit intuitivem Handeln und der „Gießkannen-Methode" dauerhaft relativ brauchbare Ergebnisse erzielen, wenn auch Kunden dauerhaft in großer Menge zur Verfügung stehen. Ansonsten kommt es zu starken Schwankungen bei den Abschlüssen. Je mehr Kunden zur Verfügung stehen, desto weniger fällt es ins Gewicht, wenn einige Kunden das Geschäft verlassen, ohne gekauft zu haben. Anders herum: Je weniger Kunden, desto größer der Erfolgsdruck auf den einzelnen Verkäufer. Und umso wichtiger ist eine professionelle und strukturierte Beratung. Nur mit einem strukturieren Verkaufsgespräch lassen sich optimale Ergebnisse erzielen.

▶   Auch im Verkaufsgespräch gilt: „Das Gute ist der Feind des Besseren!"

1.3.1   Das „Hallo erstmal…" im Verkauf

In den neunziger Jahren, als große Unternehmen immer stärker nach Optimierung und Generalisierung strebten, erkannten Berater, welches Potenzial in der Entwicklung des Services in Deutschland liegt. Von allen Seiten wurden Kunden(un) zufriedenheit und Servicegedanken des „gemeinen Westeuropäers" durchleuchtet. Sehr gerne blickten Berater hierbei vergleichend über den großen Teich zu unseren amerikanischen Freunden. Deutschland wurde diesem Vergleich nur sehr selten gerecht und erhielt den Stempel „Servicewüste".

Die kritischsten Stimmen kamen damals von Verkäufern und Beratern, die einer Verhaltensänderung ablehnend gegenüberstanden. „Dieses künstliche, freundliche Getue" sei nicht zum Aushalten. Es war ein langwieriger Prozess, wie es immer der Fall ist, wenn man über Jahre praktizierte Verhaltensweisen korrigieren soll. Letzten Endes setzte sich durch, was alle Verkäufer und Kunden als angenehmer empfanden: Eine deutlich gewinnendere, freundlichere Kommunikation. Wie auch immer Sie selbst zu diesem Thema stehen, eines kann sicher nicht in Abrede gestellt werden: Es ist allemal angenehmer, in ein freundlich lächelndes Gesicht zu blicken, mit einem halben Gedicht an Floskeln höflich begrüßt zu werden, um anschließend eine Kette an Fragen zu beantworten. Selbst, wenn dies anfänglich noch ein wenig künstlich klingt, ist es allemal besser als nicht einmal registriert zu werden oder ein mürrisches „*Bitte!*" zur Begrüßung zu erhalten.

Damals hatte sich die Firmenleitung entschlossen, ganz nach dem amerikanischen Vorbild die Begrüßung aller Verkäufer zu standardisieren. Künftig sollten alle Kunden auf die gleiche Art und Weise begrüßt werden, mit einem freundlichen „Guten Tag, mein Name ist Franz Mustermann, was darf ich für Sie tun?"

Zu meinen Aufgaben als heranwachsende Führungskraft zählte nun die Umsetzung. Schnell stellte sich heraus, dass nahezu alle Verkäufer meines Bereichs das gleiche Grummeln im Bauch verspürten, wie auch ich selbst. Zum ersten Mal machte ich meinem Chef einen Gegenvorschlag. Damit ein Verkaufsgespräch nicht nach einer Routine beginne, sei es wichtig, die eigene Persönlichkeit ausdrücken zu können, erklärte ich, und wir verständigten uns dahingehend, dass die Inhalte zu transportieren waren, jeder aber seine individuelle Note beibehalten könne. Dies war nicht nur ein brauchbarer Kompromiss, sondern es war eine klassische „Win-Win"-Situation entstanden. Wir konnten erfolgreich an der Entwicklung unseres Service weiterarbeiten, wofür mit der Begrüßung ein wichtiger Grundstein gelegt wurde. Fast alle fühlten sich wohl, denn es war möglich geworden, authentisch zu bleiben, was zugleich bestätigte, dass das Wohl des Einzelnen berücksichtigt wurde.

▶   Authentizität ist die Basis für eine lockere, angenehme Atmosphäre des
Verkaufsgesprächs und Vorrausetzung für den Aufbau von Vertrauen.

Wenn eine Begrüßung nicht freundlich, gewinnend und authentisch wirkt, schaltet
unser Gegenüber intuitiv auf Ablehnung und Rückzug. Für den Verlauf Ihres Ver-
kaufsgespräches bedeutet das oftmals ein Stop, bevor Sie richtig starten können.
Wenn möglich wird sich Ihr Kunde lieber selbst einen Überblick verschaffen, bevor
er sich von einem „scheinbar" unmotivierten Verkäufer irgendetwas zeigen ließe.
Dieser „intuitive", spontane Rückzug Ihres Kunden beruht auf Erfahrungen, wie
wir im vorherigen Kapitel gelernt haben. Sie kennen das sicher auch von eigenen
Einkäufen, wie mühsam es ist, von einem unmotivierten Verkäufer eine brauchbare
Auskunft zu bekommen. Von der Erwartung einer guten Beratung möchte ich hier
noch überhaupt nicht sprechen. Mit allgemeinen, meist als „geschlossene Fragen"
formulierten Ansprachen assoziieren Kunden schlechte Erfahrungen mit inkompe-
tenten, unmotivierten Verkäufern. Sie wollen Ihrem Kunden nun aber beweisen,
dass er beim richtigen Verkäufer angekommen ist. Damit Sie Ihre Chance auch
bekommen, vermeiden Sie auf jeden Fall geschlossene Fragen oder Begrüßungen
wie:

• Kann ich Ihnen helfen?
• Finden Sie sich zurecht?
• Etc.

Zu leicht fällt die Antwort für Sie schlecht aus. Am wahrscheinlichsten ist es hier
ein „Nein" zu erhalten oder ein „Danke, ich schaue mich nur um". Diese „Flucht-
Ausrede" haben manche Verkäufer offenbar schon so oft gehört, dass sie sogar daraus eine Begrüßung formulieren: „Sie wollen sich sicher erst umschauen?" Diese
Formulierung ist eine Suggestivfrage, die genaugenommen bedeutet: „Wenn Sie
wissen, was Sie wollen, können Sie gerne wieder zu mir kommen. Ich schreibe
dann den Auftrag oder bringe Ihre Ware für Sie zur Kasse." Das Bestreben, einen
Kunden wirklich beraten zu wollen, ist hier nicht zu erkennen und meist der Gedanke daran auch beim Verkäufer noch gar nicht vorhanden. Verbannen Sie solche
Ansprachen aus Ihrem Wortschatz. Mindestens 80 % der Kunden reagieren darauf
mit Flucht, und Sie haben in punkto Kompetenz und Sympathie Ihren ersten Eindruck gehörig vergeigt. Die Wahrscheinlichkeit, dass Ihr Kunde sich zurückzieht,
ist in etwa so hoch wie die, einen Elfmeter zu verwandeln, wenn der Torwart auf
Urlaub ist. Kein Mensch würde, wenn er von einem Verkäufer derart begrüßt wird,
mehr an Kompetenz erwarten als vielleicht einen Hinweis, wo man eine bestimmte

Ware finden kann. Wegen des offensichtlichen Desinteresses und der fehlenden Sympathie wird kaum jemand eine Beratung wünschen. Ich möchte Ihnen daher dringend ans Herz legen: Seien Sie nicht nur immer freundlich und gewinnend, sondern seien Sie anders als die anderen. Seien Sie Sie selbst. Seien Sie authentisch und interessieren Sie sich für Ihren Kunden. Versuchen Sie die Situation aus seinen Augen zu sehen und ergründen Sie seine Wünsche und Ziele. In diesem Interesse liegt der Schlüssel zum erfolgreichen Verkauf. Vergessen Sie alle Begrüßungs-Floskeln, die erkennen oder vermuten lassen, dass Sie eigentlich keine Zeit oder keine Lust haben, Ihren Kunden zu beraten. Tun Sie das nicht, werden Sie immer wieder Kunden begegnen, die Ihnen keine Gelegenheit geben werden, beraten zu werden und etwas zu kaufen. Weil er es „angeblich" nicht wünscht und sich „*nur umschauen möchte*". An diese Mär glauben Sie ab heute nicht mehr. Sie beginnen ja die Welt mit den Augen Ihrer Kunden zu sehen. Daher können Sie sich auch die Frage stellen: Kann es sein, dass jemand sich „nur umschauen" will? Es muss zumindest ein sehr großes Interesse für die Ware vorhanden sein und damit zumindest ein latenter Bedarf. Sonst wäre der Kunde nicht dort, wo er gerade ist. So schön kann das Geschäft, in dem Sie arbeiten, gar nicht sein, dass Menschen heutzutage ihre Zeit damit verbringen, sich dort nur umzuschauen.

Bitte notieren Sie nun, nur für Sie selbst, die von Ihnen am häufigsten verwendeten Formulierungen zu Ihrer Kundenansprache. Sind hier „geschlossene Fragen" dabei? Also solche, die Ihr Kunde mit „Ja" oder „Nein" beantworten kann? Falls ja, markieren Sie diese und notieren Sie sich offene Fragen, die Sie an deren Stelle verwenden könnten. Hierzu einige Beispiele·

Beispiele

Praxis- und erfolgserprobte Beispiele zur Begrüßung

Grundsätzlich gehören geschlossene Fragen für uns nun der Vergangenheit an. Wenn Sie selbst beim Einkaufen nun Floskeln hören wie „Kann ich ihnen helfen?" oder „Finden Sie sich zurecht?" werden Sie eher zusammenzucken oder zumindest wird es Ihnen ein Schmunzeln entlocken.

Sie achten auf Ihre innere Stimmung (=Ausstrahlung), auf Ihre Körperspannung und gehen selbstbewusst mit einem freundlichen Lächeln auf Ihren Kunden zu:

Ihr Kunde betritt das Geschäft, das Verkaufshaus, oder die Abteilung und wirkt orientierungslos suchend, aber nicht gestresst:

- „*Womit darf ich Ihnen behilflich sein?*"
- „*Was suchen Sie denn?*"

Diese beiden Fragen können Sie gleich hintereinander stellen und erreichen somit eine höhere Trefferquote.

Wirkt Ihr Kunde eher, als sei er in Eile, können Sie noch direkter fragen und dennoch positiv:

- *„Was kann ich Ihnen Gutes tun?"*
- *„Suchen Sie etwas Bestimmtes?"*

Ihr Kunde sieht sich einen Artikel näher an. Er hält ihn in der Hand oder berührt ihn und scheint interessiert. Hier können Sie die Gelegenheit ergreifen und sich zusätzlich gleich als kompetent positionieren:

- *„Was darf ich Ihnen zu diesem hochwertigen Stoff erzählen?"*
- *„Das ist ein rein anilingefärbtes Leder. Sehr natürlich in der Oberfläche.. Fühlen Sie, wie es gleich Ihre Körperwärme annimmt?" o. Ä.*

Ihr Kunde spricht seinen Wunsch direkt selbst aus und fragt, wo er dieses Produkt finden könne. Ihre Reaktion ist wie gehabt sehr höflich und freundlich und selbstbewusst fordern Sie Ihren Kunden nun auf, eine erste gemeinsame Aktion mit Ihnen durchzuführen.

- *„Kommen Sie bitte mit mir, wir haben das richtige für Sie"*

Während Sie Ihren Kunden auf dem Weg in die richtige Abteilung begleiten, gibt es verschiedene Möglichkeiten, die Kommunikation fortzuführen. Ganz wichtig: Laufen Sie nicht stumm vor Ihren Kunden her. Das gilt auch für das gemeinsame Gehen in eine andere Abteilung. Nutzen Sie diese Zeit, diese „Gelegenheit" aktiv. Denn gemeinsames Tun schafft Vertrauen. Vor allem dann, wenn Sie in diesem Fall ein wirkliches Interesse an den Bedürfnissen und Wünschen Ihrer Kunden signalisieren. Lernen Sie Ihren Kunden besser kennen, während Sie ihm den Weg weisen. Sprechen Sie über Allgemeines oder auch schon konkret über seine Wünsche. Genauer werde ich das später im Kapitel „Vertrauen" besprechen.

Die folgende Variante ist sehr direkt und offensiv. Mit einem freundlichen, leicht schelmischen Lächeln kann sie aber sehr sympathisch wirken:

- *„Was darf ich Ihnen denn verkaufen?"*

Sie haben den Kunden schon einmal gesehen. Er war schon einmal in Ihrem Geschäft. Mit der folgenden Frage signalisieren Sie, dass Sie ihn wiedererkannt haben, was ihm sehr gefallen wird:

- *„Was darf ich Ihnen denn heute zeigen"?*

Bei einem Stammkunden sollten Sie schon persönlicher einsteigen. Zeigen Sie Ihr wirkliches Interesse an seiner Person:

- *„Schön, Sie zu sehen. Wie war Ihr Urlaub?"*
- *„Wie läuft es mit Ihrem...-Projekt?"*

Sollten Sie noch nichts Näheres über Ihre Stammkunden wissen, werden Sie mit diesem Buch lernen, wie Sie es herausfinden. Die ein oder andere Formulierung wird sich erfahrungsgemäß sehr ungewohnt und vielleicht sogar übertrieben anhören bzw. anfühlen. Probieren Sie aus, was zu Ihnen passt. Die Möglichkeiten sind nahezu unbegrenzt, und Sie können selbst erproben, was Ihnen am ehesten entspricht. Wichtig ist, dass es authentisch wirkt und Sie Ihre Ansprache individuell und sachlich formulieren.

Wenn Sie beispielsweise für ein Autohaus, eine Bank, ein Reisebüro oder für eine Versicherung arbeiten und ein Kunde den Verkaufsraum oder Ihr Büro betritt, wird er meist auf Sie zukommen. Noch während Sie aufstehen – und das tun Sie ab jetzt immer – erstrahlt wieder Ihr gewinnendes Lächeln. Sie gehen um den Tisch herum, wenn das möglich ist, und strecken Ihrem Kunden die Hand entgegen, begrüßen ihn mit Ihrem „Grüß Gott", „Guten Tag" oder was für Sie eben typisch ist, und steigen professionell in ein Beratungsgespräch ein.

Wie auch immer die örtlichen Gegebenheiten Ihres Arbeitsumfeldes aussehen, geben Sie Ihren Kunden mit Ihrer freundlichen Begrüßung auf diese Weise unmissverständlich das Gefühl, willkommen zu sein. Sie sind für Ihre Kunden da, schenken ihnen Ihre ungeteilte Aufmerksamkeit und werden alles dafür tun, ihre Wünsche zu erfüllen. Mit der ungeteilten Aufmerksamkeit sind wir an einem ganz wichtigen Punkt angekommen, der sehr oft deshalb übersehen wird, weil der Fokus der Verkäufer auf die eigenen Tätigkeiten gerichtet ist. Sie kennen das vielleicht aus eigenen Erfahrungen. Der letzte Kunde hat gerade das Geschäft, die Abteilung, das Büro oder was auch immer verlassen. Während Sie noch etwas ausarbeiten, notieren oder mit der Auftragserfassung beschäftigt sind, kommt schon der nächste Kunde. „Nur noch schnell das fertig machen, und dann bin ich ja schon bei ihm." In solchen Situationen vergessen Verkäufer häufig, die Welt aus Kundensicht zu sehen. Stellen Sie sich vor, Sie sind Kunde, haben vielleicht wenig Zeit, betreten das Geschäft, in dem Sie arbeiten, und finden exakt die Situation vor, in der Sie jetzt gerade noch mit dem Auftrag Ihres letzten Kunden oder anderen wichtigen Dingen beschäftigt sind. Hier entsteht doch auch für Sie jetzt der Eindruck, dass man für Sie anscheinend keine Zeit hat, sich nicht für Sie zu interessieren scheint, oder? Gleiches gilt, wenn Verkäufer zusammenstehen und sich scheinbar „unterhalten". So sieht es jedenfalls Ihr Kunde. Er kann nicht wissen, dass einer aus der „Truppe" gerade etwas wirklich Wichtiges mitzuteilen hat. Daher behalten Sie immer Ihr Umfeld im Auge, egal, ob Sie nun etwas ausarbeiten, mit Kollegen oder Ihrem Chef etwas besprechen. Betritt ein Kunde die Szenerie gibt es nichts Wichtigeres als ihn. Und daran lassen Sie auch keinen Zweifel entstehen. Ihre Kunden erkennen Ihr Engagement und die meisten werden es schätzen.

Beispiel

In diesem Zusammenhang fällt mir ein ehemaliger Mitarbeiter ein, den ich vor ein paar Monaten seit langem einmal wieder zufällig getroffen habe. Vor einigen Jahren, als wir uns kennenlernten, war ich noch Vertriebsleiter eines Einzelhandelsunternehmens und er hatte sich gerade für die interne Ausbildung „Vom Verkäufer zum Abteilungsleiter" beworben. Durch sein gewinnendes Auftreten und seine Kundenorientierung macht er auf sich aufmerksam. Zufrieden war er erst dann, wenn seine Kunden es waren. Er gehört zu der Sorte, die nicht zuletzt aufgrund dieser Eigenschaften „ihren Erfolg nicht aufhalten können", wie ich damals zu ihm sagte. Und an diesen Spruch erinnerte er mich bei unserem kurzen Treffen und fragte mich bei dieser Gelegenheit, woher ich damals die Zuversicht nahm, ihm dies zu sagen. Er sei doch nur ein Verkäufer gewesen und ich konnte ihn doch eigentlich von den paar kurzen Gesprächen unmöglich so gut kennen. Es hätte ihn sehr nachdenklich gemacht, aber zu einer Lösung sei er nicht gekommen. Außer dass sich aus heutiger Sicht meine Aussage bewahrheitet hätte. Er erzählte mir mit stolzgeschwellter Brust, er habe gerade die Geschäftsführung und damit die Gesamtverantwortung für eine Filiale mit mehr als einhundert Mitarbeitern übernommen. Damals war das nicht so schwierig, antwortete ich ihm. Denn für ihn sei damals schon das Glas immer halb voll gewesen. Ein „halbleer" schien für ihn nicht zu existieren. Und mit der Einschätzung von Menschen, so sagte ich zu ihm, sei es wie mit einem Mosaik. Aus kurzer Distanz betrachtet erkennt man nur einen kleinen Ausschnitt des Gesamtbildes, der zudem sehr grob und unscharf erscheint. Mit jeder Begegnung – sei es ein direktes Gespräch oder nur eine kurze Beobachtung im Vorübergehen – kommen jedes Mal neue Mosaiksteine hinzu. Manchmal nur wenige, und ein andermal umso mehr. Und dann gibt es Themen, die gleich eine ganze Struktur ergeben, etwas, das der Ansammlung von Mosaiksteinen eine Grundform verleiht und es zu einem Bild werden lässt. Zu meinen eigenen Momentaufnahmen kam die das Bild abrundende Meinung seines direkten Vorgesetzten hinzu. Ein so im Laufe der Zeit immer feiner werdendes Mosaikbild, im übertragenen Sinne das immer genauer werdende Bild einer Persönlichkeit, stimmt immer. Viele kleine Momentaufnahmen ergeben gar ein besseres Bild als ein oder wenige intensive Gespräche. Das Bild, das sich mir damals von ihm entwickelte, war geprägt von Leidenschaft, Disziplin und Verantwortung. Und diese Eigenschaften führten einen Menschen immer zum Erfolg, wenn er die Bodenhaftung nicht verliert. Dauerhaft verstellen kann sich niemand. Von einem dieser strukturgebenden Ereignisse berichtete mir sein damaliger direkter Vorgesetzter, der Geschäftsführer der Niederlassung. Wir besprachen an jenem Tag nicht nur Zahlen, sondern unterhielten uns auch über sein Personal. Verkäuferleistungen und Führungskräfteentwicklung standen auf unserer Agenda und bei beiden Themen sprachen wir auch über ihn, meinen ehemaligen Mitarbeiter. Seine verkäuferischen Leistungen waren weit über Durchschnitt und seine Motivation, eine Karriere im Vertrieb einzuschlagen, hatte er seinem Vorgesetzten gegenüber schon formuliert. Meine Meinung hatte ich mir dazu schon gebildet, doch der Geschäftsführer wollte nur ungern auf einen der besten Verkäufer verzichten. Ein Ereignis, das er mir gleich schildern sollte, hatte sein Zögern, der Karrierelaufbahn zuzustimmen, aufgelöst wie die warmen Sonnenstrahlen den Frühnebel: Er war in der Verkaufsabteilung mit jenem Kollegen in ein Gespräch über eine Reklamation vertieft gewesen. Plötzlich sagte dieser junge Mitarbeiter: „Chef, tut mir leid, aber dahinten ist ein Kunde schon seit ein, zwei Minuten und es war noch niemand bei ihm." Ohne unhöflich zu wirken hätte er sich umgedreht und gesagt, er käme anschließend ins Büro oder rufe ihn an. Für diesen jungen Verkäufer war vollkommen klar, was das Wichtigste im Verkauf ist. Es ist immer der Kunde. Spontan sei er perplex gewesen, habe aber auch sofort erkannt, dass sein eigenes Vorgehen nicht optimal war und der Mitarbeiter perfekt und sogar in seinem Sinne gehandelt hatte. Das hatte ihn derart überzeugt, dass ihm schlagartig klar wurde, welches Potenzial in diesem jungen Mann steckt. Die Erklärung mit dem Mosaikbild gefiel dem ehemaligen Mitarbeiter. Er nickte zufrieden und auch ein wenig stolz, wozu er tatsächlich ja wirklich jeden Grund hatte.

Diese kleine Geschichte verdeutlicht, dass Leidenschaft für einen Job sogar so weit geht, dass man den eigenen Chef mitten im Gespräch stehen lässt, um das zu tun, was man selbst als richtig und wichtig erachtet. Es nicht zu tun hätte für den Verkäufer großen Stress bedeutet. Einen Kunden in der eigenen Abteilung zu wissen und keiner geht hin – das kam auf keinen Fall in Frage! Koste es, was es wolle! Es zeigt auch, mit welcher Zielstrebigkeit und Entschlossenheit man in eine Kundenbegrüßung gehen kann. Und glauben Sie mir, mit einem „Danke, ich schaue mich nur um…" gibt sich ein solcher Verkäufer nicht zufrieden.

Das bedeutet nicht, dass alle erfolgreichen Verkäufer nun Führungskräfte werden oder werden sollen. Das liegt immer an den selbst gesteckten Zielen. Aber dazu kommen wir später noch.

Die folgenden Verhaltensweisen werden vielen von Ihnen als selbstverständlich erscheinen, dennoch möchte ich sie, der Vollständigkeit halber, anführen. So unterschiedlich und vielschichtig die Situationen und Gegebenheiten bei der Begrüßung auch sein mögen, so unterschiedlich müssen Sie auch Ihre Kunden empfangen. Und ganz wichtig: *Immer* mit einem freundlichen Lächeln!

Falls Sie in einem Verkaufshaus arbeiten und hochwertige, erklärungsbedürfti-
ge Waren verkaufen, werden Sie im Idealfall auf Ihren Kunden zugehen. Sie begrüßen ihn und nutzen die Gelegenheit, ihn willkommen zu heißen. Sie lächeln
freundlich und strecken ihm, unmittelbar bevor Sie bei ihm sind, Ihre Hand entgegen. Er wird Ihre Hand nehmen. Nennen Sie dabei langsam und deutlich Ihren
Namen, während Sie Ihr Lächeln nicht verlieren. Ihr Kunde wird in der Regel seinen Namen unaufgefordert nennen und sich damit Ihnen vorstellen. Diesen Namen
merken Sie sich auf jeden Fall! Es gibt einige Wörter, die eine positive Wirkung
auf einen Menschen haben. Wörter, die wir einfach gerne hören, Wörter, die uns
guttun. Aber keines ist so wirkungsvoll, keines so kraftvoll wie der eigene Name.
Ihn zu hören gefällt und schafft Vertrauen. Nutzen Sie diese erste kleine, wertschät-
zende Geste. Nachdem Ihr Kunde Ihnen nun die Hand gegeben und seinen Namen
genannt hat, wiederholen Sie diesen zum Beispiel folgendermaßen: „Herr Müller,
schön, dass Sie uns besuchen. Was darf ich Ihnen denn zu diesem hochwertigen...
erzählen?" Oder: „Herr Müller, herzlich willkommen! Sie haben offensichtlich
einen sehr guten Geschmack." Und diese Begrüßung können Sie nahtlos in ein Beratungsgespräch überleiten. Im Verlauf des Beratungsgesprächs nennen Sie Ihren
Kunden immer wieder einmal bei seinem Namen. In der Einrichtungsbranche habe
ich es immer wieder erlebt, dass Berater es sich anfangs nicht vorstellen konnten, ihre Kunden auf diese persönliche Art und Weise zu begrüßen. Sie kamen mit
Argumenten wie: „Das wollen unsere Kunden nicht"; „Unsere Kunden möchten
nicht mit Handschlag begrüßt werden." Der wirkliche Grund für die ablehnende
Haltung war, dass sie sich selbst unwohl dabei fühlten. Sie waren es nicht gewohnt
und suchten Argumente dafür, ihre alten Gewohnheiten beibehalten zu können. Als
sie jedoch nach einigen Wochen von Kollegen erfuhren, dass diese sehr positive
Erfahrungen damit gesammelt hatten, tasteten sich auch die Skeptiker langsam
heran, probierten es aus und wurden immer sicherer. Sie bestätigten mir später, ihre
Kunden nun auch mit Handschlag zu begrüßen, aber nur dann, wenn sie selbst es
für angebracht hielten und es zu der jeweiligen Situation passe. Einige Verkäufer
hatten anfänglich Probleme damit, sich Namen zu merken. Über diese persönliche
Kundenansprache entwickelten sie nicht nur einen Weg, mehr über ihre Kunden zu
erfahren, sie fanden damit auch eine Möglichkeit, ihr Namensgedächtnis zu trainieren und wurden immer besser. Ich möchte Ihnen heute das Gleiche empfehlen
wie diesen Verkäufern. Entwickeln Sie ein persönliches Gespür für die jeweilige
Situation und tasten Sie sich langsam aber sicher heran.

Natürlich haben Sie Recht, wenn Sie nun denken, dass das noch lange nicht
immer funktionieren wird, da einige Menschen eine solch direkte und persönliche Ansprache nicht mögen und diese auch deutlich ablehnen. Ganz sicher, aber
Sie werden in der Einschätzung der individuellen Situation immer besser werden
und im Laufe der Zeit feststellen, mindestens 80 % aller Kunden sind angenehm

überrascht, wenn man Sie höflich und freundlich begrüßt. Und die restlichen 20 % nehmen es nicht übel, wenn ein Verkäufer sie freundlich willkommen heißt, wenn er die Sensibilität besitzt und erkennt, dass man sich zuerst einmal alleine einen Überblick verschaffen will. Daher üben Sie und verfeinern Sie Ihre persönliche Kundenbegrüßung. Selbst, wenn Sie den Handschlag auslassen ist: Ihr Signal ist deutlich und klar. Ihre freundliche und ehrliche Art wird in jedem Fall wertgeschätzt. Sie lassen Ihren Kunden den gewünschten Freiraum, behalten sie möglichst unauffällig im Auge und gehen nach einer kurzen Zeit zum zweiten Anlauf über. Sehr viele Berater haben an diesem Punkt – völlig zu Unrecht – ein kleines Problem mit dem eigenen, zu großen Ego. Die scheinbare Ablehnung des Kunden nehmen sie persönlich und reagieren demonstrativ mit strafendem Desinteresse. Sie können getrost darüberstehen, wenn der erste Kontakt nicht sofort in ein Beratungsgespräch geführt hat. Sie kommen nach einigen Minuten von einer anderen Seite, natürlich rein zufällig an den Kunden vorbei. Nun haben Sie die Gelegenheit einen zweiten Versuch zu starten. Da Sie die Kunden schon begrüßt haben, können Sie direkt über eine Produktinformation einsteigen, wie eben im Beispiel mit dem hochwertigen Stoff oder Leder, wenn Ihr Kunde sich gerade mit einem Artikel oder einem Detail beschäftigt. Betrachtet er jedoch eine Einheit, etwas Ganzes, wie zum Beispiel ein Auto oder ein Möbelstück, und lässt er das Gesamte auf sich wirken, loben Sie die Formensprache, das Design und steigen ggf. über den Designer ein oder ähnlich speziell zu der präsentierten Ware. Je individueller, desto besser. In Kap. 2.4 werden wir uns mit den *Meta-Programmen* beschäftigen, die Ihre Kommunikation grundsätzlich revolutionieren werden

---

Fazit

- Ist ein Kunde in Ihrer Nähe, gibt es nichts Wichtigeres als ihn.
- Überprüfen Sie Ihre innere Stimmung. Sagen Sie sich: „Ich bin gut drauf". Sie werden es ausstrahlen.
- Lächeln Sie freundlich.
- Achten Sie auf Ihre Körperspannung.
- Sprechen Sie Ihre Kunden individuell an. Vermeiden Sie Floskeln.
- Vermeiden Sie geschlossene Fragen bei der Begrüßung.
- Seien Sie authentisch.

1.3.2   Vertrauen aufbauen

Es ist kein Geheimnis, dass die obersten Bosse krimineller Vereinigungen sehr intelligente und gebildete Menschen sind. Sie sind brillante Denker und Strategen. Sie sind sehr gut vernetzt und in gewisser Weise in ihrem Streben vorbildlich, rein bezogen auf das konsequente, strukturierte Vorgehen natürlich und dir große Leidenschaft. Mit ihrer Cleverness, der konsequenten Vorgehensweise und der gnadenlosen Disziplin stehen solche Charaktere „Pate" für Schlüsselfiguren in erfolgreichen Kinofilmen.

Die Mittel ihrer Wahl entsprechen nicht unbedingt den gesellschaftlichen und moralischen Regeln und Standards, doch die Leistungsorientierung und Disziplin sind beispielhaft. Angenommen, ein solcher Pate würde Ihnen hoch und heilig versichern, aus Ihrem Sohn einen erfolgreichen Kaufmann zu machen. Er würde Ihnen für Ihren Sohn einen Ausbildungsplatz in einem seiner Unternehmen anbieten.

Egal, welche Versprechen über Recht, Gesetz und gute Absichten Sie hören würden, Sie würden ihm Ihren Sohn niemals anvertrauen, wenn gesellschaftliche Normen und ein demokratisches Rechtsverständnis in Ihren Werten verankert sind. Vertrauen basiert auf der Übereinstimmung von gleichen Werten und Ansichten. Nur ein Mitglied des Syndikats würde sich geehrt fühlen und seinen Sohn „vertrauensvoll" ausbilden lassen.

Um im Verkauf langfristig erfolgreich zu sein, brauchen Sie ein gutes Netzwerk und einen „guten Ruf". Beides aufzubauen dauert seine Zeit und erfordert kontinuierliches Arbeiten. Voraussetzungen sind, wie schon gesagt, Leidenschaft, Disziplin und auch Vertrauenswürdigkeit. Wie bereits im vorherigen Kapitel beschrieben, beginnt der Aufbau von Vertrauen bereits bei der Begrüßung und zieht sich durch den gesamten Verkaufsprozess und auch darüber hinaus. Sie sind permanent auf der Bühne und werden gesehen. Daher ist Authentizität ein ganz wichtiger Schlüssel zum Erfolg.

Um Vertrauen aufzubauen gibt es diverse Techniken.

1. *Ein Detail ansprechen*

Es kann ein probates Mittel sein, schon während der Begrüßungsphase ein Detail anzusprechen, das Ihnen an der Erscheinung Ihres Kunden gleich auffällt. Es sollte sich dabei um etwas Besonderes handeln, das Ihr Kunde mit Bedacht ausgewählt hat, und Sie müssen sich tatsächlich damit auskennen. Sind es besondere Schuhe einer bestimmten, ausgefallenen Marke oder haben sie einen bestimmten Stil und Sie selbst besitzen solche, könnte das ein Einstieg sein. Geht es um die schönen und ausgewählten Schuhe einer Dame und Ihre Partnerin hat ebenfalls ein Faible dafür, könnte der Einstieg zum Beispiel so aussehen: *„Wie ich sehe haben Sie die gleiche Leidenschaft wie meine Lebensgefährtin. Das sind wirklich sehr schöne Schuhe, die Sie tragen…"* Ich spreche dieses Thema bewusst an, da es in Seminaren häufig mit als erstes genannt wird, wenn Ideen für „Details" gesammelt werden. Sicher, es ist häufig anwendbar, da viele Menschen Wert auf gute und schöne

Schuhe legen. Es gekonnt anzusprechen bedarf einiger Übung. Sie begeben sich damit auf sehr dünnes Eis. Sie wollen sympathisch wirken, charmant und aufmerksam, aber auf gar keinen Fall aufdringlich und plump! Sie sehen die Uhr am Handgelenk Ihres Kunden und kennen sich damit aus. Ist es eine Sport-Uhr, eventuell mit Pulsfunktion, haben Sie mit hoher Wahrscheinlichkeit einen Sportler vor sich. Nur, wenn auch Sie Sportler sind und eine solche oder ähnliche nutzen, können Sie es ansprechen. Über eine Uhr kommen Sie dadurch auf die gemeinsame Leidenschaft oder das Interesse für ein Hobby. Was ein sehr erfolgversprechender Start sein kann: *„Sie sind auch Sportler, wie ich an Ihrer Uhr sehe? Welchen Sport treiben Sie? Wie sind Ihre Erfahrungen mit dieser Uhr? Hat sie Ihnen bei Ihrem Training geholfen? Oder: Sind Sie zufrieden?"*

Bei einer edlen Armbanduhr wird es schon heikler. Nur wenn es sich um eine Uhr handelt, die Sie ebenfalls besitzen und Sie an diesem Tag zumindest eine tragen, die erkennen lässt, dass Sie Uhren mögen, gehen Sie darauf ein. Zudem sollte Ihr Kunde einen sehr entspannten, offenen Eindruck machen, sonst lassen Sie es besser. Vielleicht ergibt sich die Möglichkeit ja später noch, wenn Sie besser abschätzen können, mit wem Sie es zu tun haben. Wenn Sie es ansprechen, dann zum Beispiel so: *„Sie haben einen guten Geschmack, was Uhren anbelangt". Das ist ein tolles Modell...* Meine Empfehlung ist, bei solchen Details eher sehr, sehr vorsichtig zu sein. Sie könnten Ihre Sympathien verspielen, bevor Sie sie aufgebaut haben.

Wenn Sie einen Kunden bereits kennen, liegt es natürlich nahe, dass Sie ein persönliches Thema ansprechen. Ein Kunde betritt das Geschäft und Sie erkennen ihn wieder, da er schon ein paar Mal bei Ihnen war (siehe hierzu die Beispiele aus der Begrüßung), sagen Sie: *„Schön, Sie zu sehen! Wie war's im Urlaub? Wie geht es Ihrer Familie...?"*

Diese Fragen eignen sich perfekt dazu, Ihr wirkliches Interesse sichtbar zu machen, und sind eine Einzahlung auf Ihr Beziehungskonto. Und einen tollen Nebeneffekt haben sie zusätzlich: Sie trainieren Ihr Gedächtnis.

Lassen Sie uns nun vom dem Fall ausgehen, dass Sie in das Büro des Kunden kommen. Wenn Sie diese Gelegenheit bekommen, seien Sie aufmerksam. Die Details verraten sofort etwas über seine Interessen. Der Stil der Büroeinrichtung, der ordentliche oder chaotische Schreibtisch: Sind die Möbel modern, oder aus einem edlen Furnier und eher klassisch? Das Bild an der Wand: Zeigt es moderne Kunst, oder ein Foto, von einen Urlaub, seinen Sport, oder sagt es etwas aus über ein anderes Hobby? Sprechen Sie gerade auch in dieser Situation ein solches Detail nur direkt an, wenn Sie selbst etwas dazu sagen können und Sie ggf. eine gemeinsame Leidenschaft haben. Ist dies nicht der Fall, ist es besser zu schweigen. Bei einem Urlaubsfoto oder einem Fotokalender ist der Einstieg einfacher. Beispiel: *„Das sieht aber toll aus. Da bekommt man gleich Fernweh..."*

▶ **Wichtig** Sprechen Sie ein persönliches Thema nur dann an, wenn Sie den Eindruck haben, Ihr Kunde ist offen dafür. Haben Sie Zweifel daran, vergessen Sie es.

2. Die Körpersprache spiegeln

Achten Sie auf die Körpersprache Ihres Kunden und „*spiegeln*" Sie diese. Stehen oder sitzen Sie Ihrem Kunden gegenüber, nehmen Sie eine ähnliche Körperhaltung ein. Legt Ihr Kunde beispielsweise den Kopf auf die Seite, während Sie sich mit ihm unterhalten, folgen Sie seiner Richtung. Übertreiben Sie es nicht. Es genügt, wenn Sie sich an die Richtung anlehnen. Achten Sie aber immer darauf, nie eine entgegengesetzte Positionen einzunehmen!

Hören Sie Ihrem Kunden aufmerksam zu und schenken Sie ihm Ihre ungeteilte Aufmerksamkeit. Gerade in der Anfangsphase des Verkaufsgesprächs ist das von größter Wichtigkeit. Nehmen Sie alle Informationen auf, die Sie bekommen können. Achten Sie dabei aber auch auf seine Stimme und die gewählte Sprache. Passen Sie sich seiner Sprachgeschwindigkeit an.

3. Gemeinsames Tun

Ebenfalls schon im Kapitel Begrüßung angesprochen ist dies ein elegantes Mittel. Begonnen bei dem gemeinsamen Gehen in eine andere Abteilung, über mehre kleine Wege, von einem Produkt zum nächsten. Je mehr unterschiedliche Situationen Sie mit Ihren Kunden gemeinsam erleben, desto vertrauter wirken Sie auf ihn. Wenn Sie ein Produkt präsentieren, versuchen Sie unbedingt, Ihren Kunden selbst etwas damit tun zu lassen. Erst vormachen und dann animieren, es selbst zu tun: „Sehen Sie, wie exakt diese... gearbeitet sind und funktionieren. Probieren Sie selbst...".

Und auch hier wieder das Beispiel mit dem hochwertigen Leder oder auch mit anderen hochwertigen Oberflächen. Weisen Sie auf die Besonderheit des Lackes, des Leders, der Verarbeitung oder allgemein auf die tolle Haptik hin, berühren Sie das Detail, zeigen Sie Ihre Begeisterung und animieren Sie Ihre Kunden, die Ware ebenfalls zu berühren. Womit können Sie Ihre Kunden zu gemeinsamem Tun animieren? Lassen Sie Ihren Ideen freien Lauf und schreiben Sie sie auf.

4. Gleiche Ansichten, gleiche Wertevorstellungen

Die einfachste, leider auch seltenere Gelegenheit haben Sie, wenn Sie einen Einblick in das private oder geschäftliche Umfeld des Kunden bekommen. Wenn Sie Ihre Aufmerksamkeit trainieren, werden Ihnen mit der Zeit immer mehr Details auffallen, die Ihnen früher entgangen sind, die Ihnen aber heute Hinweise geben über Interessen, Hobbys, Urlaube und Familienverhältnisse.

Beispiel

Ein Einrichtungsberater erzählte mir einmal von einem Schlüsselerlebnis, das er im privaten Haus eines Kunden hatte. Er hatte bereits fast eine Stunde im Wohnzimmer der Familie auf den Hausherrn gewartet. Seine Frau war sehr freundlich, versorgte ihn mit Kaffee und Keksen. Ihr schien es peinlich zu sein, dass ihr Mann ihn so lange warten ließ. Als der Kunde endlich kam, war er schlecht gelaunt wie bei seinem Besuch im Einrichtungshaus, als sie sich zum ersten Mal getroffen hatten. Seiner Frau, die ihn in der Diele begrüßte, machte er sofort klar, dass er keine Lust mehr habe, sich um das Thema Bett Gedanken zu machen. Er begrüßte den Berater kurz und kam sofort zur Sache, indem er eine finanzielle Obergrenze setzte. Der Berater stufte diese sofort gedanklich als sinnlos ein und schoss den Auftrag schon im Geiste in den Wind. Dann aber nahm das Gespräch eine ungeahnte Wendung. Die Haustür ging auf und man hörte die nörgelnde Stimme eines Mädchens, das sich sofort und ohne Begrüßung mit stapfenden Schritten über die Treppe nach oben verdrückte. „Ah, ist die Prinzessin auch mal zuhause!" sagte der Kunde mit immer schlechterer Stimmung zu seiner Frau. Das auf diese Szene folgende kurze Schweigen brach der Berater mit einer simplen Frage: „Wie alt ist sie denn?" Nun antwortete zum ersten Mal die Dame: „Sophie ist vierzehn und macht gerade eine für uns alle sehr anstrengende Phase durch." Leicht ironisch darauf der Vater: „Das hast Du jetzt aber sehr schön umschrieben."

Zufällig war die Tochter des Einrichtungsberaters im selben Alter. Er erzählte dies den Kunden und bestätigte, wie gut er diese Situation nachvollziehen könne. Erst letzten Monat hätten er und seine Frau nachts die Tochter gesucht. Sie hatte im Streit das Haus verlassen. Welche emotionale Odyssee das gewesen sei, und wie Gott sei Dank dann alles gut endete. Sie tauschten sich aus über die Erfahrungen mit pubertierenden Kindern. Es wurde eine Flasche Wein geöffnet, die schlechte Stimmung wich einer angenehmen Unterhaltung und Sympathie und Vertrauen entstand. Nach einer ganzen Weile kamen sie dennoch wieder auf das Thema Bett zurück. Doch jetzt meinte der Kunde, man könne sich doch eigentlich auch einmal Gedanken darüber machen, ob es nicht sinnvoll wäre, das gesamte Schlafzimmer auszutauschen. Es sei doch mittlerweile auch schon mehr als fünfzehn Jahre alt. Und zwischendurch müsse man sich ja auch einmal etwas gönnen. Gemeinsam nahmen sie noch die Maße des Raumes auf, bevor er sich von zwei völlig verwandelten Kunden freundlich, ja fast freundschaftlich verabschiedete. Von den drei unterschiedlichen Vorschlägen, die der Berater ausarbeitete, entschieden sich die Kunden bei ihrem nächsten Termin für die exklusivste Variante. Nachdem alles geliefert und montiert war, besuchte er diese Kunden noch einmal, um sich selbst ein Bild von dem neuen Schlafraum zu verschaffen und auch, um sicherzugehen, dass alles zur vollsten Zufriedenheit seiner neuen Stammkunden erledigt worden war. Sie waren ihm selbst irgendwie ans Herz gewachsen.

Nichts verbindet und schafft schneller Vertrauen als das Erkennen gleicher Ansichten und Werte. Deutlich schwieriger wird dies dann, wenn Sie keine näheren Einblicke in das Umfeld oder Leben eines Kunden bekommen, wie zum Beispiel dann, wenn er gerade erst Ihr Geschäft betritt. Aber auch in diesem Fall gibt es eine Möglichkeit, zumindest einen groben Eindruck seiner Werte und Ansichten zu bekommen. Wie? Durch allgemeingültige Werte. Solche die von einem Großteil der Bevölkerung als wahr und richtig angesehen werden. Es gibt Trainer, die diese Gesetzmäßigkeit sehr treffend als sogenannte „unbestreitbare Wirklichkeiten" bezeichnen. Was nichts anderes bedeutet, als sich die Meinung der Allgemeinheit auszuborgen, wie beispielsweise:

- „Sie haben einige Versicherungen und fragen sich sicher auch: Sind so viele Versicherungen überhaupt notwendig?"
- „Sie haben in Ihrer Firma sicher einiges an Kopierern und Druckern im Einsatz. Dabei wird sicher einiges an Kosten jeden Monat anfallen. Ist doch richtig, oder?"
- „In der heutigen Wirtschaftslage werden nur die dauerhaft ein gutes Geschäft machen, die den Wettbewerbern eine Nase weit voraus sind. Deshalb habe ich…"

Diese unbestreitbaren Wirklichkeiten lassen sich auf jede Branche umformulieren und werden Ihrem Kunden zwar nicht immer ein direkt „ausgesprochenes" „Ja" entlocken, aber ein gedachtes erzeugen Sie in jedem Fall. Und darauf kommt es an. Denn es sind nachgewiesenermaßen nicht die überwältigenden Knaller-Argumente, die eine Entscheidung ausmachen und Sympathie erzeugen, sondern die vielen kleinen Zustimmungen und Übereinstimmungen.

Ich wurde von einem Mitarbeiter einmal gefragt, ob man den Aufbau von Vertrauen auch übertreiben könne. Und wenn, woran man es merke? Hier kann ich nur sagen, es gibt nicht zu viel Vertrauen. Das gilt grundsätzlich und ist so etwas wie ein Naturgesetz. Einige Psychologen verwenden hier eine sehr passende Metapher. Sie sprechen von einem „Beziehungskonto". Auf dieses kann eingezahlt werden, durch positive Aktionen, zu denen auch jede vertrauensbildende Maßnahme zählt. Wie auch bei einem Bankkonto gibt es hier für Einzahlungen nach oben hin kein Limit. Abbuchungen jedoch sind – wie auch bei einem Bankkonto – nur soweit möglich, wie „Vertrauens-Kapital" vorhanden ist. Ein SOLL, sprich eine Überziehung, ist nur dann möglich, und auch das nur für sehr kurze Zeit, wenn schon ein längeres Vertrauensverhältnis besteht. Logischerweise müssen Sie also erst einmal einzahlen, bevor Sie es sich leisten können etwas abzubuchen. Unser Vergleich mit dem Bankkonto passt aktuell besser als jemals zuvor. Denn die derzeitige weltweite Finanzlage, die Inflation, die effektiven, reellen Geldwertverluste und die Zinslage lassen angespartes Geld auf Sparbüchern langsam, aber stetig an Wert verlieren. Genauso verhält es sich mit unserem Beziehungskonto. Es sind regelmäßige Gutschriften nötig, um das Vertrauen auf einem hohen Niveau zu halten. Ohne regelmäßige Einzahlungen schrumpft es langsam, aber sicher dahin. Bedenken Sie daher immer: Sagen Sie einem Kunden etwas zu, sei es einen Anruf, das Zusenden eines Prospektes, was auch immer, dann halten Sie Ihr Wort! Es ist das Minimum, an dem Sie gemessen werden und was zu einer Einzahlung werden kann. Gleiches gilt für Ihre Pünktlichkeit bei vereinbarten Terminen. Denken Sie an das Beziehungskonto. Eine Abbuchung kann Ihr Vertrauensguthaben vernichten. Und bekanntlich sprechen Menschen bis zu fünfzehn Mal über eine negative Erfahrung.

1.3.3 Der Kaufabsichts-Check

Bei der Analyse der Vorgänge, bei denen Verkäufer die meiste Zeit verlieren, stießen wir immer wieder auf intensive Beratungsgespräche, die nicht zum Abschluss führten. Sie kennen das sicher auch. Sie haben sich wirklich alle Mühe gegeben und die Wünsche Ihrer Kunden berücksichtigt. Vielleicht haben Sie gar schon etwas Persönliches erfahren und fühlten sich sicher, den Auftrag zu haben. Dann aber plötzlich, aus einem nicht ersichtlichen Grund, brechen Ihre Kunden plötzlich ab und verlassen das Geschäft wegen irgendwelcher Unklarheiten. Farben, die zuhause erst festgelegt oder ausgewählt werden müssen. Man müsse erst noch einmal nachmessen. Man möchte sich das noch einmal überlegen. Fakt ist, Sie haben den Kunden verloren und wissen nicht wo. Sie denken noch darüber nach und ärgern sich, weil in der Zwischenzeit Ihre Kollegen andere Kunden erfolgreich beraten haben.

Nehmen wir einmal an, es würde Ihnen gelingen, zu einem früheren Zeitpunkt festzustellen zu können, ob ein Kunde grundsätzlich kaufen möchte oder ob es etwas gibt, was ihn noch davon abhält. Die wichtigste Frage hierbei lautet: Wie viel Zeit sparen Sie dadurch? Zeit, die Ihnen für das Beraten anderer Kunden zur Verfügung stünde. Eine generell wichtige Frage, denn mit der Lösung könnten Sie ohne zusätzlichen Zeitaufwand in Ihrem Job mehr Geld verdienen. Trotzdem machen sich die meisten Verkäufer keine Gedanken darüber, ob es möglich ist bzw. wie es möglich ist, die Kaufentscheidung frühzeitig zu erkennen. Wie lange dauert ein intensives Beratungsgespräch bei Ihnen? Dauert es zum Beispiel nur eine halbe

Stunde und Sie haben pro Woche nur zwei Kunden, die Sie auf die besagte Weise verlieren, bedeutet das im Monat einen Zeitverlust von mindestens zwei Stunden. Und hierbei habe ich nur die halbe Zeit der Gespräche gerechnet, da Sie ja erst im Gespräch feststellen, dass Ihr Kunde nicht kaufen möchte. Diese zwei Stunden pro Monat könnten, effektiv genutzt, den ein oder anderen Abschluss mehr bedeuten.

Das Ausloten der Kaufabsicht wird mit der Zeit zu einer Routine, die zu Beginn Ihrer Beratung wie ein zweites Programm parallel abläuft. Als erstes gilt es aufmerksam die Wünsche und Ziele zu ergründen.

Idealerweise machen Sie sich Notizen. Holen Sie aber unbedingt dazu Ihren Kunden ins Boot, damit er erstens weiß, was Sie sich notieren, und zweitens, um Ihre professionelle Vorgehensweise zu demonstrieren. Zudem lassen Sie Ihren Kunden durch die folgende Frage entscheiden, dass Sie gemeinsam so vorgehen wollen. Jedes Mal, wenn Sie Ihrem Kunden das Gefühl geben, selbst entscheiden zu dürfen, also den Ablauf des Beratungsgespräches mitzugestalten, ist das eine Einzahlung auf Ihr Beziehungskonto in Form von Vertrauen.

- „Damit ich Sie optimal beraten kann, möchte ich mir ein paar Notizen machen. Ist das ok für Sie?"

Beim Mitschreiben wiederholen Sie die Kriterien genauso, wie Sie sie aufschreiben. Dadurch bestätigen Sie nochmals, dass Sie es verstanden haben (dies ist ein wirkungsvolles Mittel aus der Psychologie, die sog. „Papageiensprache"). Und wieder entscheidet Ihr Kunde. Er entscheidet, ob die Formulierung passt, oder ob er es geändert haben möchte.

Fehlen Ihnen noch wichtige Details, die Ihr Kunde noch nicht genannt hat? Fragen Sie weiter. Denken Sie immer daran, *Sie* sind der Profi:

- „Sehr gut. Damit ich Sie optimal beraten kann ist es wichtig, dass ich Ihnen noch ein paar Fragen dazu stelle. Ist das in Ordnung für Sie?"
- „Wenn Sie… dies und jenes… erreichen wollen, worauf legen Sie besonderen Wert?"
- „Was ist Ihnen sonst noch wichtig?"
- „Worauf legen Sie sonst noch Wert?"

Ich empfehle Ihnen grundsätzlich die Wünsche und Träume Ihrer Kunden zu ergründen. Sind Sie an dem Punkt angekommen, ein recht genaues Bild davon zu haben, was Ihre Kunden suchen, fragen Sie! Fragen ist so viel einfacher, als viele Verkäufer glauben. Manche trauen sich nicht, aus Angst eine negative Antwort, eine Absage zu hören. Den Mut dazu sollten Sie entwickeln. Beginnen könnten Sie beispielsweise so:

- „Lieber Herr X, einmal angenommen, die Kriterien A, B und D kann ich zu 100 % erfüllen. Machen wir dann einen Vertrag/Auftrag?"
- Oder: „Einmal angenommen, sehr geehrter Herr Y, ich habe genau das, was Sie suchen. Wie schnell würden Sie das... brauchen?" Hier können Sie eventuell über die Lieferzeiten heraushören, wie konkret der Kaufentschluss schon gefasst ist."

> **Wichtig** Sie müssen konkret sein! Verwenden Sie keine schwammigen Formulierungen, sondern klare, auf die Kaufabsicht ausgerichtete. Trauen Sie sich zu fragen. Es ist leichter, als Sie denken. Auch diese Fragen sind absolut legitim.

Wenn Sie nun sofort zur Präsentation übergehen, laufen Sie Gefahr wichtige Verstärker für den Aufbau von Vertrauen zu vergessen. Ihr Kunde hat bis zu diesem Zeitpunkt nur mitgeteilt, was ihm gefällt oder wichtig ist. Ergänzen Sie nun Ihre Argumente, die Ihr Kunde noch nicht kennt, alles, was relevant ist. Und dann nutzen Sie die Kraft der „unbeteiligten Dritten Meinung". Was denken erfahrungsgemäß Ihre Kunden? Diese Meinungen können Sie nutzen. Zum Beispiel:

- „Vielen unserer Kunden war in diesem Zusammenhang auch wichtig... (Ihr Argument) Ist das auch für Sie relevant?"

Nicht immer können Sie alle Wünsche oder Aspekte zu 100 % erfüllen. Finden Sie in solch einem Fall heraus, welche besonders wichtig sind. Angenommen Sie müssten sich, aus allen diesen Kriterien, auf zwei bis drei beschränken. Welche wären das? Was ist Ihnen besonders wichtig?

1.3.4 Die Einwandbehandlung

Es gibt Menschen, die sich sehr stark darauf fokussiert sind, was sie nicht wollen. Sollten Sie auf einen solchen Kunden stoßen, ist Vorsicht geboten. Sollte er Ihnen sagen, was er *nicht* will, gehen Sie auf keinen Fall darauf ein. Viele Verkäufer versuchen in solch einem Fall, Gegenargumente zu finden und Ihren Kunden davon zu überzeugen, dass das aber doch ganz toll sei. Vergessen Sie es! Sie können mit dem Versuch der Gegenargumentation nur verlieren und verschenken Zeit, die Sie sinnvoller investieren können. Lassen Sie die Ablehnungen am besten unkommentiert und versuchen Sie herauszufinden was er denn stattdessen will. Aber merken oder notieren Sie sich diese Punkte (möglichst unbemerkt). Die erfahrungsgemäß eleganteste Vorgehensweise ist mit einer Frage zu antworten. Und zwar mit einer positiv formulierten: „Was möchten Sie denn stattdessen?"

Ganz unangenehm kann der Umgang mit Hardlinern dieser Spezies werden, wenn die Verneinung dann auch noch in ein formuliertes Desinteresse, in eine totale Ablehnung übergeht. Vielleicht haben Sie eine solche Aussage ja auch schon einmal gehört: „Das interessiert mich nicht!" Das ist jetzt schon eine Herausforderung für Ihre Nerven. Viele Verkäufer streichen bei solchen Aussagen die Segel und suchen das Weite. Ein Meta-Verkäufer aber macht sich einen Sport daraus, trainiert seine Einwandbehandlung und antwortet zum Beispiel folgendermaßen: „Gut, dass Sie so ehrlich zu mir sind. Dann ist es Ihnen also wichtig, dass ich Ihnen nur das zeige, was Sie wirklich interessiert, nicht wahr?"

Oder ein Beispiel, wenn Ihr Kunde ein Gegenangebot einholen möchte: „Oh, dann liegt es Ihnen also am Herzen, dass Sie das beste Angebot haben, nicht wahr? Das kann ich sehr gut verstehen." Nun können Sie, wenn es die internen Regeln Ihres Geschäfts erlauben, eine Garantie aussprechen, vorausgesetzt, Ihre Preise sind tatsächlich marktkonform.

Ein oft gehörter Einwand ist auch: „Nein, ich schlafe aus Prinzip immer eine Nacht über eine solche Entscheidung." Da es sich hier um eine prinzipienabhängige Entscheidung handelt, ist sie besonders schwierig, fast unmöglich zu entkräften. Aber einen Versuch ist es allemal wert. Hüten Sie sich aber grundsätzlich davor, Ihre Kunden künstlich unter Druck zu setzen, wenn Sie an langfristigem Erfolg interessiert sind. Einige Verkäufer kommen in solchen Situationen auf die Idee zu erklären:

- „Dieses Angebot gilt nur heute".
- „Morgen kann ich Ihnen diesen Preis nicht mehr machen."
- „Diesen Preis mache ich nur für Sie."

Künstliche Verknappung nennt man diese Methode. Sie ist grundsätzlich wirkungsvoll, doch Sie brauchen *unbedingt* schlüssige und glaubhafte Argumente für die Befristung, die wohlüberlegt sind. Als letztes Mittel können Sie es noch mit der eben erwähnten Formulierung versuchen: „Dann ist es Ihnen also wichtig, dass sich Ihre Entscheidung auch morgen noch genauso gut anfühlt wie jetzt, nicht wahr?"

Was soll Ihr Kunde außer einem klaren „Ja" auf diese Frage antworten? Sie sind einen Schritt weiter! Ggf. gelingt es Ihnen, den Auftrag jetzt zu schreiben. Vielleicht mit einer Rücktrittsvereinbarung bis zum morgigen Tag?

„Ein Anruf morgen genügt und Sie stornieren den Auftrag." Ein Zusatzargument für Sie: Sie sparen Ihrem Kunden auf diese Weise einen erneuten Weg ins Geschäft und damit Zeit, Zeit, die er bei einem guten Glas Wein mit seiner Frau doch besser verbringen kann. Außerdem seien Sie absolut davon überzeugt, gemeinsam

mit Ihrem Kunden die perfekte Auswahl getroffen zu haben. Und dann haben Sie alle Register gezogen und haben den Auftrag, oder müssen, wie in den meisten dieser Fälle, bis morgen warten. Oder Sie sehen die Kunden, aus irgendeinem nicht erkannten Grund, so bald nicht wieder.

Wie Ihnen sicher aufgefallen ist, habe ich Fragen zur Einwandbehandlung mit angehängten „Bestätigungsfragen" enden lassen. Damit bringen Sie Ihren Kunden in einen positiven Modus. Es ist anschließend leichter, noch ein weiteres „Ja" von ihm zu bekommen. Gehen Sie jedoch behutsam damit um. Schnell wirkt dieses rhetorische Mittel einstudiert oder automatisiert, was auch als manipulativ empfunden wird. Setzen Sie Ihre „... oder?", „... nicht wahr?" und „... ist doch so?" anfangs in homöopathischen Dosen ein und tasten Sie sich langsam heran. Es muss sich in Ihre persönliche und authentische Sprache integrieren, ohne gestelzt zu wirken.

Nehmen wir nun an, Sie haben sich einen groben Überblick davon bilden können, was Ihre Kunde sucht, und stellen ihm nun die entscheidende Frage nach der Kaufabsicht. Ihr Kunde signalisiert jetzt und heute auf keinen Fall kaufen zu wollen. Sie sind also genau an jenem Punkt, an dem Sie, bevor Sie von dieser Technik wussten, Zeit verschenkt hätten. Es besteht nun kein Grund, Ihre innere Haltung und Stimmung zu verlieren. Von vielen Verkäufern erfuhr ich, dass sie an diesem Punkt am liebsten das Gespräch beendet hätten und sich verabschieden wollten. Manche reagierten sogar wie beleidigte Leberwürste und waren so sauer, dass sie sich erst einmal auf einen Kaffee oder eine Zigarette zurückzogen. Sie aber wissen ja jetzt, dass Sie derjenige sind, der das Gespräch steuert. Sie gewinnen Zeit für andere Dinge, für neue Kunden, für das Ausarbeiten von Aufträgen oder für was auch immer. Noch aber ist Ihr „Noch-nicht-Kunde" ja bei Ihnen. Und Sie haben immer noch die Gelegenheit herauszufinden, was ihn vom Kauf abhält. Die Situation kann sich immer noch zum Positiven wenden, wenn es Ihnen gelingt, seine Bedenken und Gründe zu erfahren. Und auch hier gilt wieder: Fragen Sie! Seien Sie weiter freundlich, professionell wirklich interessiert. Sie sind der Profi. Und Sie können Ihren Kunden helfen, die eigene Bedenken zu hinterfragen und schneller zum eigentlichen Ziel zu kommen. Denken Sie immer daran, Ihr Kunde hat einen Bedarf. Er hat Wünsche und Träume. Und mancher Kunde steht sich mit seinen Verhaltensweisen selbst im Weg. Seine Glaubenssätze können ihn eventuell davon abhalten, Entscheidungen zu treffen. Ihn hier zu unterstützen ist auch die Aufgabe eines guten Beraters. Trauen Sie sich also zu fragen. Zum Beispiel so: „Lieber Herr X, da Sie mir kein eindeutiges Ja geben können... Woran liegt es? Was kann ich tun, damit Sie sich entscheiden?" Weicht ein Kunde aus und möchte nicht erkennen lassen, woran es mangelt, gehen Sie ruhig noch spezifischer vor. „Liegt es an der Ware, die ich Ihnen gezeigt habe, oder sind Sie mit meiner Beratung nicht zufrieden?" Nun haben Sie ihn auf der persönlichen Ebene angesprochen. Oftmals lenken Kunden dann ein und offenbaren ihr wirkliches Anliegen. Für Sie bedeutet das jetzt, mit dem Ihnen entgegengebrachten Vertrauen sehr feinfühlig und verständnisvoll umzugehen. Ist der vorgebrachte Grund verbunden mit einem Gegenangebot, weisen Sie jetzt auf die Preisgarantie hin. Sprechen Sie Ihr klares Verständnis für diese Vorgehensweise aus und bestätigen Sie, Sie selbst gingen genauso vor, wenn Sie sich etwas anschaffen. „Schließlich möchte man sein Geld ja auch sinnvoll investieren." Dies baut nochmals Vertrauen auf und wirkt auch sympathisch, wenn es ehrlich rüberkommt und Ihre Mimik nicht so aussieht, als kämen Sie gerade von einem Begräbnis. Bleiben Sie cool und freundlich. Lächeln Sie auch jetzt noch und zeigen Sie wahres Interesse. Als Profi begleiten Sie natürlich auch diesen Kunden bis zur Tür, um ihn zu verabschieden. Sie ahnen es schon? Genau richtig. Diese Zeit nutzen Sie wieder. Sie bitten Ihren Kunden nun, Ihnen die Möglichkeit der „letzten Chance" einzuräumen. Sie bitten ihn, bevor er woanders einen Auftrag unterschreibt Sie nochmals anzurufen. Das Gespräch hätte Ihnen viel Freude gemacht und Sie würden sich sehr gerne persönlich um alles kümmern, was die weitere Betreuung, auch nach dem Kauf anbelangt (Lieferzeiten; Abwicklung des Auftrags; künftig jederzeit ansprechbar, wenn es um Ihr Spezialgebiet geht). Sie verabschieden sich freundlich, wünschen einen schönen Tag und übergeben Ihre Visitenkarte.

In einer Seminarpause wurde ich einmal einen Finanzdienstleiter gefragt, wie er auf die von ihm am häufigsten gehörte Ablehnung bei seiner Kundenakquise reagieren könne. Er höre meist ein „Ich habe Keine Zeit!" Das ist meist ein vorgeschobener Grund, um sich jetzt nicht festlegen zu müssen. Festlegen auf einen Termin, dessen Sinnhaftigkeit nicht erkannt wird. Dabei sind wir bei dem Kern der „Ausrede": Es muss Ihnen gelingen, den Nutzen für Ihrem Kunden sichtbar zu machen. Schnell, kurz und prägnant. Ein „Elevator-Pitch". Warum sollte er sich sonst für einen Termin bei Ihnen interessieren?

Sie selbst müssen felsenfest von Ihrer Kompetenz überzeugt sein und wissen, welchen Nutzen Sie vermitteln. Sagen Sie Ihrem Kunden, dass er durch Ihre Strategie Geld sparen wird. Sie seien absolut davon überzeugt. Zusätzlich untermauern Sie Ihre Aussagen mit bereits erreichten Erfolgen. Geben Sie ihm Beispiele dafür, was er alles mit dem Geld machen kann. Umschreiben Sie also den praktischen Nutzen: Er könne beispielsweise eine Urlaubsreise mit seiner Frau unternehmen oder den Gewinn zur Absicherung im Alter anlegen… Malen Sie ein solches Bild, das zu Ihrem Kunden und zu seiner persönlichen Situation passt. Bestätigen Sie nochmals Ihre Überzeugung und verbinden Sie die Aussage mit einer Frage nach seinem Risiko: „Ich bin wirklich absolut davon überzeugt. Und was würde im schlimmsten Fall passieren, wenn wir uns trotzdem die Zeit nehmen und zusammensetzen? Sie haben ja nichts zu verlieren, oder?

Kommen Sie nun zu Ihrem Termin. Nutzen Sie das ursprüngliche Argument der „Zeit" nun für sich. Sie haben Ihren Kunden begrüßt. Nach einer kurzen „Aufwärmphase" möchten Sie die ausgearbeitete Anlagestrategie präsentieren. Ihr Einstieg in das Gespräch reaktiviert sein ursprüngliches, ablehnendes Argument und wandelt es ins Positive: *„Damit ich Ihnen nicht die Zeit stehle, habe ich schon... für Sie vorbereitet.*

So wird aus einer ursprünglichen Ablehnung eine Kommunikation, mit der Sie Ihren Kunden auf der emotionalen Ebene erreichen. Sie senden genau auf seiner Frequenz.

1.3.5   Wünsche und Träume: die Bedarfsermittlung

Ihr Beratungsgespräch läuft sehr gut und beim Kaufabsichts-Check haben Sie ein „Ja" bekommen. Was aber sind die wirklichen Wünsche und Träume Ihrer Kunden? Mit welchem Nutzen können Sie diese erfüllen? Angenommen Ihre Kunden werden sich bei Ihnen ein Sofa kaufen. Was Sie damit tun werden ist klar. Der offensichtliche Nutzten ist darauf zu sitzen oder zu liegen. Das können sie auf dem alten Sofa aber auch. Es muss also noch etwas anderes geben. Denken Sie zurück an Olaf und das Wochenend-Seminar. Menschen machen es sich zu Hause gemütlich. Behaglichkeit, Zusammensetzen, sprich Gemeinsamkeit, vielleicht auch etwas Neues haben oder gestalten wollen können der Hintergrund sein. Kennen Sie die Wünsche und Träume Ihrer Kunden, lassen Sie sie in Gedanken Wirklichkeit werden, und das in möglichst vielen Facetten. Nutzen Sie eine möglichst bildhafte Sprache.

Jede Kaufentscheidung basiert auf einer Emotion, was wir später im Kapitel Kommunikation noch näher behandeln werden. Hier beherrschen Bilder das Geschehen. Argumente und Logik haben keinen Einfluss. Und da auch hier im Unterbewusstsein alle Kaufentscheidungen getroffen werden, sprechen wir diese Ebene auch gezielt an. Lassen Sie Ihre Kunden träumen und Ihre neue Ware jetzt schon erleben, indem Sie in Bildern sprechen. Betrachten Sie die gesamte Situation. Umschreiben Sie sie in ihrer Gesamtheit und versetzten Sie sich dabei immer in die Lage der Kunden. Versuchen Sie die Welt so gut wie möglich mit deren Augen zu sehen. Wie ich das meine, wird mit dieser kleinen Gedankenreise deutlich:

Beispiel

Stellen Sie sich vor: Sie sind Einrichtungsberater in der Wohnzimmerabteilung eines großen Einrichtungshauses. Eben haben Sie nach umfangreicher Bedarfsermittlung eine Sofa-Gruppe verkauft. Sie sitzen noch mit den Kunden in der Mustergarnitur. Die Kunden sind glücklich. Sie sind es auch, aber als zukünftiger Meta-Verkäufer sind Sie noch nicht glücklich genug. Wie sieht diese neue Garnitur aus, wenn sie im Wohnzimmer der Kunden einfach nur die alte ersetzt? Würde nicht beispielsweise ein neuer Teppich das Gesamtbild vervollständigen? Denken Sie immer daran, Sie sind der Profi. Sie wissen, wie man ein Wohnzimmer einrichtet. Ihr Kunde macht das wahrscheinlich nur alle zehn Jahre einmal, wenn überhaupt. Wenn der Sofa-Auftrag in trockenen Tüchern ist, gehen Sie zur zweiten Phase über. Sie loben wieder und gratulieren zu der perfekten Entscheidung, um zu einer unerwarteten Frage überzuleiten: „Das Sofa gefällt mir in dem Raum, wie Sie ihn mir geschildert, haben ausgesprochen gut. Ich kann es vor meinem geistigen Auge schon bei Ihnen stehen sehen. Aber ich glaube es ist noch nicht ganz vollständig. Haben Sie noch einen Moment Zeit? Ich möchte Ihnen gerne noch etwas zeigen, das Ihnen gefallen wird." Sie haben bereits in Gedanken einen Teppich ausgewählt, der das Bild abrundet, und zu dem führen Sie Ihre Kunden. Auch hier nutzen Sie selbstverständlich wieder den Weg dorthin, um Ihren Expertenstatus zu untermauern. Wie gesagt, zu viel Vertrauen gibt es nicht. Sie zahlen weiter ein in Ihr neues Beziehungskonto.

- *„Wissen Sie, nach meinen Erfahrungen kommen sehr viele Kunden nach der Lieferung eines Sofas wieder zu mir, weil ihnen irgendetwas zu fehlen scheint. Das Sofa wurde geliefert, aber wenn Sie nun darauf sitzen, sieht alles fast genauso aus wie vorher. Ist ja auch klar, auf dem Sofa sitzen Sie ja gerade."*

Jetzt nehmen Sie Ihre Kunden wieder mit auf diese kleine Gedankenreise. Lassen Sie sie ruhig mit etwas Humor, aber zumindest mit einem netten Lächeln nun erleben, wie es sich anfühlt, in ihrem Wohnzimmer auf dem neuen Sofa zu sitzen. Sehen Sie, was Ihre Kunden sehen. Sehen Sie die Welt mit deren Augen. Das können Sie sogar schon – wie in diesem Beispiel deutlich wird –, bevor sie es selbst können. Als Meta-Verkäufer wissen Sie aus der Bedarfsermittlung beispielsweise außerdem, welches der Familienmitglieder gerne liest. Über diesen Punkt kommen Sie zu einem passenden Beistelltisch, mit Leselampe und lassen ebenfalls ein Bild entstehen. Sie sind wieder zum besagten Sofa zurückgekehrt und lassen die Person, die gerne liest, zuerst in Gedanken an einem gemütlichen Abend in genau dieser Ecke Platz nehmen. Malen das Bild weiter und stellen Sie währenddessen den Beistelltisch daneben.

- *„Nehmen Sie doch schon einmal Platz. Stellen Sie sich vor, draußen ist es kalt. Es schneit. Sie sitzen dort in dieser Ecke, wo Sie gerade sitzen, in eine warme Decke gehüllt, und lesen das Buch, das Sie gerade gekauft haben. Wie fühlt es sich an? Hier auf diesem Tisch wird dann die Leselampe stehen und daneben haben Sie noch Platz für eine Tasse heißen Tee oder einen guten Wein."*

Ein sehr gutes Mittel, Ihren Kunden einen perfekten Beratungsservice zu bieten und einen zusätzlichen Weg zu ersparen, ist der sinnvolle Zusatzkauf. So wie Sie es eben als Einrichtungsberater erlebt haben, gibt es nahezu in allen Branchen Dinge, die das ausgewählte Produkt ergänzen und immer wieder nachgekauft werden. Da Sie als zukünftiger Meta-Verkäufer ja lernen, die Welt mit den Augen Ihrer Kunden zu sehen, fallen Ihnen sicher einige Möglichkeiten hierzu ein.

Angenommen Sie sind Berater in einem Leuchten-Fachgeschäft. Sie verkaufen tagtäglich hochwertigste Designerleuchten und machen auch schon viele Abschlüsse. Durch die Augen Ihrer Kunden betrachtet sehen Sie die Ware vor Ihrem geistigen Auge schon an dem vorgesehenen Bestimmungsort wirken und dieses Bild haben Sie auch Ihren Kunden vermittelt. Sehr gut. Die Sahnehaube hier:

Beispiel

- *„Darf ich noch eine Empfehlung aussprechen, liebe Frau Müller? Sie haben sich eine sehr schöne und wertige Leuchte ausgesucht. Auch die Glühlampe ist ein sehr gutes Markenprodukt, das versteht sich von selbst. Ich möchte es nur der Vollständigkeit halber angesprochen haben. Die Glühlampe unterliegt einem natürlichen Verschleiß. Sie hat eine durchschnittliche Lebensdauer von ca. 3000 h. Das ist weit über Durchschnitt. Aber leider kann es auch einmal vorkommen, dass sie durch Störungen in der Stromversorgung etwas vorzeitig verschleißt. Darf ich Ihnen gleich eine Ersatzglühlampe dazu verkaufen? Sie kostet nur 8 €. Und Sie wissen ja, wie das ist. Wenn man ein solches Teil braucht und deshalb wieder in die Stadt fahren muss, wird der Aufwand größer, als es das Teil wert ist."*

Die Meinung der Allgemeinheit als Argument heranzuziehen, ist eine sehr wirkungsvolle Methode. Es lässt sich auch beim Zusatzkauf sehr gut einsetzen:

- *„Erfahrungsgemäß legen Kunden, die... kaufen, auch sehr großen Wert auf Zubehör. Darf ich Ihnen die für Ihren Gebrauch sinnvollsten kurz präsentieren?"*

Oder konkreter:

- *„Erfahrungsgemäß nehmen Kunden, die... gekauft haben, auch dieses... dazu, da es... diesen und jenen Vorteil hat. Wäre das auch für Sie sinnvoll?"*

In der Textilbranche funktioniert das natürlich auch. Und hier liegt auch noch viel Entwicklungspotenzial brach. Kaufen Sie einen Anzug, ist es eher die Ausnahme, wenn Sie eine Krawatte dazu präsentiert zu bekommen. Mancher Herrenausstatter im gehobenen Segment hat die Methode des Zusatzumsatzes längst erkannt, aber es sind nur wenige Ausnahmen: Krawatten zum Anzug, den passenden Gürtel zu Schuhen etc.

Denken Sie immer daran: Der Schlüssel liegt in den Träumen und Wünschen. Zu welchen Anlässen wird der Anzug getragen? Was trägt die Partnerin zu dem Anlass? Wählen Sie die Krawatte, das Stecktuch passend dazu aus. Wie ist das berufliche Umfeld? Was ist dort an Kleidung üblich? Finden Sie heraus, wer Ihr Kunde ist, und erfüllen Sie Träume und Wünsche. Genauso, wie der Einrichtungsberater eben. So funktioniert Verkauf und so leben High-End-Verkäufer ihre Leidenschaft aus. Genau wie beim Thema „Gemeinsames Tun" sammeln Sie hier Ideen. Was können Sie bei Ihrem nächsten Verkauf zusätzlich anbieten? Was ist in Ihrer Branche möglich?

1.3.6 Der Kaufabschluss

Ob beim vorzeitigen Überprüfen der Kaufabsicht oder auch nach einem intensiven Beratungsgespräch – es gibt einen Punkt, den manche Verkäufer scheuen wie der Teufel das Weihwasser. Sie trauen sich häufig nicht, die Abschlussfrage zu stellen. Und wenn sie es tun, dann häufig nicht mit der nötigen und berechtigten Selbstsicherheit und Selbstverständlichkeit. Die Angst sitzt ihnen im Nacken, Angst vor einer Niederlage, Angst schon wieder ein „Nein" oder ein „wir überlegen es uns noch einmal..." zu hören. Zögern Sie an diesem entscheidenden, finalen Punkt, merkt das Ihr Gegenüber und kann selbst dadurch verunsichert werden. Hat er auch nur den geringsten Zweifel an der Notwendigkeit oder seinem Wunsch zu diesem Einkauf, kann Ihre Unsicherheit Sie wieder zurückwerfen. Was dann bedeuten kann, dass Sie im Spiel wieder einige Felder zurückgehen müssen oder gar die schlechteste aller Karten ziehen: „Gehe nicht über Los, ziehe nicht 2.000 € ein und begebe Dich sofort ins Gefängnis". Natürlich fällt anderen Verkäufern wiederum schwer zu verstehen, warum man hier zögert. Aber es ist wie mit allen anderen Dingen im Leben auch. Wenn man es kann, ist es einfach. Gerade für diese Kollegen, die hier noch unsicher sind, ist es sehr sinnvoll, diese Angst abzulegen (darauf gehe ich später noch genauer ein) und dies beim Prüfen der Kaufabsicht zu trainieren. Grundsätzlich gilt: „Den Mutigen gehört die Welt". Und Mut lässt sich erlernen.

Sie erinnern sich an die „Positive Argumentationskette", die ich bei der Begrüßung bereits angesprochen habe. Dort war sie noch eher plump und wirkte manipulativ. Jetzt zur Vorbereitung der Abschlussfrage ist diese Technik geradezu perfekt geeignet. Anhand Ihrer Notizen zu den wichtigen Kriterien, die Sie zu Anfang der Beratung bei der Bedarfsermittlung gemacht haben, erkennen Sie, dass alle Wünsche besprochen wurden. *„Lieber Herr X, Liebe Frau Y, wir haben nun alle Ihre Kriterien erfüllt. Ich möchte nun vorschlagen, dass wir diese noch einmal kurz gemeinsam durchsprechen, damit wir sichergehen können, dass ich nichts vergessen habe. Und Sie bestätigen mir das bitte noch einmal kurz. Ist das so in Ordnung für*

Sie?" Dadurch, dass Ihr Kunde nun mehrere Fragen hintereinander mit „Ja" beantworten wird, bestätigt er sich selbst: es ist alles so, wie ich es will. Ein positives Gefühl macht sich breit und übertönt das negative Gefühl des Geldausgebens. Das ist bei unschlüssigen Menschen sehr, sehr wichtig! Warum? Neurowissenschaftler haben bei Hirnscans entdeckt, dass beim Geldausgeben dieselben Regionen im Gehirn aktiv werden wie bei Zahnschmerzen und bei anderem Leid. Diese Tatsache könnte auch dafür verantwortlich sein, warum Menschen Entscheidungen aufschieben, obwohl sie später genau zu demselben Entschluss wieder zurückkehren. Meist können sie sich das selbst nicht erklären und fragen sich, warum sie nicht gestern oder letzte Woche schon gekauft haben, und warum sie sich die Zeit für den neuen Termin nicht gespart haben. Haben Sie alle „Ja's" erhalten, ist „die Wiese gemäht" für die Punktlandung. Für Ihre Final-Frage: „Sehr gut, dann passt ja alles! Dann brauche ich von Ihnen noch eine Unterschrift...", womit Sie Ihren Stift hinlegen.

Sie gratulieren zu der perfekten Wahl und versichern Ihren Kunden, dass sie viel Freude damit haben werden. Idealerweise sprechen Sie in Bildern und malen aus, wie es sein wird, wenn der gekaufte Artikel seine Funktion erfüllt und wie sich dies für Ihre Kunden anfühlen wird. Nur, wenn Sie es wirklich einhalten können, bestätigen Sie, sich persönlich um die Lieferzeiten oder andere Hilfestellungen zu kümmern. Falls nicht weisen Sie auf den kompletten Ablauf des Prozesses hin, bis zur Auslieferung oder Abholung der Ware. Womit wir bei dem letzten Punkt des Verkaufsgesprächs angekommen sind, mit größter Wichtigkeit für eine langfristige Kundenbindung und damit zur Umsatzsteigerung von morgen.

Beispiel

„Positive Argumentationskette"

- „Die Maße sind so, wie Sie es sich vorgestellt haben und es für Sie optimal ist, nicht wahr?"
- „Und die Farbe, die wir gemeinsam ausgewählt haben, passt perfekt zum (Umfeld, Boden; anderen Möbeln; etc. ähnliches) und entspricht genau Ihrem Wunsch, nicht wahr?"
- „Mit dem Preis sind wir sogar noch etwas unterhalb des von Ihnen gesteckten Budgets geblieben, stimmt's?"
- „Und die Lieferzeit entspricht auch ihren Vorstellungen, so bleibt Ihnen noch genügend Zeit für... Das ist auch gut so für Sie, oder?"
- Etc.
- „Sehr gut! Dann mache ich den Auftrag fertig. Das dauert jetzt ca. fünf Minuten. Dann darf ich Sie als erstes fragen, an welche Adresse wir liefern dürfen?"

Idealerweise haben Sie an Ihrem Arbeitsplatz etwas, womit Ihr Kunde die Wartezeit überbrücken kann. Um bei diesem Beispiel zu bleiben, zum Beispiel eine aktuelle Wohnzeitschrift, eine andere passende Lektüre, die Bedienungsanleitung, Pflegehinweise etc. Oder Sie bieten einen Kaffee, Tee oder Wasser an.

1.3.7   Die Begeisterungsdimension: Zusatznutzen

Wenn Sie Ihr Verkaufsgespräch bis hierher geführt haben, ist wohl alles sehr gut gelaufen, und ebenso wie Sie sind nahezu alle Verkäufer ab diesem Punkt glücklich und zufrieden. In der Champions League des Verkaufs geht es aber jetzt noch in die unerwartete Verlängerung des Spiels. Hier wird das Eisen noch weiter geschmiedet, denn es ist immer noch heiß.

Sind Sie aber schon bis hierhergekommen, haben die Möglichkeiten der Zusatzkäufe ausgeschöpft und Ihre Kunden überzeugt. Sie habe Vertrauen aufgebaut und geholfen, Träume und Wünsche wahr werden zu lassen. Sie haben vielleicht sogar schon ein wenig begeistert. Nutzen Sie diese Gelegenheit und betrachten Sie die Situation weiter durch die Augen Ihrer Kunden. Wenn Sie an dieser Stelle alles zur vollsten Zufriedenheit der Kunden abgeschlossen und fixiert haben, wie fühlt es sich dann an, wenn Sie noch etwas Unerwartetes nachlegen? Hierzu eignet sich zum Beispiel die Ersatzglühlampe perfekt. Sollten Sie auf den Zusatzumsatz eines kleinen Teils verzichten können, schenken Sie es als Abschlussüberraschung dazu. Am besten, nachdem Sie die Ware ins Auto getragen und eingeladen haben. Das können auch Pflegehinweise oder Zusatzinformationen sein, völlig egal. Wenn Kunden nach dem eigentlichen Kaufabschluss spüren, dass Sie sich tatsächlich in ihre Lage versetzen können und danach handeln, hinterlassen Sie einen „letzten Eindruck" der Superlative. Als letztes überreichen Sie Ihre Visitenkarte und bieten an, immer erreichbar zu sein, wenn Ihr Kunde eine Frage zu Ihrem Fachgebiet haben sollte. Und bitten Sie ihn, er möge Sie doch in seinem Bekanntenkreis weiterempfehlen. Es würde Ihnen große Freude bereiten seine Freunde und Bekannte ebenso gut zu beraten wie ihn heute.

1.4   Wie Sie auf die Überholspur kommen

Unsere Welt wird immer kurzlebiger und verändert sich permanent. Wollen Sie Ihre Umsätze dauerhaft auf höchstem Niveau halten, müssen Sie sich mit allen Faktoren des Verkaufs beschäftigen und sich immer wieder der sich verändernden Umwelt anpassen. Was natürlich zur Folge hat dass Sie sich mit jeder neuen

Erfahrung weiterentwickeln und Ihre Persönlichkeit damit kontinuierlich wächst. Bekanntlich begleitet dieser Prozess uns das ganze Leben.

Die *bewusste* Entwicklung der eigenen Persönlichkeit hat den größten Hebel auf den Erfolg, ist aber zugleich die größte Herausforderung (was wir später noch näher betrachten werden).

Die meisten Menschen sind sich dessen nicht (immer) bewusst und sträuben sich regelrecht gegen jede Art der Veränderung. Was nur allzu menschlich ist und gar evolutionär begründet.

Welche Faktoren spielen bei den Veränderungsprozessen eine Rolle? Welche sind sie wichtigsten?

Das-, und wie diese Faktoren Ihre Motivation beeinflussen, habe ich in diesem Kapitel zusammengefasst.

Es warten zwei kleine Experimente auf Sie. Beide dienen dem Abgleich Ihrer Selbsteinschätzung (Selbstbild) mit einer Fremdeinschätzung zu Ihrer Person (Fremdbild).

Außerdem finden Sie am Ende dieses Kapitels einen Fragebogen dessen Antworten die Grundlage bildet für Ihre ganz persönlichen AHA-Erlebnisse. In einem späteren Kapitel werden Sie daraus eine Tendenz Ihrer Kommunikationsstruktur ableiten. Lassen Sie sich überraschen!

1.4.1   Mut

Mut in einer Situation zu zeigen, muss sich nicht zwingend auf etwas tatsächlich Gefährliches beziehen. Auch wer vor Situationen Angst hat, die objektiv nicht gefährlich sind, verhält sich mutig, wenn er sich ihnen aussetzt. Nach Ansicht des Schweizer Fachpsychologen für Psychotherapie Andreas Dick besteht Mut aus unterschiedlichen Komponenten: Aus einer mit *Klugheit* und *Besonnenheit* gewonnenen *Erkenntnis* darüber, was in einem bestimmten Moment richtig und was falsch ist, aus der *Hoffnung* und *Zuversicht* auf einen glücklichen, sinnvollen Ausgang und auch aus einem *freien Willensentschluss* (Dick 2010). Bezieht man diese These auf den Verlauf eines Verkaufsgesprächs, starten viele Verkäufer immer wieder mutig aufs Neue. Dies geschieht jedoch oft unstrukturiert und ohne die nötige Selbstreflektion. Schauen Sie daher genau hin, was beim Verkaufsgespräch gut lief und was noch zu verbessern wäre. Misserfolge bekommen damit eine andere Bedeutung, wenn man sie reflektiert und daraus lernt. Wenn sie eine bewusste Verhaltensänderung anstoßen und auf Dauer zu besseren Ergebnissen führen. Misserfolge werden im Unterbewusstsein nicht länger als persönliche Niederlagen gespeichert. Lernen Sie daher, den Mut zu entwickeln, Ihr eigenes Verhalten zu reflektieren, es zu analysieren und daraus zu lernen (vgl. Abb. 1.1).

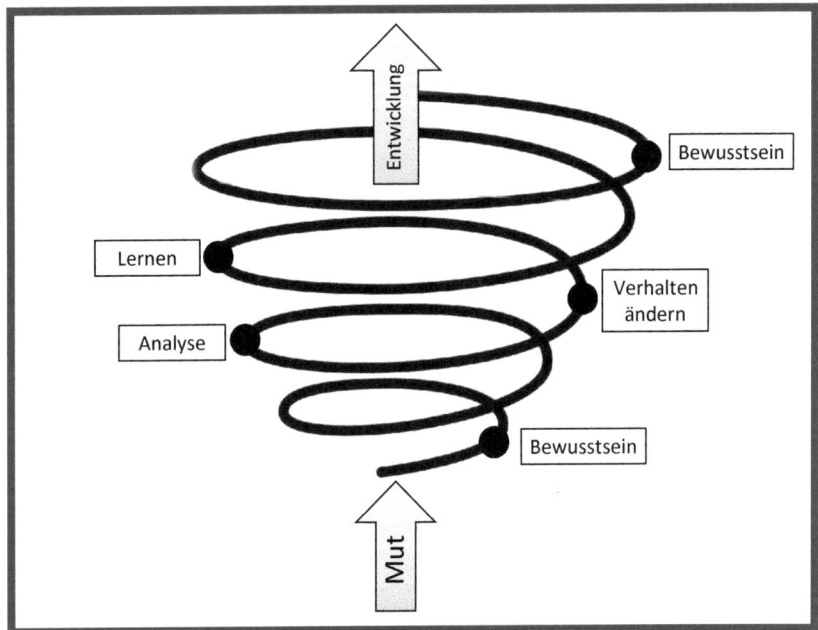

Abb. 1.1 Die positive Spirale Ihrer Entwicklung

► Mut ist die Triebfeder der positiven Spirale Ihrer Entwicklung!

Einige haben die Möglichkeit, sich an einem Vorbild zu orientieren. Anderen gelingt es durch ein prägendes Aha-Erlebnis. Aber alle entscheiden selbst darüber, ob sie den Mut zur Selbstreflektion aufbringen. Den Mut, ihr Verhalten zu ändern, damit sie sich persönlich weiterentwickeln. Den Mut, die Verantwortung für ihren eigenen Erfolg zu übernehmen!

Beispiel

An einen kalten Montagmorgen im März des Jahres 1995 verabschiedete John sich von seiner Frau und stieg in den Wagen. Vier Jahre waren sie nun verheiratet und wohnten seit fast drei Jahren in ihrem neuen Haus. Es war so, wie sie es sich immer vorgestellt und gewünscht hatten. Groß, modern und mit einem schönen Garten. Doch die Hypothek, die sie dafür hatten aufnehmen müssen, überstieg Johns Möglichkeiten bei weitem. Er hatte sich das alles viel leichter vorgestellt. Jetzt rechnete er seit Wochen damit, dass die Bank die Hypothek kündigte. Die weiteren Konsequenzen verfolgten ihn schon seit Monaten im

Schlaf. Doch nun spitzte sich die Lage zu. Im Job lief es seit einem halben Jahr alles andere als gut. John erreichte seine Umsatzziele nicht und sein Chef stellte ihm ein Ultimatum, das diesen Monat ablief. Um der Kritik zu entkommen, klammerte er sich an jeden Strohhalm. So erzählt er seinem Chef von einem Angebot, das kurz vor dem Abschluss stünde. Als die besagte Firma den Auftrag anderweitig vergab, brach seine Welt in sich zusammen. Das war der Tropfen, der sein Fass zum Überlaufen brachte.

Alles schien so aussichtslos und seine Gedanken drehten sich im Kreis. Er war nie sehr mutig gewesen und war immer froh, wenn andere für ihn entschieden hatten oder die Initiative ergriffen. Warum, war ihm nie bewusst und er hatte auch nie ernsthaft darüber nachgedacht. Bis zu diesem Tag, der sein ganzes Leben verändern sollte. John beschloss, dem Ganzen ein Ende zu bereiten und fuhr hinaus, zur Autobahnbrücke, parkte seinen Wagen und stieg aus. „OK, dass war`s jetzt!" Warum musste das alles so weit kommen?" Er stieg auf das Geländer. Und blickte in die Tiefe. Sein Herz begann zu rasen. Tausend Gedanken schossen ihm durch den Kopf. Zweifel und Entschlossenheit wechseln sich ab. Jetzt war es wieder soweit: Seine Hände wurden schweißnass, die Knie weich. Er erkannte, dass ihn der Mut verließ. Wie immer, wenn ihn die Angst überfiel. Aber jetzt, zum allerersten Mal, dachte er darüber nach, warum das so war! „Warum fehlt mir der Mut? Warum habe ich Angst? Und warum fehlt mir der Mut, das alles jetzt zu beenden?"

Plötzlich wurde er von einer heftigen Böe gepackt. Er verlor das Gleichgewicht. Die hektischen Ruderbewegungen seiner Arme nützten nichts mehr. Rückwärts stürzte er auf den Pannenstreifen der Autobahn. Schlagartig wurde ihm bewusst, was geschehen war. Er stand auf, schaute noch einmal hinunter in die Tiefe. Ihm wurde klar, dass der Sturz einen anderen Ausgang hätte haben können. Er dachte an seine Frau und wie glücklich sie beide waren, als sie sich damals kennenlernten. All die schönen Augenblicke.

„Musste erst so etwas geschehen, damit ich aufwache? Ich habe eine wunderbare Frau. Wir haben das Haus, von dem wir so lange geträumt haben. Und nur, weil ich nicht klarkomme, habe ich um ein Haar nicht nur mein Leben weggeworfen, sondern auch ihres zerstört. Ich hätte sie mit den Schulden im Stich gelassen! Morgen werde ich mir bei meinem Chef einen Termin geben lassen. Ich werde ihm klar machen, von nun an aktiv an meinem Erfolg zu arbeiten. Diese Angst werde ich von nun an bekämpfen!", beschloss er und fuhr nach Hause zu seiner Frau.

Als Wink des Schicksals betrachtete er dieses Erlebnis. Es sollte ihn sein Leben lang immer wieder daran erinnern, seinen Blick auf die Chancen des Lebens zu richten. Sein Glas war von nun an nicht mehr halb leer, sondern halb voll.

1.4.2 Selbstbewusstsein

▶   Selbstbewusstsein heißt das Bewusstsein seiner selbst.

Umgangssprachlich wird Selbstbewusstsein meist als positives Wertgefühl verstanden, bezogen auf eine einzelne Person oder eine Gruppe. Für Selbstbewusstsein wird oft auch synonym der Begriff *Selbstwert* verwendet. Ein *hoher Selbstwert* gilt demnach als *großes Selbstbewusstsein.*
   Selbstbewusstsein ist ein Begriff, der in mehreren Fachdisziplinen verwendet wird. Nach allgemeiner Auffassung ist er zuerst in der Philosophie definiert worden. Er spielt aber auch in der Soziologie, Psychologie und Geschichtswissenschaft eine bedeutende Rolle. Seiner vielschichtigen Verwendung wegen, und um Missverständnissen vorzubeugen, möchte ich den Begriff für den Verkauf und für dieses Buch eingrenzen. Ich beschränke mich auf den Bereich des Selbstbewusstseins, der sich allgemein definiert als *das Überzeugt sein von seinen Fähigkeiten, von seinem Wert als Person.* Selbstbewusstsein drückt sich besonders in selbstsicherem Auftreten aus.
   Wie groß die Bandbreite von geringem bis zu großem Selbstvertrauen ist, sehen Sie in Ihrem eigenen Umfeld täglich. Ihnen begegnen Menschen, die vor Selbstbewusstsein nur so strotzen. Andere sind so unsicher, dass sie Ihnen beinahe leidtun. Warum ist das so?
   Es sind die Meinungen und Verhaltensweisen unserer Umwelt, die uns prägen. Besonders dann, wenn wir gerade beginnen, unsere ersten eigenen Erfahrungen zu sammeln, und noch gänzlich von unserem sozialen Umfeld abhängig sind, also im frühen Kindheitsalter. Die Meinungen, Sicht- und Verhaltensweisen unserer Eltern zeigen uns, wie die Welt funktioniert. Wir sehen die Welt durch ihre Augen.
   In der Sprache der Psychologen bilden wir daraus unsere eigenen „Glaubenssätze". Diese Glaubenssätze, auch Paradigmen genannt, beziehen sich auf die Art, in der wir die Welt sehen. Nicht im visuellen Sinne, sondern im Wahrnehmen, Verstehen und Interpretieren. Die ihnen zugrundeliegenden Erfahrungen, Wertungen und Beurteilungen unserer Eltern übernehmen wir unbewusst und sie verankern sich tief in unserem Unterbewusstsein. Sie prägen unsere Persönlichkeit und beeinflussen unser Handeln. Wir werden uns mit diesem Thema später in 3.1 „Die Ich-Marke" noch näher beschäftigen.
   Das Gute ist: Ebenso wie wir unbewusst negative Meinungen im Kindheitsalter übernommen haben, können wir sie später durch positive ersetzen. Stellen wir durch eigene Erfahrungen fest, dass alte Glaubenssätze falsch sind, findet eine

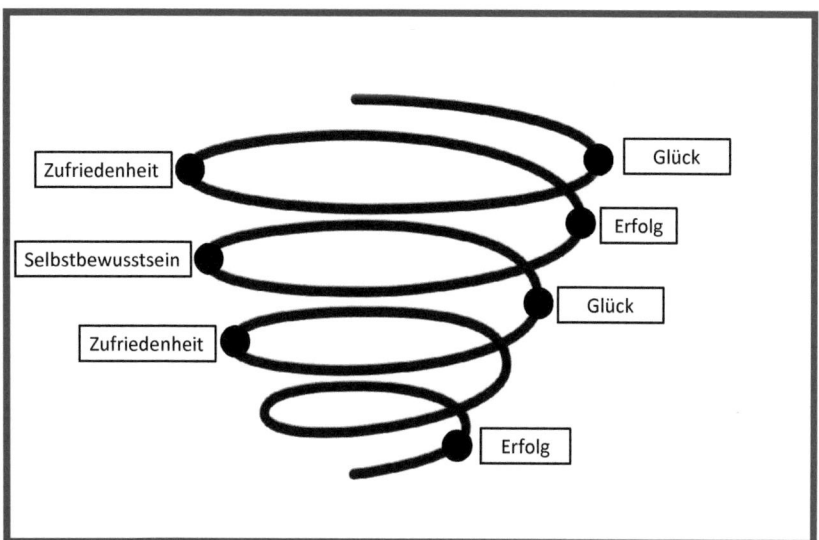

Abb. 1.2 Erfolg

Veränderung statt. Wir beginnen eine neue Meinung zu entwickeln. Ebenso ist es auch möglich, seine Glaubenssätze bewusst zu hinterfragen und auf Richtigkeit zu überprüfen. Hierin liegt eine Möglichkeit, das eigene Leben erfolgreicher und glücklicher zu gestalten. Das Recht auf Entwicklung und Wachstum ist ein Naturgesetz der Menschen.

▶   Jeder hat das Recht, erfolgreich und glücklich zu sein!

Es sollte Ihr Ziel sein, erfolgreich und glücklich zu sein. Es ist mein Ziel und auch Ziel dieses Buches, Sie auf diesem Weg zu unterstützen. Erfolg und Zufriedenheit führen zu Selbstbewusstsein. Und Selbstbewusstsein führt wiederum zu Erfolg und Zufriedenheit. Es entsteht ein positiver Kreislauf (vgl. Abb. 1.2).

Wenn unser Selbstvertrauen und unser Selbstwertgefühl gering sind, haben wir Angst vor Ablehnung und können demzufolge auch nicht selbstsicher auftreten. Es gibt Indikatoren, an denen wir ein mangelndes Selbstbewusstsein erkennen können z. B. wenn Sie nicht Nein sagen können, nicht in der Lage sind, Forderungen zu stellen, oder Wünsche zu äußern.

Wenn Sie Selbstbewusstsein haben, dann können Sie

- Forderungen stellen
- Nein sagen
- Wünsche äußern und durchsetzen
- Komplimente annehmen
- mit Kritik umgehen
- sich Fehler erlauben
- Kontakte knüpfen
- Ihre Meinung sagen

Auf einen Nenner gebracht ist es immer die „Angst", die uns vor diesen ganzen Punkten zurückhält. Angst lähmt uns, lässt uns unsicher sein und ist der große Gegenspieler unseres Selbstbewusstseins. Ängste kommen tief aus unserem Unterbewusstsein und sind evolutionär bedingt. Uns ist nicht klar, was da mit uns passiert, denn wir erkennen immer nur die Symptome wie Herzklopfen, feuchte Hände oder, Sprachlosigkeit, und wir sind nicht in der Lage, auf die jeweilige Situation angemessen zu reagieren.

Vor tausenden von Jahren, als sich Angst in den Verhaltensmustern der Menschen entwickelte und verankerte, war sie ein wichtiger Schutzmechanismus und oftmals überlebenswichtig. Stellen Sie sich vor, wie zu jener Zeit ein Mensch auf einen hungrigen Säbelzahntiger trifft. Glück hatte, wer die Gefahr früh genug erkannte und noch flüchten konnte. Kampf bedeutete den sicheren Tod.

War das Kräfteverhältnis weniger eindeutig, der Gegner nicht so eindeutig überlegen, wurde gekämpft. Verlor man den Kampf, blieb wiederum nur die Flucht. Schien diese Möglichkeit aussichtslos, blieb als letzte Option sich totzustellen, um zumindest sein Leben zu retten. So entwickelten sich im Laufe der Evolution diese drei grundlegenden Verhaltensweisen und verankerten sich tief:

1. *Flucht*, wenn man die Gefahr früh genug erkannte und der Gegner offensichtlich stärker war, und ein Kampf Verletzung oder Tod bedeuten würde.
2. *Kampf*, wenn man von Hunger getrieben auf der Jagd war und die Beute nicht deutlich überlegen war.
3. *Totstellen*, wenn eine Flucht aussichtslos war.

In allen drei Fällen liefen im Körper ähnliche Prozesse ab. Es wurde unter anderem Adrenalin ausgeschüttet, welches dafür sorgte, dass

- sich die Aufmerksamkeit erhöhte,
- sich die Pupillen weiteten,
- sich die Sensibilität der Seh- und Hörnerven erhöhte,
- sich die Muskelanspannung erhöhte, wodurch sich die Reaktionsgeschwindigkeit verbesserte,
- sich die Herzfrequenz und der Blutdruck erhöhten,
- die Atmung abflachte und schneller wurde.

Dadurch wurde die Energiebereitstellung im Muskel gesteigert, was eine schnellere Flucht ermöglichte oder für einen Kampf das Abrufen der Maximalkraft. Diese Reaktionen auf Angst sind bis heute gleich geblieben, auch wenn sich die Auslöser für Angst deutlich geändert haben. Bei Angstzuständen verursachen die eben beschriebenen Prozesse u. a. folgende körperlichen Reaktionen (Symptome): Schwitzen; Zittern; Schwindelgefühl; der Mund wird trocken; wird man völlig überrascht, steht man da wie gelähmt, manchmal mit offenem Mund.

Aus welchem Grund wir heute Angst empfinden, kann sehr unterschiedliche Ursachen haben und ist subjektiv. In einem gewissen Maß ist die Anlage für Ängste erblich bedingt. Ängste werden auch durch Erfahrung, sprich eigenes Verhalten, „gelernt" oder durch Beobachtung, also durch fremdes Verhalten. Daneben können Ängste auch durch Einbildung entstehen. Das Gute ist: Ängste können auch wieder „verlernt" werden und das dauerhaft, ein Leben lang.

Wie die meisten Kinder haben auch Sie vielleicht die eine oder andere Erfahrung mit Ängsten gemacht? Da waren die Monster unter dem Bett oder im Kleiderschrank. Sobald das Licht aus war, waren sie da. Viele Kinder leiden dann unter den eben beschriebenen Symptomen: Schwitzen, Zittern, Bewegungsunfähigkeit. Die Eltern zeigen ihren Kindern in diesem Fall, dass die Angst unbegründet ist. Und sie lernen, diese Angst wieder abzulegen. Genauso können Sie auch im Erwachsenenalter jede Angst „verlernen".

„Selbstbewusstsein" kann auch durch die Begriffe Vertrauen, Zuversicht, Gewissheit und Sicherheit umschrieben werden. Ein selbstbewusster Verkäufer verspürt diese vier Eigenschaften in so starkem Maße, dass er seiner Zukunft und jedem Verkaufsgespräch optimistisch und motiviert entgegengeht. Im Verkaufsgespräch ist Selbstbewusstsein sehr wichtig. Schließlich will ein Verkäufer seine Kunden beraten und überzeugen, gemeinsam mit ihnen die perfekte Lösung für ihren Wunsch erarbeiten. Zeigen Sie nur kleine Unsicherheiten, werden Ihre Kunden diese wahrnehmen, was ihre Entscheidung beeinflussen kann.

Unsicherheiten sollten Sie unbedingt genauer analysieren. Schauen Sie genau hin, um was es sich handelt. Auch wenn Sie sich grundsätzlich als selbstbewusst bezeichnen. Schließen Sie auch kleine Lücken. Sind es fehlende Produktkenntnisse, Wissenslücken in den firmeninternen Abläufen oder Gründe, die mit Ihnen selbst zu tun haben? Auch, wenn es Ihnen Ihrer Meinung nach gelegentlich gelingen mag, sie zu überspielen, Ihren Kunden werden sie wahrscheinlich nicht verborgen bleiben. Und Ihr Unterbewusstsein können Sie nicht überlisten. Beseitigen Sie die kleinen Unsicherheiten. Es wird sich positiv bemerkbar machen.

▶   Selbstbewusstsein führt zu mehr Zufriedenheit!

Dieses selbstkritische und zielgerichtete Agieren durchläuft am Anfang jeder auf dem Weg zum Meta-Verkäufer. Es ist wichtig, dass die eigenen Stärken und Schwächen sichtbar werden. Und jedem bereits erfolgreichen Verkäufer kann es helfen, die Bodenhaftung nicht zu verlieren.

▶   Selbstbewusstsein ist weder Glück noch Zufall, sondern ein erlerntes Verhalten. Das bedeutet, dass Sie es weiterentwickeln können!

Die folgende Übung ist ein erster Schritt dazu, wie sich Ihrer selbst „bewusster" werden. Nehmen Sie ein Blatt Papier und einen Stift zur Hand und notieren Sie Ihre Antworten zu den folgenden Fragen. Sie werden Sie später noch einmal brauchen. Hören Sie in sich hinein und werden Sie sich bewusst, wo Ihre Stärken liegen. Notieren Sie stichwortartig, wo Sie Ihre Stärken sehen. Dadurch, dass Sie sich Ihre Stärken bewusst machen, stabilisieren Sie bereits Ihr Selbstbewusstsein automatisch.

• Was haben Sie in Ihrem Beruf schon alles erreicht?
• Auf welche Erfolge sind Sie in Ihrem Privatleben stolz?
• Was macht Sie liebenswert? (innere und äußere Werte)
• Welche Krisen haben Sie gemeistert?
• Wie unterscheiden Sie sich von anderen? (bestimmte Fähigkeiten, Eigenschaften und Kenntnisse)

Machen Sie sich auch bewusst, welche Schwächen Sie haben. Notieren Sie alles, was Ihnen in den Sinn kommt. Wie beispielsweise: Sind Sie zufrieden mit

• Ihrer Fitness?
• Ihrem Äußeren?
• Ihrer Figur? Oder haben Sie ein paar Pfund zu viel?
• Ihrer Grundstimmung? Ertappen Sie sich vielleicht gelegentlich dabei, ein Morgenmuffel zu sein?
• Usw.

Ist es Ihre Fitness, mit der Sie nicht ganz zufrieden sind? Machen Sie sich einen realistischen Plan, wie Sie dem langsam entgegenwirken wollen. Vielleicht ist es hin und wieder Ihr Äußeres? Dann gönnen Sie sich wieder einmal neue Kleidung und fühlen Sie sich wohl darin. Oder Sie haben ein paar Pfund zu viel, verdrängen es aber? Stellen Sie sich diesem Thema. Beschäftigen Sie sich mit einer gesunden Ernährung. Lesen Sie darüber und verändern Sie Gewohnheiten. Auch Ihre Bewegung betreffend. Achten Sie auf die passende Kleidung. Sind Sie schlecht gelaunt, rechtfertigen Sie es nicht damit, schlecht geschlafen zu haben oder nun einmal so zu sein. Lächeln Sie gleich morgens im Bad in den Spiegel. Ein sehr effektives Mittel, die eigene Stimmung zu heben.

Egal, welche Schwächen Sie auch bei sich entdecken, stellen Sie sich ihnen. Stecken Sie sich kleine, erreichbare Ziele und arbeiten Sie daran. Bereits das Formulieren von Zielen und das Aktivwerden bringt Ihnen die erste Motivation.

1.4.3 Positive Voraussetzungen!

Umgeben Sie sich mit positiven Menschen!
Es gibt Menschen, die das Glas grundsätzlich halb leer sehen. Die in jeder Suppe ein Haar finden, an dem sie sich aufhängen. Das hat mit Ihrer Person gar nichts zu tun. Diese Menschen können einfach nicht anders. Aber Sie sollten sich eher Gesprächspartner suchen, die positiv sind. Denn Ihr Umfeld hat auch Einfluss auf Ihre Entwicklung und damit auch auf Ihr Selbstbewusstsein. Achten Sie im Privaten einmal bewusst darauf, wer Sie motiviert und wer Ihnen Zeit und Energie raubt, weil Sie deren Probleme zu Ihren eigenen machen. Im Privaten können Sie selbst Ihre Prioritäten setzen. Im Beruf haben Sie nicht immer die Wahl. Trotzdem können Sie selbst entscheiden, ob Sie den Blick auf Positives richten oder sich von negativen Stimmungen mitreißen lassen. Achten Sie bewusst auf die halb vollen Gläser.

Kommunizieren Sie Wünsche!
Menschen, denen es an Selbstbewusstsein fehlt, stellen die eigenen Bedürfnisse häufig in den Hintergrund. Bemerken Sie, dass Sie sich in einer Situation benachteiligt fühlen, äußern Sie sich. Teilen Sie mit, dass auch Sie Bedürfnisse haben. Fällt Ihnen das schwer, fangen Sie mit kleinen Forderungen an.

Denken Sie positiv!
Ertappen Sie sich gelegentlich dabei von, sich selbst zu denken: *„Mir gelingt mal wieder gar nichts!"*? Sagen Sie sich stattdessen: *„Ich finde immer eine Lösung!"* und *„Ich werde jeden Tag kreativer und besser!"* Machen Sie sich bewusst, dass

auf Regen Sonnenschein folgt, nach einem Tal auch wieder ein Berg kommt. Positives Denken ist ein sehr guter Beschleuniger für Ihr Selbstbewusstsein und wird auch in Ihrer Ausstrahlung sichtbar.

Tun Sie das, was Sie besonders gut können!
Sicher haben Sie einmal einen Tag, an dem es nicht so läuft, wie Sie es gerne hätten. Wenn Sie sich in eine Arbeit verbissen haben, die nicht funktionieren will. Nehmen Sie sich eine Aufgabe vor, die Sie besonders gut können oder besonders gerne machen. Versuchen Sie es anschließend wieder oder am nächsten Tag. Es geht hier um die Ablenkung. Ihre Zufriedenheit, Ihr Selbstbewusstsein überträgt sich dann auf andere Tätigkeiten.

Beginnen Sie, sich selbst zu 100 % zu vertrauen!
Ein deutliches Signal für ein schwaches Selbstbewusstsein ist, wenn Sie andere häufig um Rat fragen und nach deren Vorstellungen handeln. Jeder Mensch agiert aus seinem Erfahrungsschatz, der im Unterbewusstsein gespeichert ist. Diese Erfahrungen melden sich im „Bauchgefühl". Darauf zu hören ist meist eine gute Entscheidung. Lernen Sie, auf Ihr Gefühl zu vertrauen. Werden Sie unabhängig von der Meinung anderer. Überlegen Sie selbst, welche Vor- und Nachteile es gibt. Wägen Sie ab, was gut und was schlecht ist. Vertrauen Sie sich zu 100 %!

1.4.4 Selbstreflektion

Sie haben sich nun sehr viele Gedanken über sich selbst gemacht. Was Ihre Stärken sind und Ihre Schwächen. Was Sie gut können und was eher *noch* nicht. Sie sind sich Ihrer selbst bewusster geworden. Sie haben damit begonnen, ein Bild von Ihrer Persönlichkeit zu gewinnen. Zu Ihrer Persönlichkeit gehört auch das Bild, dass Ihre Freunde, Ihre Familie, Ihre Kollegen, Bekannte, Nachbarn usw. von Ihnen haben. Diese beiden Bilder sind nicht immer deckungsgleich.

Sie kennen das sicher: Sie glauben einige Menschen recht gut zu kennen. Dennoch werden Sie immer wieder überrascht, dass sie sich manchmal vollkommen anders verhalten, als Sie es erwartet hätten.

Sie lernen gerade jemanden kennen. Ihnen stehen nur sehr wenige Informationen zur Verfügung, um die Persson einzuschätzen: Das Aussehen, die Kleidung, das Geschlecht, ein ungefähres Alter, das Verhalten und die Informationen aus den ersten Sätzen. Um mit einem noch unbekannten Menschen kommunizieren zu können, brauchen Sie ein vollständiges Bild von ihm. Die unbekannten Informationen im Bild werden von Ihrem Unterbewusstsein ergänzt. Dabei greift Ihr Unterbewusstsein auf Ihre Erfahrungen, Glaubenssätze, Werte und Erlebnisse zurück. Das Ganze funktioniert wie ein großes Schubladensystem mit vielen Ablagen. Hier sind alle Erfahrungen gespeichert, die Sie in ähnlichen Situationen, mit Menschen ähnlichen Verhaltens und ähnlichem Aussehen gemacht haben. Sie interpolieren die fehlenden Informationen mit Eigenschaften und Verhaltensweisen anderer Personen, bis das Raster vollständig ist. Lernen Sie den Menschen dann näher kennen, stellen Sie fest, dass Sie bei einigen Punkten mit Ihrer Einschätzung danebengelegen haben. Sie korrigieren Ihr Bild.

Umgekehrt kann natürlich auch das Bild, das Sie von sich selbst haben, von dem abweichen, das sich Kunden von Ihnen machen. Eine Erkenntnis, die für den Erfolg im Verkauf von großer Wichtigkeit ist. Die Ursachen Ihrer Wirkung, und wie Sie sie verbessern können, werden wir später in 3.1 „Die Ich-Marke" genau erarbeiten.

- **Mögliche Fehler beim Selbstbild:** Manchmal stellen wir uns besser dar, als wir sind. Vor anderen, und auch vor uns selbst. Wir verdrängen Schwachstellen und Misserfolge. Was sollten andere von uns denken, wenn diese „Schwächen" sichtbar würden? Kompetenzen hingegen stufen wir manchmal zu hoch ein. Wir halten uns dann für ehrenhafter, als wir sind. Ein andermal sind wir wiederum zu bescheiden. Wenn wir unseren Schwächen mehr Aufmerksamkeit schenken als unseren Stärken.
- **Mögliche Fehler beim Fremdbild:** Vor dem Hintergrund seiner persönlichen Erfahrungen sieht Sie Ihr Gegenüber durch seine eigene Brille. Eventuell hat er mit Menschen negative Erfahrungen gemacht, die in manchen Belangen vielleicht ähnliche Eigenschaften haben wie Sie. Er könnte Sie auch wegen einer Ihrer Eigenschaften beneiden. Eventuell hat er unrealistische Erwartungen. Vielleicht haben Sie seiner Meinung nach einen Fehler begangen und er verallgemeinert daraus. Oder Sie zeigen eine Fassade, die nicht Ihrer wahren Persönlichkeit entspricht. Dann liegt die Fehleinschätzung darin, dass Sie nicht authentisch sind.

1955 beschäftigten sich die amerikanischen Sozialpsychologen Joseph Luft und Harry Ingram mit den Unterschieden zwischen der Selbst- und der Fremdwahrnehmung. Zur Veranschaulichung entwickelten sie ihr „Johari-Fenster", das heute für Soziologen und Psychologen zu einem Standardschema geworden ist. Es demonstriert die Unterschiede zwischen Selbstwahrnehmung und Fremdwahrnehmung mit dem sogenannten „Blinden Fleck" (Luft und Ingham 1955). Ziel dabei ist, die Veränderungen der Selbstwahrnehmung im Verlauf eines Selbstreflektionsprozesses sichtbar und die Außenwirkung des eigenen Verhaltens bewusst zu machen. In den vier Feldern des Johari-Fensters sind alle Persönlichkeits- und Verhaltensmerkmale einer Person nach den Kriterien „bewusst" und „unbewusst" kategorisiert (vgl. Abb. 1.3).

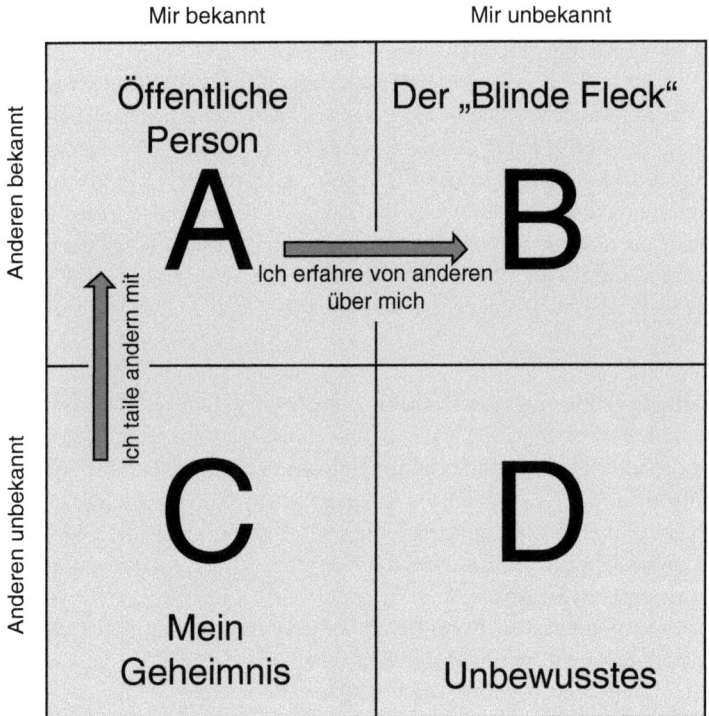

Abb. 1.3 Das Johari – Fenster

- **Quadrant A** („öffentliche Person"): Er enthält alle Merkmale, die Ihnen selbst und auch anderen bekannt sind. Er ist bestimmt von sichtbarem Handeln, von Tatsachen und klaren Sachverhalten. Selbst- und Fremdeinschätzung sind identisch.
- **Quadrant B** (der „Blinde Fleck"): Hier sind Ihre Charaktereigenschaften enthalten, die Ihnen selbst nicht bewusst sind, für andere aber sichtbar sind, Ihre unbewussten Eigenschaften, Gewohnheiten, Vorlieben und Aversionen. Je kleiner der „Blinde Fleck" zwischen Ihnen und Ihrem Umfeld ist, desto authentischer ist Ihr Verhalten Ihrer Umwelt gegenüber und desto klarer kommunizieren Sie, was die Gefahr verringert, missverstanden oder falsch eingeschätzt zu werden. Der „Blinde Fleck", ist ein wichtiger Quadrant, wie Sie am Ende des Kapitels in einem kleinen Experiment feststellen werden.

- **Quadrant C** („Verborgenes"): In diesem Quadrant befindet sich alles, was Sie bewusst vor anderen verbergen, also Gefühle, Wünsche und Ängste. Aber auch Einstellungen und Ansichten, von denen Sie annehmen, sie könnten Ihnen schaden, würden sie sichtbar. Das Verbergen von Geheimnissen kostet viel Energie. Versuchen Sie diesen Quadranten immer möglichst klein zu halten. Es verschafft Ihnen mehr Freiraum und Handlungsspielraum, sowohl im Privaten als auch in der Öffentlichkeit.
- **Quadrant D** („Unbewusstes"): Beschreibt alles, was weder Ihnen noch Ihrem Umfeld bekannt ist. Hier verstecken sich Ihre unbewussten Talente und Begabungen. Der Umfang dieses Bereichs hängt davon ab, wie sehr Sie gefördert und gefordert werden. Einen Förderer oder Mentor zu haben ist ein enormer Beschleuniger. Er kann Ihnen ein Feedback geben, wenn er ein Talent bei Ihnen vermutet, von dem Sie selbst nicht die geringste Ahnung haben. Mit seiner Vermutung würde er sich gewissermaßen diagonal von Quadrant D nach B bewegen, zum „Blinden Fleck", was in der Regel das Tätigkeitsfeld eines Mentors ist.

Wenn Sie selbst in Ihrer Entwicklung schon so weit, sind andere fördern zu können, tun Sie es! Lassen Sie sich von anfänglichen Ablehnungen nicht beirren. Es sind Abwehrhaltungen eines noch schwachen Selbstbewusstseins.

Es ist eine interessante und spannende Erfahrung, sein Selbstbild mit einem oder mehreren Fremdbildern zu vergleichen. Mit dem folgenden Experiment möchte ich Ihnen das demonstrieren. Sie haben dabei die Möglichkeit herauszufinden, wo sich Ihre eigene Wahrnehmung mit den Bildern deckt, die sich andere von Ihnen machen. Vielleicht erkennen Sie dabei Bereiche, die Ihnen wichtig sind und die Sie gerne noch entwickeln möchten. Vielleicht lernen Sie sogar durch das Fremdbild positive Eigenschaften an sich kennen, die Ihnen noch nicht bewusst sind, in Ihrem sogenannten „Blinden Fleck". Lassen Sie sich überraschen!

Sie finden die in Tab. 1.1 dargestellte Gegenüberstellung von Selbst- und Fremdbild unter: www.thomaslörsch.com. Drucken Sie es zweimal aus oder kopieren Sie es von dieser Seite. Geben Sie eines einem Freund, der Sie gut kennt. Legen Sie die beiden ausgefüllten Blätter nebeneinander und vergleichen Sie. Einige Ergebnisse werden Abweichungen haben, mit denen Sie nicht gerechnet haben. Erfahrungsgemäß werden Ihre Freunde motiviert sein mitzuarbeiten, da ein gegenseitiges Feedback entsteht.

Tab. 1.1 Selbstbild und Fremdbild

Selbstbild So sehe ich mich: Name:						Fremdbild So sehe ich: Name:					
	:-))	:-)	:-I	:-(	:-((		:-))	:-)	:-I	:-(	:-((
selbstbewusst						selbstbewusst					
entschlossen						entschlossen					
zielstrebig						zielstrebig					
zuverlässig						zuverlässig					
vielseitig						vielseitig					
ehrgeizig						ehrgeizig					
offen						offen					
organisiert						organisiert					
durchsetzungsfähig						durchsetzungsfähig					
genau						genau					
geduldig						geduldig					
extravertiert						extravertiert					
sensibel						sensibel					
verantwortungsbewusst						verantwortungsbewusst					
hilfsbereit						hilfsbereit					
lernbereit						lernbereit					
aufmerksam						aufmerksam					
kreativ						kreativ					
kompromissbereit						kompromissbereit					
freundlich						freundlich					
optimistisch						optimistisch					
gewissenhaft						gewissenhaft					
spontan						spontan					
mutig						mutig					
kritikfähig						kritikfähig					

Beispiel

Experiment: Vor der Kamera

Für dieses kleine Experiment brauchen Sie nicht mehr als eine Kamera und einen Kollegen, dem Sie vertrauen und der ebenso daran interessiert ist, sich zu entwickeln, wie Sie. Natürlich können Sie auch Ihre Partnerin oder einen Freund bitten.

Überlegen Sie gemeinsam eine Verkaufssituation und spielen Sie das dazu passende Verkaufsgespräch durch, wie Sie es als optimal empfinden. Machen Sie sich vorher stichwortartig Notizen dazu, was Ihnen wichtig erscheint. Drucken Sie sich dazu die Checkliste „Verkaufs-Video" unter www.thomasloersch. com/aus. Spielen Sie das Verkaufsgespräch durch und filmen Sie es. Anschließend gehen Sie das Video mit Ihrem „Filmpartner" durch und beantworten gemeinsam die angeführten Fragen auf der Checkliste. Viel Spaß!

1.4.5 Willenskraft

Haben auch Sie sich schon einmal die Frage gestellt, was sehr erfolgreiche Menschen von weniger erfolgreichen unterscheidet? Welche Verhaltensweisen heben sie von den anderen ab? Erfolgreiche Menschen können Ziele klar formulieren, konsequent verfolgen und sie produzieren Ergebnisse. Darauf fokussieren sie ihre gesamte Energie. Sie lassen sich durch nichts ablenken und erzielen häufig mit bescheidenen Mitteln sehr gute Resultate. Auf den ersten Eindruck hört sich das sehr einfach an. Dahinter stecken jedoch ein starker Wille und einige Fähigkeiten, die zur Umsetzung notwendig sind. Die Zusammenfassung dieser Fähigkeiten kennen Sie unter dem Begriff der „Willenskraft". Sie kann auch als Umsetzungskompetenz beschrieben werden.

Psychologen und Neurologen verwenden für Willenskraft den Fachbegriff der „Volition". Sie beschreiben damit die psychische Energie, die notwendig ist, um Hindernisse auf dem Weg zu einem formulierten Ziel oder zum Erfolg zu überwinden. Sehen wir uns die notwendigen Fähigkeiten für Willensraft genauer an (vgl. Pelz 2014):

1. Fokus auf das Wesentliche (keine Ablenkung)
2. Emotionen und Stimmungen steuern
3. Cleverness
4. Selbstvertrauen
5. Disziplin

Es handelt sich also um die konsequente Ausrichtung Ihres „Wollens", einem sehr wichtigen Faktor für Ihren Erfolg.

Nehmen wir an, Sie haben sich ein Ziel gesteckt. Sie erkennen es als realistisch an, da andere es so oder ähnlich auch schon erreicht haben. Für dessen Erreichung ist es notwendig, Ihr Verhalten zu verändern und Ihr Wissen zu erweitern („Können"). Willenskraft beschreibt die Konsequenz, mit der Sie an die Umsetzung gehen („Wollen"). Als erstes setzen Sie sich ein zeitliches Limit, innerhalb dessen Sie das Ziel erreichen wollen. Sie konzentrieren sich voll und ganz auf Ihr Ziel und vermeiden alles, was Sie davon ablenkt oder abhält. Auch Ihre eigenen Emotionen und Ihre Stimmung dürfen Sie nicht behindern, Ihren Weg konsequent weiterzugehen. Hindernisse umgehen Sie mit Cleverness, um schnellstmöglich wieder auf Ihr Ziel ausgerichtet zu sein. Schaffen Sie sich kleine Zwischenziele, an denen Ihr Selbstvertrauen wächst. Niemand wird Sie aufhalten können auf Ihrem Weg. Sie werden erfolgreich sein, wenn Sie Ihr Ziel konsequent verfolgen und diszipliniert vorgehen.

Soweit zu den Erläuterungen des Begriffs „Willenskraft". Sie ist von so großer Wichtigkeit, dass ich sie mit dem Begriff der „Effektivität" assoziiere. Entwickeln Sie Ihre Willenskraft und Sie begeben sich auf den „Königsweg des Erfolgs". Erfolg und Motivation werden auf diesem Weg zu Ihren ständigen Begleitern. Ich habe dieses Thema auf den Verkauf zugeschnitten und ihm ein eigenes Kapitel gewidmet. Ich nenne es: „Die Effektivität im Verkauf" (vgl. Abschn. 4.2). Hier wird für Sie sichtbar werden, welche Faktoren Einfluss haben auf Ihre Effektivität und wie Sie sie steigern können.

Vorab: Beantworten Sie die Fragen aus dem Fragebogen „Kernfragen" in Tab. 1.2. Antworten Sie spontan und ehrlich nach Ihrem Bauchgefühl. Es gibt bei den Antworten kein schlechter oder besser. Jede Antwort zu Verhaltensweisen oder Reaktionen hat immer sowohl fördernde als auch hemmende Komponenten. Vergeben Sie bei jeder Frage 5 Punkte. Sie können somit auch mehrere Antworten mit einer Gewichtung bewerten. Zu jeder Frage gibt es die Antworten a) und b). Bei einigen Fragen gibt es zusätzlich Antwort c). In allen Fällen haben Sie 5 Punkte zu vergeben. Zum Beispiel:

Antwort a: **5**	Antwort b: **0**		Summe: **5 + 0 = 5 Punkte**
Oder			
Antwort a: **3**	Antwort b: **0**	Antwort c: **2**	Summe: **3 + 0 + 2 = 5 Punkte**

Sollte es Ihnen widerstreben, in Bücher zu schreiben, finden Sie auf meiner Homepage www.thomasloersch.com alle Tabellen dieses Buches zum kostenlosen Download. Für Buchkäufer kostenlos mit dem Passwort: „Metaselling14"

Füllen Sie diesen Bogen unbedingt aus, denn Sie werden die Ergebnisse in den nächsten Kapiteln benötigen.

Tab. 1.2 Fragebogen Kernfragen. Quellen

Fragen	Antworten a	a	Antworten b	b
1.1 Angenommen es gäbe in Ihrem Unternehmen eine Verkäufer-Rangliste. Was wäre Ihr Antrieb?	Ich will der Beste sein!		Ich will mindestens so gut sein wie meine Kollegen, oder wie der Durchschnitt!	
1.2 Warum lesen Sie dieses Buch?	Wegen der Möglichkeiten und Chancen, die sich daraus ergeben.		Weil Sie vermeiden wollen nicht auf dem Laufenden zu sein.	
1.3 Was ist Ihnen im Bezug auf Geld wichtiger:	Die sich damit ergebenden neuen **Möglichkeiten im Leben.**		Armut vermeiden. Probleme verhindern.	
	Summe 1a		**Summe 1b**	
2.1 Warum wollen Sie High-End-**Verkäufer werden?**	**Ich habe für mich immer den** Anspruch zu den Besten zu **gehören?**		Wegen der Aufmerksamkeit und der Anerkennung der Kollegen und der **Geschäftsleitung.**	
2.2 Ihr Chef lobt Sie wegen Ihrer Abschlussquote:	Ist zwar nett gemeint, aber ist mir nicht wichtig.		Feedback und Lob sind mir sehr wichtig. Es tut mir gut.	
2.3 **Über Sie kursiert in der Firma ein negatives Gerücht:**	Ist mir egal. Geredet wird immer.		Ich muss dem unbedingt entgegensteuern. Mein Ruf ist mir wichtig. Was sollen andere von mir denken.	
	Summe 2a		**Summe 2b**	

Fragen	Antworten a	a	Antworten b	b	Antworten c	c
3.1 Sie sind zu der Präsentation eines neuen Autos eingeladen:	Ich verschaffe mir als erstes ein Bild von der Form, oder dem Gesamteindruck.		Als erstes interessiert mich, was der **Verkäufer** zu sagen hat. Dann will **ich den Motorsound hören.**		Am liebsten setzte ich mich zuerst einmal hinein und probiere alles aus.	
3.2 Sie **sind in einem Kundengespräch.** Woran erkennen Sie, ob Sie den Kunden sympathisch finden?	Ich beobachte ihn genau.		**Ich höre ihm genau zu.**		Das sagt mir mein Bauchgefühl.	
3.3 Wie bilden Sie sich am liebsten fort?	Mittels Videoseminar		Mittels **Hörbuch**		Mittels Workshop (selbst mitarbeiten)	
	Summe 3a		**Summe 3b**		**Summe 3c**	

Fragen	Antworten a	a	Antworten b	b
4.1 Sie erhalten einen Katalog zu neuen Produkten und machen sich damit vertraut.	**Ich schaue mir den Index an, blättere** den Katalog grob durch. Dann schaue ich mir die wichtigsten Details genauer an.		Ich sehe ihn mir von vorne bis hinten genau an. Es ist wichtig alle Details zu kennen.	
4.2 Skizzieren Sie jetzt spontan einen Menschen auf ein Blatt Papier:	**Sie haben nicht länger als 30 sec.** Benötigt, und es ist ein **Strichmännchen.**		**Sie haben länger als 30 sec. benötigt** und eine sehr detailliertere Skizze angefertigt.	
4.3 Sie betreten einen Raum. :	Ich verschaffe mir einen Überblick.		Meist zieht ein Detail meine **Aufmerksamkeit an. Das Übrige** verliert an Bedeutung.	
	Summe 4a		**Summe 4b**	
5.1 **Wie entscheiden Sie sich selbst für** ein Produkt?	Meist rational. Aufgrund von Bedarf, Tatsachen und Fakten.		Ich kann mich ganz auf mein **Bauchgefühl verlassen.**	
5.2 Ihr Kunde hat nicht gekauft, wie gehen Sie damit um?	Das Produkt hat die Erwartungen **des Kunden nicht erfüllt.**		Es wird schon in gewisser Weise auch an mir liegen. Ärgerlich, jetzt war die ganze Mühe umsonst.	
5.3 Sie sind in der Firma in einem Konflikt involviert und werden zu Unrecht beschuldigt. Wie verhalten Sie sich?	Sie analysieren die Situation und finden Lösungen.		Sie sind emotional aufgebracht, wegen der Ungerechtigkeit. Es fällt Ihnen schwer Ihre Emotionen zu steuern.	
	Summe 5a		**Summe 5b**	

Fragen	Antworten a	a	Antworten b	b	Antworten c	c
6.1 Im Rahmen einer Umstrukturierung im Unternehmen wird Ihre Abteilung geschlossen. Sie haben die Wahl in eine andere Verkaufsabteilung zu wechseln. Der Zeitraum der Umsetzung wird sich zwischen 1 bis maximal 6 Monaten bewegen. Wie entscheiden Sie sich?	Sie verschaffen sich schnell einen **Überblick über die wichtigsten** Fakten, machen sich schnell ein Bild **von der optimalen Lösung und entscheiden zügig.**		Sie brauchen eine Bedenkzeit, die es **Ihnen erlaubt die Vor- und Nachteile abzuwägen und auf sich wirken zu** lassen. Dann treffen Sie eine Vorentscheidung, schlafen mindestens eine Nacht darüber und entscheiden dann.		**Sie lassen sich möglichst lange Zeit.** Eine solche Entscheidung hat **weitläufige Folgen, die kurzfristig** eventuell noch nicht absehbar sind. Um die beste Entscheidung treffen zu **können, lassen Sie sich möglichst** lange Zeit.	
6.2 **Sie beschließen einen BMW zu** kaufen.	Sie fahren kurz Probe. Wenn alles passt, kaufen Sie sofort.		Sie fahren Probe, nehmen ein **nächsten Tag mit Ihrer Frau** noch einmal zu einer Probefahrt und entscheiden dann.		Mit so einer wichtigen Entscheidung, lassen sich auch ausreichend Zeit. Sie gehen mehrmals ins Autohaus und **haben mehrere ausführliche Gespräche mit dem Verkäufer. Sie** machen mindestens zwei Probefahrten. Gut Ding braucht Weile!	
6.3 Sie haben sich entschieden Ihren **Urlaub über ein Reisebüro zu buchen.** Sind vor Ort und lassen sich beraten.	Wenn alles passt, buchen Sie.		Sie nehmen Prospekte mit nach Hause und vergleichen in Ruhe. Sie lassen sich etwas Zeit und dann entscheiden Sie.		Sie planen Ihre Reise bereits im Vorjahr oder **über einen längeren** Zeitraum hinweg. Alles wurde **gründlich recherchiert, verglichen** und genau geplant.	
	Summe 6a		**Summe 6b**		**Summe 6c**	

Fragen	Antworten a	a	Antworten b	b
7.1 Sie haben einen wichtigen Abschluss versaut. Was sagen Sie Ihrem Chef?	Es war meine Schuld. Das passiert mir nicht nochmal.		Es lag 1. an... 2. an ...und 3. an ... **Ich konnte nichts dafür!**	
7.2 2. Sie bekommen von der **Geschäftsleitung eine neue** Aufgabe.	**Ich stürze mich sofort darauf und** versuche diese schnell zu erledigen.		Ich analysiere zuerst und schaue mir die Situation umsichtig und genau an	
7.3 3. Sie haben eine Idee und wollen diese in die Tat umsetzen.	Ich starte sofort und gebe alles. Das **Glück ist mit dem Tüchtigen.**		**Ich plane alles minuziös und starte** erst, wenn ich mir zu 100 % sicher bin. Wenn es doch nichts wird, war es eben Schicksal!	
	Summe 7a		**Summe 7b**	

Literatur

Asch, S. A. 1946. Forming impressions of personality. *Journal of Abnormal and Social Psychology.*

Dick, A. 2010. *Mut.* Bern: Huber.

Luft, J., und H. Ingham 1955. *The johari window, a graphic model for interpersonal relations.* Los Angeles: University of California at Los Angeles, Extension Office.

Pelz, Waldemar 2014. Wirtschafts-TH Mittelhessen, Publikationen. http://www.willenskraft. net. Zugegriffen 25. Sep. 2014.

Persönlichkeitsentwicklung

2

Psychologen und Wissenschaftler sind immer noch uneins darüber, inwieweit genetische Anlagen oder die „Umwelt", also unser direktes Umfeld wie Eltern, Erziehung, soziale Kontakte und Kultur, für die Entwicklung des Menschen verantwortlich sind. Während die eine Seite behauptet, Gene seien der gegebene Baukasten für Intelligenz und intellektuelle Entwicklung, behauptet die andere Seite, man betrete diese Welt als unbeschriebenes Blatt, als „Tabula rasa", auf die – bedingt durch die äußeren Einflüsse und die individuelle Entwicklung – die persönliche Geschichte geschrieben wird. Beide Faktoren spielen eine wichtige Rolle. Unsere genetischen Anlagen sind für die Aufnahme und die Verarbeitung der äußeren Reize und Einflüsse von ebenso großer Bedeutung wie deren Qualität selbst. Diese häufig zitierten wissenschaftlichen Erkenntnisse bilden nicht selten die Grundlage für (Vor-) Urteile. Sie werden Ähnliches in Schule, Beruf oder im privaten Umfeld gehört oder erlebt haben: „Was sollte aus dem/der auch anderes werden?" Oder auch: „Unglaublich, trotz des guten Elternhauses ist er/sie auf der Straße gelandet!"

Fakt ist, dass im familiären Umfeld der positive Umgang mit Bildung einen erheblichen – weil schon sehr frühen und damit prägenden – Einfluss auf den späteren beruflichen Erfolg eines jungen Menschen hat. Diesen positiven Zugang gibt es zweifelsohne häufiger in gesellschaftlich und wirtschaftlich gut situierten Familien. Im Laufe meiner beruflichen Kariere erkannte ich, dass dies zwar eine Regel ist, wie alle Regeln aber natürlich auch Ausnahmen hervorbringt. So bin ich immer wieder Menschen begegnet, denen der offene und positive Zugang zu Bildung nicht in die Wiege gelegt wurde. Dennoch entwickelten sie Zielstrebigkeit, Wissbegierde und eine überdurchschnittliche Motivation. Demzufolge erzielten sie auch überdurchschnittliche Erfolge, die letztendlich zu Selbstbewusstsein und

© Springer Fachmedien Wiesbaden 2015
T. W. Lörsch, *Kunden gewinnen mit Meta-Selling*,
DOI 10.1007/978-3-658-06964-3_2

Zufriedenheit führten. Diese Beobachtungen veranlassten mich zur tieferen Auseinandersetzung mit dieser Thematik. Was waren die Ursachen und Faktoren, die es neben den bekannten wissenschaftlichen Erkenntnissen gab? Neben genetischen Vorrausetzungen und Prägungen durch das soziale Umfeld gibt es offensichtlich einen weiteren Faktor für Erfolg.

Nach Stephen R. Covey besteht unsere Persönlichkeit, sprich unser Charakter, im Wesentlichen aus verschiedenen Gewohnheiten. Die entsprechende Lebensregel lautet:

> Säe einen Gedanken und ernte eine Tat;
> säe eine Tat und ernte eine Gewohnheit;
> säe eine Gewohnheit und ernte einen Charakter;
> säe einen Charakter und ernte ein Schicksal.
> *Stephen R. Covey*

„Danach sind Gewohnheiten machtvolle Faktoren in unserem Leben. Da es sich um gleichbleibende, oft unbewusste Muster handelt, bringen sie ständig unseren Charakter zum Ausdruck und produzieren unsere Effizienz oder Ineffizienz" (Covey 2011). Somit ist es eine Frage der regelmäßigen Wiederholung von Abläufen, dem Verinnerlichen und dem damit Zur-*Routine-werden-Lassen*, anderer, neuer Verhaltensweisen, damit diese auch zu neuen Gewohnheiten werden können und auch unsere künftigen Sichtweisen und unseren Charakter verändern. Anders ausgedrückt bedeutete das Persönlichkeitsentwicklung!

Das war er also, der Schlüssel zur Persönlichkeitsentwicklung und zum Erfolg! Durch die regelmäßige Wiederholung anderer als der gewohnten Verhaltensweisen verändert man nicht nur das unmittelbare Ergebnis seines Handelns, sondern entwickelt auch seine Persönlichkeit! Was Hänschen nicht lernt, lernt Hans nimmermehr! Das stimmt nur bedingt. Hänschen lernt schneller und hat früher ein positives Ergebnis. Wenn Hans jedoch bereit ist seine Gewohnheiten zu ändern, wird er andere Ergebnisse produzieren und seine Persönlichkeit entwickeln. Das Ändern der eigenen Verhaltensweisen führt zur persönlichen Entwicklung. Geschieht dies in einem bewusstem Prozess ist es *das Größte, was ein Mensch an Motivation erfahren kann.*

Trauen Sie sich! Stellen Sie sich und Ihre Verhaltensweisen infrage! Dann werden Sie Ihre Gewohnheiten ändern können! Schwierigkeiten wird es dabei geben, aber Sie werden Sie lösen. Es setzt voraus, sich bewusst zu machen, dass nicht die äußeren Umstände für den eigenen Erfolg verantwortlich sind, sondern ausschließlich man selbst. Ertappen Sie sich gelegentlich dabei, die „Schuld" für einen Misserfolg, oder für ungünstige Umstände bei anderen zu suchen? Das ist der einfachste und bequemste Weg mit Fehlschlägen und Misserfolgen umzugehen. Und außerdem ein sehr menschlicher. Denn:

> **Anderen Negatives zuzusprechen schützt das innere Ich.**

Was bedeutet, dass wir die Schuld für eigene Schwierigkeiten auf andere übertragen, um unserer Selbstwertgefühl zu schützen. Weiter möchte ich diese psychologischen Erläuterungen nicht ausführen, sondern mich auf die Tatsache beschränken, dass es schlichtweg ein sehr bequemer Weg ist, die Schuld bei anderen zu suchen bzw. zu finden. So süß und verführerisch das Fortschieben von Verantwortung auch ist, hemmt es doch die eigene persönliche Entwicklung.

Schuld ist dies ... und schuld ist das ... Das wäre nicht passiert, wenn andere sich anders verhalten hätten, ... und so weiter und so fort. Beginnen Sie ab sofort, solche Gedanken zu vermeiden. Sie sind deutliche Signale einer „reaktiven Grundhaltung". Beginnen Sie stattdessen für alles Erdenkliche Verantwortung zu übernehmen und denken Sie positiv! Während sich beispielsweise andere darüber auslassen, was wieder alles schlecht läuft, denken Sie darüber nach, was Sie Positives daran erkennen können. Beteiligen Sie sich auf keinen Fall an kollektivem Gejammer. Das kostet nur unnötig Energie und Zeit und schadet Ihrer Motivation.

Wer *reaktiv* ist, lässt sich von seinen Gefühlen leiten, wo professionelles Handeln angesagt ist. Wer reaktiv ist, lässt zu, dass seine Umwelt, seine äußeren Bedingungen entscheiden, was zu tun ist. Er überlässt den äußeren Faktoren die Macht über das eigene Leben.

Sind diese äußeren Bedingungen der eigenen Wahrnehmung nach negativ, geht es diesen Menschen schlecht. Empfinden sie die äußeren Umstände als positiv, geht es ihnen gut. Werden sie gut behandelt, fühlen sie sich gut. Wenn nicht, fühlen sie sich schlecht, sind demotiviert und ziehen sich zurück.

Diesem Modell entgegen steht das des „**pro-aktiven**" Menschen. Sie werden künftig zu den „pro-aktiven" Menschen gehören. Sie werden Ziele haben und innere Werte die Sie antreiben. Äußere Umstände und andere Meinungen haben dann nahezu keinen Einfluss mehr auf Ihre Stimmung und Ihre Leistungsbereitschaft. Ihren Erfolg bestimmen dann nur noch Sie.

Sie erinnern sich an mein Beispiel im Vorwort dieses Buches: *Wenn Sie heute das Gleiche tun wie gestern, werden Sie auch die gleichen Ergebnisse wie gestern erzielen! Andere Ergebnisse erzielt man nur durch eine andere Verhaltensweise!*

Und wenn wir einmal darüber nachdenken, wie es wäre, unsere bisherigen Muster zu verändern, d.h. unser Handeln und die daraus resultierenden Ergebnisse in einer bestimmten Situation einmal isoliert zu betrachten. Dann steht es uns ja frei, wie wir uns beim nächsten Mal in einer vergleichbaren Situation verhalten können, oder?

Stellen Sie sich einen Menschen vor, dessen Meinung Ihnen wichtig ist, der ein Vorbild für Sie ist. Diese Person hält einen Teller in der Hand und wirft ihn nun zu Boden. Der Teller zerspringt in tausend Scherben. Wenn Sie nun einen solchen Teller mit der gleichen Beschaffenheit in Händen halten und mit der gleichen Bewegung auf den gleichen Boden werfen, werden Sie ein gleiches Ergebnis erzielen. Die gleiche Gesetzmäßigkeit gilt grundsätzlich auch für Ihren beruflichen Erfolg. Natürlich gelten im Zwischenmenschlichen, in der Kommunikation, verbal und auch nonverbal (Körpersprache und Mimik), komplexere Zusammenhänge als bei dem bloßen Werfen eines Tellers. Aber dieses Beispiel veranschaulicht das Prinzip von gesetzter Handlung und erreichten Ergebnis.

Verändern wir unser Verhalten, werden wir andere Resultate erzielen. Erkennen wir dann diese neuen Verhaltensweisen als erfolgreicher und besser an, bedarf es einer regelmäßigen Wiederholung, damit das Erlernte sich im Unterbewussten verankert und zur neuen „Gewohnheit" werden kann. Mit jeder kleinen Verhaltensänderung prägen wir somit unseren Charakter und sind in der Lage, im Buch unseres Lebens eine andere Zukunft schreiben! Diese Zukunft werden Sie aktiv gestalten und dadurch selbstbewusster, erfolgreicher und glücklicher sein. Denn Ihr Bewusstsein wächst und lässt Sie erkennen, welchen Einfluss Sie selbst auf Ihren Erfolg und auf Ihr Wohlbefinden haben können. Negativen Einflüssen begegnen Sie dann gelassener und Ihr Umgang damit wird lösungsorientiert.

Dies sind sehr wichtige Erkenntnisse, die Ihr gesamtes künftiges Leben bereichern werden und die Basis bilden für Ihren Erfolg und Ihre dauerhafte Motivation. Und Motivation, oder anders ausgedrückt, Ihr „**Wollen**", ist eine der drei Säulen Ihres Erfolgs, neben Ihrem **Fachwissen** und Ihrem **Können**. Das Können beschreibt, ob und wie Sie in der Lage sind, Ihr Wissen zu vermitteln, sprich zu kommunizieren.

Fazit

- Als Voraussetzungen zur Persönlichkeitsentwicklung gelten eine positive Einstellung zum Lernen, die Bereitschaft zur Selbstreflektion und die Bereitschaft, Gewohnheiten zu ändern.
- Sowohl die genetische Voraussetzung als auch äußere Faktoren (Erziehung, soziales Umfeld und Kultur) spielen eine Rolle, sie sind aber nicht die entscheidenden Faktoren für Erfolg.
- Ausgezeichneter Erfolg ist das Ergebnis harter Arbeit.
- Andere Verhaltensweisen führen auch zu anderen Ergebnissen. Das regelmäßige Wiederholen neuer Verhaltensweisen führt zu automatisierten Abläufen und damit zur persönlichen Entwicklung.
- Bewusste Persönlichkeitsentwicklung schafft ein hohes Maß an Motivation.

2.1 Leidenschaft

Leidenschaft im Beruf ist einer der wichtigsten Erfolgsfaktoren. Leider wissen die meisten Menschen offensichtlich nicht, wie sie diese für sich selbst entdecken können. Sie glauben, sie sei entweder von selbst vorhanden, also angeboren, oder aber eben nicht. Wenn der eigene Antrieb nicht vorhanden ist und sich dadurch keine Erfolgserlebnisse einstellen können, wird es schwierig. Sich am eigenen Schopf aus dem Sumpf zu ziehen gelang bisher nur in Geschichten und ist ebenso unwahrscheinlich ist wie der Ritt auf einer Kanonenkugel. Aber das ist kein Grund, die Flinte ins Korn werfen, falls Sie Ihre Leidenschaft für den Beruf noch nicht gefunden haben. Ich kenne Menschen, die sich ermutigen ließen, an sich zu arbeiten, wodurch es ihnen gelang, eine für sie bis dahin ungeahnte Leidenschaft zu entwickeln.

So hat ein mir bekannter, heute sehr erfolgreicher Geschäftsführer eine beachtliche Entwicklung vollzogen. Er hat die klassische „Ochsentour" einer Kariere hingelegt. Als Quereinsteiger begann er zunächst als Verkäufer in einem kleinen Geschäft. Er war fest entschlossen, sich zu entwickeln, und nahm jede Möglichkeit wahr, sein Wissen in Seminaren und Schulungen zu erweitern. Er las sehr viel und war für jede Arbeit, die anfiel, offen. Nach einigen Jahren wurde er der Stellvertreter des Inhabers und wechselte nach zwei weiteren Jahren in einen großen Konzern. Er absolvierte die interne Ausbildung mit Bravour und erreichte sein Ziel innerhalb von wenigen Jahren: eine gut dotierte, verantwortungsvolle Position. Er erzählte mir einmal nach einem Seminar, dass er im Umgang mit Menschen und im Vertrieb seine wahre Berufung gefunden habe. Das Beachtliche daran ist, dass er vor seinem Start im Einzelhandel sehr schüchtern war. Fremde Menschen anzusprechen sei die reinste Hölle für ihn gewesen. In der Schule, so verriet er mir, sei es so schlimm gewesen, dass er jedes Mal feuerrot anlief, wenn ein Lehrer ihn direkt ansprach. Erst sehr viel später, als er sich damit auseinanderzusetzen begann, erkannte er die alten und falschen Glaubenssätze, die er automatisch von seinen Eltern übernommen hatte. Er arbeitete sehr zielstrebig an sich. Er wollte in Zukunft vermeiden, sich schlecht zu fühlen, und wollte Freude erleben bei dem, was er tat. Im Verkauf fand er das perfekte Umfeld für seine Entwicklung. Er konnte mit vielen Menschen umgehen, was ihm half, seine alten Glaubenssätze immer mehr abzulegen. An deren Stelle bildete er neue, die er als richtig und wahr erkannt hatte.

Es gibt immer die Möglichkeit, Leidenschaft zu entwickeln, wenn man sich Ziele steckt und etwas wirklich will. Ich bin vielen Menschen begegnet, denen dies gelungen ist, immer auf eine ganz eigene individuelle Art. Eines brauchten sie alle: *Leidenschaft und Disziplin!* Diese beiden Begriffe werden Ihnen in diesem Buch immer wieder begegnen. Sie sind unabdingbar für Ihren Weg zum Meta-Verkäufer! Erfolg und mehr Freude im Leben sind wie zwei ständige Begleiter von Leidenschaft. Sie folgen ihr ganz automatisch und selbstverständlich. Am besten wird das deutlich, wenn Sie Ihr liebstes Hobby zum Vergleich heranziehen.

Die Zeit, die Sie mit Ihrem Hobby verbringen, planen Sie meist dafür so, dass Ihnen nichts dazwischen kommen kann. Sie freuen sich darauf, und ist die Zeit endlich gekommen, scheint sie wie im Flug zu vergehen. Können Sie Ihrem liebsten Hobby nachgehen, sind Sie glücklich. Sie tauschen sich wieder mit Gleichgesinnten aus und Aufwand und Anstrengung spielen keine Rolle. Sie streben automatisch nach Entwicklung. Haben Sie aber keine Zeit für Ihr Hobby, sind Sie unausgeglichen und leiden regelrecht. Wer verzichtet schon gerne auf das, was ihm wirkliche Freude verspricht?

Aus der Psychologie wissen wir, dass es hochkomplexe, biochemische Abläufe im Gehirn sind, die Hormone und Botenstoffe freisetzen. Gehen wir unserem Hobby nach, bewirken sie, dass wir uns glücklich und zufrieden fühlen. Wir vergessen die Zeit und andere, als nicht so wichtig eingestufte Dinge. Müssen wir verzichten, ist das genaue Gegenteil der Fall. Die Laune sinkt, Zeit zieht sich wie Gummi, wir sind gereizt. Wenn Ihr Beruf den gleichen Stellenwert wie Ihr Hobby bekommt, werden Sie dabei sich genauso zufrieden fühlen und natürlich auch finanziell erfolgreicher sein.

Jeder, der sich mit seinem Hobby beschäftigt, erlebt die Intensität, die uns immer mehr zu einem Experten auf unserem Gebiet werden lässt. Wir interessieren uns, lernen und vertiefen uns immer weiter, bis in alle Details. Unser Gehirn, das Organ, das bei Höchstlast den größten Energieverbrauch hat, arbeitet immer effektiver. Experten benötigen für Komplexes sehr wenig Energie. Was im Gegenschluss auch erklärt, warum wir fremde, unangenehme Arbeiten oder Denkprozesse, die wir nicht mit Leidenschaft betreiben, als sehr anstrengend empfinden. Denken Sie dabei an Ihre Steuererklärung, die noch abzugeben ist, oder ähnliches. Sie kosten uns manchmal in einer Stunde mehr Energie als ein ganzer Arbeitstag.

Nehmen wir an, Sie sehen sich im Fernsehen den Auftritt einer durchschnittlichen Musikgruppe an. Kleine Bühne, kleines Publikum, kleiner Sender und auch kleine Kunst. Was jetzt keinesfalls abwertend gemeint ist: Die Band kann durchaus in der Lage sein, gute Musik zu spielen. Und was den Erfolg anbelangt, haben sie es immerhin schon ins Fernsehen geschafft. Zwar zuerst nur in einen kleinen Regionalsender, aber je nachdem, wie groß die Motivation der Musiker ist, kann das ja noch werden. Wir fokussieren uns jetzt nur auf den Status quo.

Und nun einmal angenommen, Sie schalten um und sehen ein Konzert von Michael Jackson, einen seiner legendären Auftritte. Versuchen Sie das Konzert zu analysieren und lenken Sie dazu Ihre Aufmerksamkeit gezielt auf die Inszenierung, so erleben Sie eine Bühnen-Show der Superlative. Sie sehen, wie er die Massen begeistert. Es ist schlichtweg sensationell. Eine perfekt durchdachte Choreographie, die er zuvor gemeinsam mit den besten Choreographen entwickelte. Sein Erfolg ist nicht nur bloßes Talent gewesen. Er hat schlichtweg nichts dem Zufall überlassen. Selbst dieses Genie musste hart dafür arbeiten. Jeden seiner Schritte hat er wieder und wieder trainiert, bis sie seinen eigenen, hohen Ansprüchen genügten. Es waren seine unglaublich große Leidenschaft und die eisenharte Disziplin, die ihn zu einem der größten Musiker aller Zeiten haben werden lassen, der ganze Generationen von Musikern, und damit den gesamten Verlauf der Musikgeschichte, beeinflusst hat. Bis heute!

Für Sie im Vertrieb ist die Formel ganz genau die gleiche: Nur wenn Sie diese Leidenschaft für Ihren Beruf entwickeln, werden Sie Meta-Verkäufer werden. Oder anders formuliert:

> ▶ Brennen Sie vor Leidenschaft für Ihren Beruf! *Dann* werden Sie Ihre Kunden begeistern!

Das ist die absolute Bedingung für Ihren Weg zum Meta-Verkäufer. Wie sollte das sonst funktionieren? Als Verkäufer stehen Sie permanent auf der Bühne. Ihre Kunden nehmen Sie in Ihrer ganzen Erscheinung wahr, mit Ihrer gesamten Kompetenz, in jedem Augenblick.

2.2 Kommunikation

Kommunikation wird im Allgemeinen als der Austausch oder die Übertragung von Information bezeichnet. „Information" steht für Wissen, Erkenntnis oder Erfahrung. Der „Austausch" ist als gegenseitiges Geben und Nehmen zu verstehen und die „Übertragung" beschreibt den Vorgang, wenn Gedanken, Vorstellungen und Meinungen vom Sender zum Empfänger übermittelt werden. Gerade auf diese Übertragung ist besonderes Augenmerk zu richten, da hierbei immer Distanzen zu überwinden sind. Distanzen, die meist weder dem Sender, noch dem Empfänger bewusst sind und die letztlich die Qualität einer Kommunikation bestimmen.

▶   Eine Information sollte idealerweise beim Empfänger so ankommen – und auch verstanden werden –, wie sie vom Sender gemeint ist!

Das ist eine große Herausforderung für den Sender und für den Empfänger zugleich. Beide haben im Laufe ihres Lebens unterschiedliche Interpretationsmuster und Kodierungsschlüssel für Kommunikation entwickelt. Gut, wenn sich der Sender einer Botschaft bemüht, sich so auszudrücken, dass der Empfänger auch verstehen kann, was er tatsächlich meint. Damit jedoch beschäftigen sich die wenigsten Menschen.
   Interpretationsmuster des Empfängers möglichst schnell zu erkennen und genau auf der Frequenz zu senden, auf der der Empfänger empfangen kann, ist für jeden von großer Bedeutung, der verstanden werden will. Haben Sie sich als Verkäufer schon einmal intensiv damit beschäftigt, ob Ihre Kunden alles verstehen, was Sie sagen? Nein? Ich empfehle es Ihnen dringend! Hier liegt ein großes Potenzial, Ihre Verkaufsgespräche zielgerichteter und effektiver zu führen. Das spart nicht nur Zeit und erhöht die Abschlussquote, sondern schafft außerdem mehr Vertrauen.
   Bevor wir tiefer eintauchen in die Kommunikation und die Meta-Programme, hier ein paar wesentliche Grundlagen zur Kommunikation.

2.2.1 Die nonverbale Kommunikation

▶   Man kann nicht nicht kommunizieren!

So formulierte der Kommunikationswissenschaftler Paul Watzlawick einen seiner bedeutendsten Grundsätze. Hiernach findet immer Kommunikation statt, sobald zwei Menschen sich wahrnehmen.

Ganz egal, was wir tun, und sogar dann, wenn wir glauben, gerade eben nichts zu tun. Selbst dann teilen wir uns unbewusst unserer Umwelt mit. Durch Körpersprache, Mimik und Gestik lassen wir erkennen, wie es gerade in uns aussieht.

Ich möchte anhand von ein paar Beispielen verdeutlichen, dass nonverbale Kommunikation bereits dann stattfindet, wenn es vielen Verkäufern nicht bewusst ist: Betrachten wir die Szene mit den Verkäufern aus dem Elektronik-Fachgeschäft (in Kap. 1), die gerade dabei sind, Ware auszupacken und in die Regale zu räumen. Den Kunden nehmen sie nicht wahr, weil sie mit sich selbst und der Ware beschäftigt sind. Ihre Kommunikation lautet: „Wir sind beschäftigt und haben gerade keine Zeit oder kein Interesse". Der Verkäufer, der gerade am Computer sitzt und einen Auftrag eingibt, nimmt die Kunden in seiner Abteilung ebenfalls nicht wahr. Seine Kommunikation ist die gleiche wie im ersten Beispiel.

Und genauso ist es mit den Verkäufern, die sich gerade unterhalten und etwas Wichtiges mitzuteilen haben. Auch sie signalisieren nach außen: „Wir sind gerade beschäftigt". Ein Kunde ist jedoch in diesem Augenblick in seinem inneren Bezugsrahmen und möchte nur sein Problem gelöst haben oder seinen Bedarf gedeckt. In diesem Kontext überlegt er nicht, ob die Verkäufer gerade dabei sind, etwas Wichtiges zu besprechen. Für ihn ist nur sichtbar: „Die Verkäufer unterhalten sich und haben offensichtlich kein Interesse, mir etwas zu verkaufen."

Das ist der Grund, warum Sie als Meta-Verkäufer Ihre Kunden sofort wahrnehmen, wenn sie Ihr Geschäft oder Ihre Abteilung betreten. Sie schenken ihnen Ihre ungeteilte Aufmerksamkeit und begrüßen sie. Ihre nonverbale Kommunikation, Ihre Botschaft lautet: „Sie sind herzlich willkommen! Ich werde alles tun, damit Sie zufrieden sind! Schön, dass Sie da sind!" Klare Botschaften, die jeder sofort versteht.

▶ Als Verkäufer stehen Sie permanent auf der Bühne. Ihre Kunden sind Ihr Publikum und diese „sehen" genau, was Sie „sagen".

2.2.2 Die verbale Kommunikation

Nonverbale und verbale Kommunikation sind sehr wichtige Faktoren für Ihren Erfolg im Verkauf.

Menschen reden oft aneinander vorbei. Es nützt Ihnen kein noch so profundes Fachwissen, wenn bei der „Übertragung" von Informationen, wichtige Aspekte beim Empfänger, sprich bei Ihrem Kunden, nicht ankommen. Selbst, wenn Sie Ihrer Meinung nach kompetent beraten und alles vermittelt haben, was wichtig und relevant ist. Das bedeutet noch lange nicht, dass Ihre Aussagen auch verstanden wurden.

Für die meisten Menschen „passiert" Kommunikation automatisch. Die Gedanken oder die Ideen, die vermitteln werden sollen, werden in Worte gefasst und an den Empfänger gesendet, ohne sich mit der Funktionsweise und der Effektivität der Kommunikation näher zu beschäftigen. Eigene Erfahrungen und eigene Werte prägen die Art der gewählten Umschreibungen und Ausdrucksweise. Dass die Erfahrungen und Werte unseres „Gegenübers" immer mehr oder weniger abweichend der eigenen sind – manchmal sogar vollkommen konträr –, bedeutet, dass das, was wir vermitteln wollen, bei unserem Gesprächspartner nur teilweise oder auch gar nicht ankommen kann!

Sie haben das sicher auch schon erlebt: Sie geben sich wirklich Mühe, etwas zu erklären, da es ihnen wichtig ist, verstanden zu werden. Haben Sie dann alles mitgeteilt, haben Sie zuerst das Gefühl, „So, jetzt ist alles gesagt und alles ist klar". Dieses Gefühl weicht dann plötzlich, weil Sie merken, dass Sie damit völlig danebenliegen. Sie beginnen wieder von vorne. Spätestens, wenn sich der gesamte Prozess wiederholt, glauben die meisten Menschen, man wolle sie offensichtlich nicht verstehen oder der Angesprochene täte nur so, als ob er zuhöre. Die vermeintlichen Hintergründe und Vermutungen sind sehr vielfältig. Im Privaten endet eine solche Situation oftmals im Streit und im Verkauf ganz sicher nicht mit einem Abschluss. Wenn zwei Menschen offensichtlich aneinander vorbeireden, hat es oft eine ganz andere Ursache, als man vermuten mag. Sie senden und empfangen Signale auf unterschiedlichen Frequenzen, was eine erfolgreiche Kommunikation sehr schwierig macht (vgl. Abb. 2.1).

Wenn es Ihnen so geht wie den meisten Menschen in meinen Seminaren, werden Sie glauben und sagen: „Also damit hatte ich noch nie Schwierigkeiten. Ich komme sehr gut mit Menschen in Kontakt, und was ich zu sagen habe, kann ich auch sehr gut vermitteln." Es ist uns nicht bewusst, dass wir nicht verstanden werden, da für uns ja alles gesagt ist, was wichtig und relevant ist.

Um die Verluste beim Senden und Empfangen von Informationen zu veranschaulichen, eignet sich das klassische Kinder- und Kommunikationsspiel „Stille Post" perfekt. Sie kennen es vielleicht: Eine Gruppe von mindestens zehn bis 25 Menschen (je mehr, desto besser) sitzen oder stehen in einer Reihe oder Kreis. Dem ersten wird eine Information zugeflüstert. Diese Information soll nun von einem zum anderen weitergeben (weitergeflüstert) werden, bis alle Teilnehmer wissen sollten, was der Inhalt der Botschaft ist. Der Letzte teilt die angekommene Botschaft laut der ganzen Gruppe mit, was in der Regel Diskussionen und allgemeines Gelächter auslöst, da sie mit der ursprünglichen Information oft nicht mehr viel gemein hat. Es gibt offensichtlich in der Kommunikation Hindernisse zu über-

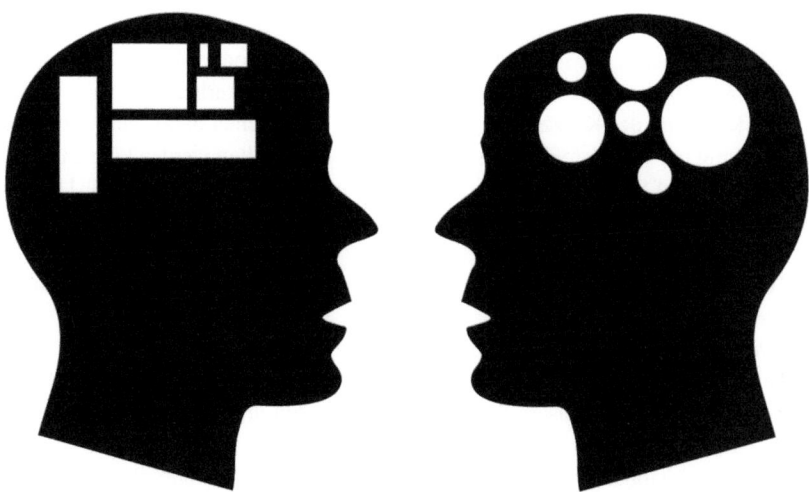

Abb. 2.1 Kommunikation

winden. Unser Ziel muss es sein, diese Hindernisse zu erkennen und so zu kommunizieren, dass unser Gegenüber uns auch verstehen kann. Das bedeutet, dass wir zu allererst unseren Gesprächspartner verstehen müssen, um unsere Sprache so zu wählen, dass wir von ihm verstanden werden können. *„Das ist einleuchtend"*, oder *„… logisch"*, – kommentieren häufig Seminarteilnehmer diese Aussage. *„Wie soll das gehen? Wie soll man herausfinden wie der andere tickt, wenn man ihn kaum oder gar nicht kennt?"*

Die Meta-Programme sind ein Mittel, das es Ihnen ermöglicht, genau das zu erreichen. Sie werden anhand der Sprache, der Wortwahl Ihres Kunden heraushören lernen, welche Meta-Programme ihn prägen. Dadurch werden Sie in der Lage sein, ihn besser und schneller zu verstehen, um sich dann so ausdrücken zu können, dass er Sie besser verstehen wird. Das verkürzt Ihre Verkaufsgespräche, spart also Zeit und führt schneller zum Ziel. Was letzten Endes Ihre Abschlussquote steigern wird. In Kap. 2.4 werden wir uns damit ausführlich beschäftigen. Doch zuvor noch kurz ein paar wissenswerte Grundlagen zur Kommunikation:

2.2.3 Die Wahrnehmung

Das menschliche Gehirn kann im Kurzzeitgedächtnis nur eine sehr begrenzte Menge an Informationen verarbeiten und bereithalten. G.A. Miller hat in diesem Zusammenhang 1956 einen Artikel verfasst, der zu den am häufigsten zitierten in der Psychologie zählt: „Die magische Nummer Sieben, Plus oder Minus Zwei: Einige Einschränkungen unserer Kapazität, Informationen zu verarbeiten". Nach Miller ist die Kapazität des Kurzzeitgedächtnisses eines Menschen derart begrenzt, dass gleichzeitig nur 7 ± 2 Informationseinheiten präsent gehalten werden können. Über alle unsere fünf Sinne nehmen wir aus unserem Umfeld pro Sekunde ca. 11 Mio. Bits an Informationen auf. Durch verschiedenste Filterprozesse kommt jedoch diese riesige Flut an Informationen (glücklicherweise) nicht bei uns an, sondern wird auf eine sehr geringe Anzahl (s. o.) reduziert. Was ankommt, das entscheidet häufig unser Unterbewusstsein.

Wenn Wahrnehmung die Grundlage ist für unser Handeln und letztlich für unsere Persönlichkeit, wie können wir dann Einfluss nehmen auf das, was wir wahrnehmen? Wie können wir unsere Wahrnehmung schärfen um dadurch zielgerichteter und klarer zu kommunizieren?

Über drei Modellierungsprozesse sortieren wir unsere Wahrnehmungen. Sie funktionieren wie drei Filter, die jedem von uns sein ganz persönliches Bild von der Welt erzeugen: Tilgung, Verzerrung und Generalisierung.

Wie sie sich auf unsere Wahrnehmung auswirken, hängt immer von unseren individuellen Werten und Glaubenssätzen ab. Es entsteht ein Unterschied zwischen „Selbstbild" und „Fremdbild", den Sprachwissenschaftler den „Blinden Fleck" nennen (s. Kap. 1.4).

Die Wahrnehmung ist für den erfolgreichen Verkauf von großer Wichtigkeit. Stellen Sie sich vor, Sie könnten aus der Art, wie Ihr Kunde sich ausdrückt, heraushören, was er wirklich will oder warum er auf Ihr Argument, Ihr Produkt oder auf Sie als Verkäufer gerade so reagiert, wie er reagiert. Und stellen Sie sich vor, Sie könnten mit diesem Wissen unberechtigte Zweifel und Vorbehalte so entkräften, dass dabei Vertrauen entsteht (vgl. Bandler und Grindler 2010).

- **Tilgung (weglassen):** Was uns interessiert, darauf achten wir. Umgekehrt blenden wir aus, was uns nicht interessiert. Tilgung ist eine Art Schutzfilter, sowohl aus unserer Umgebung, als auch aus unserem Inneren tilgen wir einen Großteil der Informationen, die uns erreichen. Wer ganz dringend zur Toilette muss, blendet alle Informationen aus, die nichts mit dem Weg zur gewünschten Erleichterung zu tun haben.
- **Verzerrung (verändern, phantasieren):** Formulierungen wie „immer" und „nie" sind typische Beispiele für Verzerrung. Die Realität wird aufgrund des eigenen inneren Erlebens „verzerrt". Durch diese subjektive innere Wahrnehmung werden Teile des Erlebens stark überzeichnet, man steigert sich hinein, oft auch aufgrund vorausgegangener Enttäuschungen. Äußere Informationen

werden in etwas ganz anderes umgewandelt. Der innere psychische Druck steigt und wird auf einen Punkt bei einem anderen kanalisiert und mit Vorwürfen verbunden. Hypochonder verzerren innere Impulse, ein Husten wird zur lebensbedrohlichen Lungenentzündung. Frisch Verliebte sehen den Geliebten als unfehlbaren Halbgott, Betrogene den Betrügenden als Monster. Harmoniesüchtige Menschen trainieren ihre Umwelt darauf, nur zu sehen, wie schön alles läuft. Schlechte Nachrichten sind nicht erwünscht. Die häufigste Verzerrung im Vertrieb: Bei Misserfolg sind immer die äußeren Faktoren schuld, was die persönliche Entwicklung bremst.

Generalisierung (verallgemeinern) Ausgehend von einigen Beispielen erstellt man eine allgemeine Regel. Bei der Generalisierung wird von Einzel- oder Teilaspekten auf eine Gesamtheit geschlossen. Sie kommt in abstrakten Begriffen wie Haus, Auto oder Blume zum Ausdruck. Ohne Generalisierung wäre eine effiziente Kommunikation nicht möglich, da ansonsten ein Auto zum Beispiel immer in all seinen Details beschrieben werden müsste. Für die Kommunikation bedeutet diese zusammenfassende Begrifflichkeit jedoch eine gewisse Gefahr, da jeder Mensch ein anderes Bild eines Autos hat. Unser Hirn sucht nach einem Muster, um das Erlebte einzuordnen. Durch Muster verstehen wir besser, wie die Dinge funktionieren, und bekommen schneller einen Überblick, was uns wiederum das Gefühl von Sicherheit vermittelt. Wir lernen in Rubriken oder geistige Schubladen einzuordnen und sind daher schnell in der Lage, Zusammenhänge zu erfassen und zu verstehen. Wichtig ist es, die Qualität der Kategorien und Schubladen bei Gebrauch weiterzuentwickeln, da die Realität ansonsten durch Vorurteile verfälscht wird. Sprachmuster sind hier z. B.: „alle", „immer", „jeder" oder „nie".

Fazit

- Man kann nicht nicht kommunizieren.
- Immer, wenn wir nicht verkaufen, haben wir schlecht kommuniziert!
- Nur was man kennt, kann man wahrnehmen.

2.3 Reiz und Reaktion

Wir haben immer die Freiheit zu wählen, wie wir auf einen „Reiz", auf ein Ereignis, reagieren. Wir können selbst entscheiden, ob wir den positiven oder den negativen Aspekten durch unsere Aufmerksamkeit Kraft verleihen. Zugegeben, auf den ersten Blick klingt das sehr theoretisch. Bei genauerer Betrachtung erscheint es erst logisch und wird dann auch anwendbar. Dadurch werden wir gewissermaßen zum „Architekt unseres eigenen Lebens". Wir gestalten unser Leben selbst. Wir haben „immer" die Freiheit zu entscheiden, wie wir auf die kleinen und großen Ereignisse unseres Lebens reagieren. Das hat einen großen Einfluss auf unsere Motivation und damit auf unseren Erfolg! Psychologen erklären diese Entscheidungsfreiheit, sprich die Wahl, wie wir auf ein Ereignis reagieren, bildhaft. Sie beschreiben einen „Raum" zwischen Reiz und Reaktion (Covey 2005). In diesem Raum haben wir immer die Wahl zu entscheiden, wie wir auf die äußeren Ereignisse reagieren. Wie groß dieser Raum der Entscheidung ist, hängt ab von unserer Persönlichkeit. Der Reiz ist ein Ereignis, und unsere darauf folgende Reaktion macht unsere innere Einstellung sichtbar, nachdem wir den Reiz eingeordnet, also nach unseren individuellen Glaubenssätzen bewertet haben.

Beispiel

Brenda ist mit ihrem kleinen Sportwagen auf dem Weg zu ihren Eltern. „Endlich Feierabend. Der Tag hat heute irgendwie überhaupt kein Ende nehmen wollen. Das liegt aber auch daran, dass es schon so früh dunkel wird. Eigentlich hasse ich diese Jahreszeit", denkt sie sich und fährt auf die Autobahn. Es ist Dezember und frostig kalt. Schnee liegt an den Seitenrändern der Autobahn, aber die Fahrbahn wurde gestreut und ist frei. Gedanklich ist sie bei Ihrem Vater. Gerne hätte sie etwas von seiner Gelassenheit geerbt, denn ihr wachsen die Dinge manchmal über den Kopf. Wen wundert`s auch, denkt sie, wenn sich die Mitarbeiter auch so dämlich anstellen. Ist doch klar, dass einem die Hutschnur reißt … und sie merkt, wie sie sich noch weiter aufregt … „Komm runter und entspann dich. Heute Abend werde ich mit Vater darüber sprechen und ihn fragen, wie er es schafft, so besonnen und ruhig zu bleiben. Es kann wirklich passieren, was will, ihn bringt nichts aus der Ruhe und eine Lösung findet er auch immer …",Das war das letzte, was Brenda durch den Kopf ging. Plötzlich verlor sie die Kontrolle über ihren Wagen. Als sei sie in ein Karussell umgestiegen, drehte sich ihr Wagen mehrmals um die eigene Achse. Sie versuchte zu bremsen, zu lenken. Nach rechts, nach links. Aber sie hatte die Kontrolle über ihr Fahrzeug verloren. Und dann schlug sie in die Leitplanken. Der Airbag platzte und fing den Aufprall ab, aber immer noch schlitterte sie ohne jede Kontrolle. Dann krachte und quietschte es plötzlich aus allen Richtungen. Die Windschutzscheibe zersprang mit einem lauten Knall. „Das war`s" dachte sie. Tausend Gedanken schossen ihr scheinbar zeitgleich durch den Kopf. Ihr ganzes Leben lief vor ihrem inneren Auge ab. Dann herrschte plötzlich einen unheimliche Stille. Sie war vollkommen entspannt und nahm nicht wahr, dass ihr Wagen zum Stehen kam, mitten auf der zweispurigen Autobahn.

Als sie wieder zu Bewusstsein kam, hörte sie Stimmen und konnte schemenhaft mehrere Köpfe erkennen. „Können Sie mich hören?" fragte eine sanfte weibliche Stimme Sie drehte sich in die Richtung der Stimme und nickte. Sie war also nicht tot, schoss es ihr durch den Kopf. Aber wieso liege ich hier auf der Erde? Tut mir etwas weh? Dann traf der Rettungswagen ein und brachte sie in das nächstgelegene Krankenhaus.

Eine Stunde später trafen Ihre Eltern ein und erfuhren vom Arzt, dass ihre Tochter einen guten Schutzengel hatte. Bis auf ein paar Prellungen und Schürfwunden hatte sie keine ernsten Verletzungen. Sie hatte unglaubliches Glück gehabt. Einige Tage später bestand Brenda darauf, ihren Wagen sehen zu wollen. Gemeinsam mit ihrem Vater fuhr sie zur Werkstatt. Der Wagen hatte sich mehrmals um die Leitplanken gewickelt und war nur noch Schrott. Sie begann zu weinen und wusste nun auch, welches Glück sie gehabt hatte.

Für Brenda war dieser Unfall ein Schlüsselerlebnis. Ihr war bewusst geworden, wie überflüssig es war, sich wegen des Sachschadens Gedanken zu machen. Sie hätte tot sein können und verdankte nur ihrem außergewöhnlichen Glück, dass sie lebte. Mit ihren Eltern und Freunden sprach sie noch oft über den Unfall und wie dieses Ereignis ihre Einstellung von Grund auf verändert hat. Sie hatte ihre Wahl getroffen. Ab sofort ging sie Probleme, schwierige Situationen und Entscheidungen positiv an. Sie hatte erkannt, dass es immer die eigene Interpretation eines Ereignisses ist, die einen so oder so darauf reagieren lässt, positiv oder negativ. Hätte sie sich geärgert über den großen finanziellen Schaden, über ihre eigene Unachtsamkeit, denn sie war ja offensichtlich für die Witterungsverhältnisse zu schnell gefahren war, was hätte das an den Tatsachen geändert? Nichts! Absolut gar nichts! Diese Erkenntnis übertrug sich auch auf ihren Job, wo ihre Mitarbeiter bald feststellten, dass sie besonnener und ausgeglichener war. Sie selbst merkte es an der gestiegenen Effektivität. Nicht nur im Beruf, sondern in ihrem gesamten Leben. Ihren Vater versteht sie seitdem besser. Es war, als ob sich für sie eine neue Dimension eröffnet hätte. Sie war frei geworden zu entscheiden, wie sie auf ein Ereignis reagiert.

Psychologen erklären diese Entscheidungsfreiheit, sprich die Wahl, wie wir auf ein Ereignis reagieren, bildhaft. Sie beschreiben einen „Raum" zwischen Reiz und Reaktion. Der Reiz ist ein Ereignis und unsere darauf folgende Reaktion beschreibt unser Handeln, nachdem wir den Reiz eingeordnet, also bewertet haben (vgl. Abb. 2.2)

Wir haben immer die Freiheit zu wählen, wie wir auf einen Reiz reagieren. Wir können den positiven oder den negativen Aspekten durch unsere Aufmerksamkeit Kraft verleihen – womit wir tatsächlich ein „Architekt unseres eigenen Lebens"

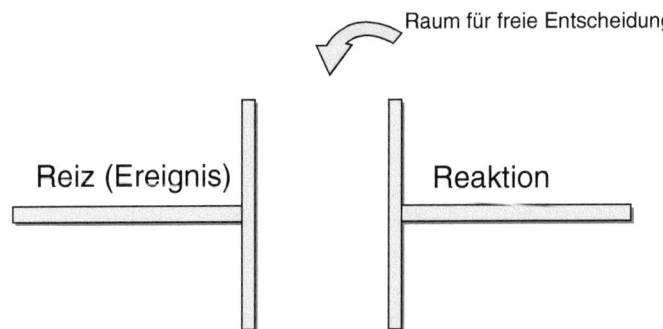

Abb. 2.2 Reiz und Reaktion

sind. Wir gestalten unser Leben selbst. Wir haben „immer" die Freiheit zu entscheiden, wie wir auf die kleinen und großen Ereignisse unseres Lebens reagieren. Angenommen Sie stehen im Stau und sind zu einem wichtigen Termin unterwegs. Sie können sich ärgern und Stress haben. Und dann schneidet Sie auch noch ein anderer Autofahrer, weil er glaubt, er müsse noch vor Ihnen schnell auf Ihre Spur wechseln, weil es ja da schneller gehen könnte. Na, dem hupen wir aber was! Beschimpfungen, Kraftausdrücke, nette Gesten. Und? Was hat's gebracht, außer noch mehr Stress? Die Fahrt wird dadurch weder schneller noch angenehmer. Stress verursacht man in der Regel nur selbst. Eine andere Reaktionsmöglichkeit: Na, der hat es wohl noch eiliger und deutlich mehr Stress hat er auch. Denken Sie einfach an etwas Angenehmes in diesem Moment. Ich habe es mir vor Jahren angewöhnt, in solchen Situationen auf Gedankenreise zu gehen. Sonne, Strand, Meer … Ihnen wird schon etwas einfallen. Und lassen Sie den Drängler Drängler sein. Der wichtige Termin bleibt ein wichtiger Termin. Er verläuft aber auf keinen Fall besser und erfolgreicher, wenn Sie total gestresst ankommen. Und der Zeitpunkt, wann Sie ankommen, liegt bei einem Stau meist auch nicht in Ihrem Einflussbereich. Also kann man beim nächsten Mal höchstens ein wenig früher wegfahren und einen eventuellen Zeitverlust mit einplanen.

Beispiel

„You never now what's on the flippy side of the pancake", hatte Sylvias Vorgesetzter zu ihr gesagt, als sie bei ihm im Büro saß und damit kämpfte, die Fassung zu bewahren. Sie saßen auf den tollen, mit schwarzem Leder gepolsterten Stühlen, die sie so sehr mochte. Überhaupt war das Büro ihres Chefs nach ihrem Geschmack eingerichtet: Gerade Linien, auf die Funktion reduziertes Design, aber dennoch sehr angenehm. Das machten der schöne Teppich und die darauf abgestimmten Acryl-Bilder an den Wänden. Jedes Mal, wenn sie zu Hause davon erzählte, merkte ie, wie sie ins Schwärmen kam. Heute jedoch schien das alles nicht zu existieren. Da war nur dieses Thema. Sie war aufgeregt und außer sich vor Wut. Doch es gelang ihr, sie zu unterdrücken. Ihr Chef schien offensichtlich sehr große Stücke auf sie und ihre Leistung zu halten, denn er sprach ihr sein uneingeschränktes Vertrauen aus, bevor er ihr den Beschwerdebrief vorlas. Ein verärgerter Kunde hatte an die Geschäftsführung geschrieben und sich massiv über sie beschwert. In zwei Din-A4 Seiten empörte er sich über das Sylvias Verhalten. Zusätzlich schlugen sie der Geschäftsleitung vor, entsprechende Maßnahmen zu ergreifen, um so etwas in Zukunft zu vermeiden. Dann folgte der Hinweis, wie einflussreich sie beide in der Region seien, und dass man eine umgehende Reaktion erwarte.

Vor ziemlich genau zwei Jahren war es, Sylvia war damals 28 Jahre alt, als sie aus der Textil-Branche in das moderne hochwertige Einrichtungsstudio wechselte. Sie liebte ihr neues berufliches Umfeld von Anfang an sehr. Den Umgang mit schönen Dingen und mit Menschen war genau das, womit sie sich beschäftigen wollte. Sie hatte ihren Traumjob gefunden. Manchmal war sie noch etwas temperamentvoll, wie ihr Chef es ihr vor ein paar Monaten respektvoll und mit dem entsprechenden Feingefühl sagte. Ihr Engagement im Job und ihre damit verbundene Zielstrebigkeit lobte er und fand beides bemerkenswert. Die Entwicklung der jungen Mitarbeiterin beobachtete und förderte er mit großer Freude. Auf ihrem Beziehungskonto stand sie also satt im „Haben". Natürlich erinnerte sie sich sofort an das „unfreundliche Spießerpaar", wie sie die beiden in Gedanken nannte. Nie zuvor in ihrem Leben sei sie derart arrogant und herablassend behandelten worden. Sie habe sich bemüht, freundlich zu bleiben und professionell, doch als die „Dame" sie beleidigte und beschimpfte, erklärte sie ihrem Chef, habe sie sich verabschiedet. Ok, meine Antwort war dann auch nicht sehr nett, als ich sie dann einfach stehen ließ.

„Aber was in diesem Brief steht, ist nicht die Wahrheit, das können Sie mir glauben." Ihr Chef hörte ihr aufmerksam zu. „Das ist eben Temperament", dachte er, blieb aber nach außen völlig neutral. „Wissen Sie, Sylvia, manchmal trifft man eben auf Leute, mit denen der Umgang nicht einfach ist. Den Inhalt dieses Briefes glaube auch ich nicht, um das ganz klar zu stellen. Natürlich werde ich darauf reagieren, aber mit keiner Silbe einen Zweifel an Ihnen und ihrer Leistung erkennen lassen. Wir können nicht wissen, was manche Menschen erlebt haben, welche Erfahrungen sie gerade gemacht haben, dass sie sich so verhalten. Wir wissen eben nicht, wie die Rückseite des Pfannkuchens aussieht."

Versuchen Sie, sich in solch einer Situation klar zu machen: Diese Laune, diese Unfreundlichkeit hat mit meiner Person nichts zu tun. Diese Leute kennen mich ja überhaupt nicht. Wie also sollten Sie mich beurteilen können? Sie haben ein Problem, aber ich habe keines. Und ich werde mir auch keines machen. Ich springe nicht auf denselben Zug auf und gieße Öl ins Feuer. Im Gegenteil: Ich bleibe freundlich und professionell. Was an diesem Beispiel sehr gut deutlich wird, ist die Verzerrung der Realität. Ein einziges negatives Erlebnis kann sehr demotivierend sein. Das haben die meisten erfolgreichen Verkäufer schon erlebt. Es gibt zwei Überlegungen, die in solch einem Fall hilfreich sind, bzw. einen Konflikt erst gar nicht entstehen lassen:

1. Machen Sie sich die Verhältnismäßigkeit bewusst. Stellen Sie sich dazu selbst die folgenden Fragen:
   a. Wie viele Kunden haben Sie am Tag, in einer Woche, in einem Monat, in einem Jahr?
   b. Wie viele Ihrer Kunden reagieren so negativ, dass Sie sich darüber ärgern und sich davon blockieren lassen?
   Sie werden sehen, es sind vernachlässigbar wenige. Warum also sollten Sie sich dazu hinreißen lassen, den einigen wenigen mehr Aufmerksamkeit zukommen zu lassen als den vielen zufriedenen Kunden? Denken Sie an die Rückseite des Pfannkuchens und an Ihren Raum zwischen Reiz und Reaktion!
2. Erstellen Sie mit einem Kollegen, mit dem Sie sich gut verstehen, einen Worst-Case-Notfallplan. Jeder noch so gute Verkäufer gerät auf seinem Weg zum Meta-Verkäufer einmal an einen Kunden, mit dem er überhaupt nicht zurechtkommt, dem einfach irgendetwas nicht zu gefallen scheint. Einer, bei dem in der Begrüßungsphase vielleicht versehentlich ein Knopf gedrückt wurde, den Sie noch nicht kennen. In solch einem Fall könnten Sie der weltbeste, fachkompetenteste Berater sein, den man finden kann. Es nützt Ihnen nichts. Das Ding ist vergeigt. Gut, wenn Sie für diese Situation einen Notfallplan haben, damit der Kunde wenigstens im Unternehmen kauft und nicht bei der Konkurrenz. Das wäre der Super-GAU, den Sie immer verhindern müssen! Lassen Sie sich eine kleine Ausrede einfallen, warum Sie jetzt an den (gebrieften) Kollegen übergeben und sich danach freundlich verabschieden. Dann haben Sie professionell reagiert und können später überlegen, was falsch gelaufen ist.

Fazit

Sie haben immer die Freiheit zu entscheiden, wie Sie auf die äußeren Umstände und Ereignisse reagieren. Wie auch immer ein anderer Mensch Sie „reizt" – sei es ein Kunde oder ein Kollege –, es liegt alleine an Ihnen, wie Sie darauf „reagieren". Versuchen Sie immer dem Positiven Kraft zu geben und nicht das Negative zu verstärken. Sie wissen nie, wie die Rückseite des Pfannkuchens aussieht!

2.4 Die 7 Meta-Programme für den Verkauf

So unterschiedlich Menschen und ihre Werte sind, so vielfältig sind auch die Interpretationsmuster für verbale Botschaften. Sie laufen meist unbewusst ab und sind eine Art Filter unserer Wahrnehmung. Psychologen, Neurowissenschaftler und Soziologen stellten in ihren Studien fest, dass die Trefferquote, einen anderen Menschen mit der eigenen Argumentation zu überzeugen, bei durchschnittlich gebildeten Personen nur 35 % beträgt. Das bedeutet 65 % der von ihnen verwendeten Argumente kommen überhaupt nicht an, weil sie nicht gehört oder nicht verstanden werden können. So nimmt beispielsweise ein rationaler, logisch veranlagter Mensch emotionale Aspekte und Argumente nicht wahr. Umgekehrt ist es genauso. Mit Meta-Programmen wird es für Sie möglich, die Interpretationsmuster Ihrer Kunden zu erkennen. Damit haben Sie ein Werkzeug in Händen, Ihre Kommunikation so zu wählen, also sich so auszudrücken, dass Ihr Kunde oder Gesprächspartner Sie besser versteht. Sie werden mit Meta-Programmen Ihre Argumente im Verkauf so wählen können, dass sie genauer und treffsicherer ankommen als jemals zuvor. Dadurch werden Sie Ihre Abschlussquote radikal steigern und gleichzeitig die Dauer Ihrer Beratungsgespräche verkürzen. Das Resultat: Mehr Abschlüsse in kürzerer Zeit!

Menschen können sehr verschieden sein. Die Ursache liegt darin, dass jeder über sein individuelles soziales Umfeld verfügt, das ihn geprägt hat. Demzufolge hat jeder auf der Grundlage seiner ganz eigenen Erfahrungen individuelle Glaubenssätze gebildet, die beschreiben, was er für richtig und falsch hält, für gut und böse. Sie besagen, was möglich ist und was nicht. Tief verankert im Unterbewusstsein repräsentieren diese „Überzeugungen" unsere Vorstellung von der Welt. Diese individuellen Erfahrungen führen letztlich zu unterschiedlichen Interpretationsmustern für das Gesagte. Deutlich wird das beispielsweise durch Reaktionen auf Witze, Filme, oder Meinungen.

Der Psychologe und Psychiater C.G. Jung veröffentlichte 1921 das Werk „Psychologische Typen" (Jung 1927). Darin ordnete er Personen bestimmten Typen zu, um deren Persönlichkeit und damit auch das Verhalten vorhersagen zu können. Nach Jung hat jeder Mensch seine eigene Wahrnehmung und Beurteilung der Dinge. Er beschreibt hierbei grundlegende Gemeinsamkeiten. Seine bekanntesten nennt er „Präferenzen". Es gibt zwei Kategorien: „*Extrovertierte*", sprich sich an der Außenwelt orientierende, und „*Introvertierte*", der Innenwelt zugewandte Menschen. C.G. Jung kann als der Begründer der Meta-Programme bezeichnet werden.

Ihm folgten einige Wissenschaftler, wie zum Beispiel: Kathrin Briggs und ihre Tochter Isabell Briggs-Myers, die Jungs Werk fortsetzten und 1942 als erste einen Fragebogen entwickelten, der heute noch in der Wirtschaft Verwendung findet (MBIT) (Briggs und McCaulley 1985). Oder auch Leslie Cameron-Bandler

(Bandler et al. 1986) die in den achtziger Jahren die Anzahl der Meta-Programme auf bis zu 60 erhöhte. In den neunziger Jahren definierte Rodger Bailey die 14 wichtigsten Meta-Programme und entwickelte daraus das „LAB-Profil" (Language And Behaviour Profile). Es folgten viele weitere: Anthony Robbins (NAC), Grinder & Bandler (NLP), Shelle Rose Charvet … Heute sind Meta-Programme anerkannte Verfahren und werden von Kommunikations-Experten in den unterschiedlichsten Bereichen genutzt. Erwähnen möchte ich an dieser Stelle auch die Life-Seminare zum Thema „Meta-Technik" von Bodo Schäfer und Boris Grundl (2013), an die ich mich, in diesem Kapitel anlehne.

Ursprünglich stammt der Begriff „Meta" aus dem Griechischen und bedeutet „inmitten, zwischen oder hinter". Durch die Meta-Programme erkennen wir die wahre Intention hinter der Sprache. Die Botschaft „zwischen den Zeilen" wird sichtbar. Metas sind dabei vollkommen frei von Bewertung. Es gibt kein richtig oder falsch, kein besser oder schlechter. Durch das Erkennen der *Muster wird* sichtbar, auf welchem Kanal Ihr Kunde Information empfängt, welche Sprachmuster das Interesse wecken und wie die Information vermittelt werden muss, damit sie verstanden werden kann.

Das Verhalten eines Menschen ist immer situationsabhängig. Es ist daher wichtig zu wissen, dass sich auch die Meta-Programme je nach Zusammenhang ändern. Mit „Metas" zu arbeiten, ermöglicht es Emotionen zu erkennen und den Weg durch den Dschungel der Kommunikation zu finden. Wir erkennen, mit welchem Charaktertypen wir kommunizieren, um *zuerst besser zu verstehen, und dann besser verstanden zu werden* (Covey 2004).

Es geht nicht um Manipulation, sondern um eine positive Beeinflussung für ein besseres, gegenseitiges Verständnis mit dem Ziel, die Bedürfnisse Ihrer Kunden genauer zu ergründen, um optimal beraten zu können. Meta-Programme verschaffen Ihnen Zugänge zu Emotionen und Beweggründen, die Sie vorher nicht hatten, und eine erlernbare Struktur. Sie besitzen damit ein Instrument, das Ihre Kompetenz in der Kommunikation auf ein neues Niveau hebt.

Meta-Programme finden sich bei allen Menschen in unterschiedlicher Ausprägung zwischen zwei Extrempolen. Nehmen wir zum Beispiel das Meta-Programm „Fokus". Es beschreibt, ob ein Mensch seine Aufmerksamkeit auf „Details" richtet oder eher auf einen gesamten Sachverhalt („Überblick"). Wer stark detailorientiert ist, wird Schwierigkeiten damit haben, sich einen Überblick zu verschaffen, und umgekehrt. Die Ausprägung dieser Anlage ist immer vom Kontext abhängig. Ein Mensch kann beispielsweise zum Thema Geld stets Wert auf eine genaue Information („Detail") legen, hingegen bei technischen Informationen nur einem groben „Überblick" verlangen oder umgekehrt. Beim Einkaufen sind ihm zum Beispiel Qualitätsmerkmale bis ins letzte „Detail" wichtig. Geht es jedoch um den Preis, bewegt er sich im geplanten Budget (Überblick). Er würde nie wegen zusätzlicher Details den Überblick (Budget) verlieren.

Noch ein Beispiel: Wer sich überwiegend mit seinen eigenen Bedürfnissen beschäftigt, wird es schwer haben, die Bedürfnisse anderer wahrzunehmen. Erzählen Sie einem Menschen, der vorwiegend mit sich selbst beschäftigt ist (Meta-Programm „Innerer Bezug"), wo Sie gerade Ihren Urlaub verbracht haben, wird er vielleicht folgendermaßen antworten: „Ah, Spanien! Da war ich noch nie. Ich fahre oft nach Italien. Vor einem halben Jahr waren wir in Venedig. Das war echt toll …" Auf die Idee, dass Sie ihm von einem Erlebnis aus Ihrem Urlaub berichten wollen, kommt er nicht. Ihm fällt es schwer, sich in die Lage anderer zu versetzen, selbst wenn es von Vorteil wäre.

Ziel der Anwendung von Meta-Programme ist es, zuerst Ihren Kunden besser zu verstehen, um dann von ihm besser verstanden zu werden. Dazu analysieren Sie zuerst die Meta-Programme des Kunden und formulieren Ihre Argumente, Ihre Beratung in seiner Sprache. So verhindern Sie, dass Information verloren gehen bzw. überhört werden. Sie passen gewissermaßen Ihre Senderfrequenz an seine Empfängerfrequenz an. Diese Methode wird einerseits die Qualität Ihrer Verkaufsgespräche deutlich verbessern, da Sie besser und zielgerichteter kommunizieren. Andererseits – und das ist ebenso wichtig – lernen Sie durch die Anwendung Ihre eigenen Meta-Programme kennen. Ein Beispiel vorab:

Als Verkäufer ist es sehr wichtig, im Meta-Programm des „Ursprungs" stark im „äußeren Bezug" ausgeprägt zu sein. Das bedeutet, sehr gute Antennen für die Außenwelt zu besitzen, um diese entsprechend gut wahrnehmen zu können. Im Laufe meiner Berufspraxis sind mir immer wieder auch Verkäufer begegnet, die eine gegenteilige Ausprägung, die des „inneren Bezugs" hatten. Damit besitzen sie praktisch keine Empathie, sie sind für die Bedürfnisse anderer nahezu blind und beziehen zudem alles ausschließlich auf sich selbst. Für diese Verkäufer ist es äußerst schwierig, sich auf Aufgaben zu konzentrieren, bei denen es auf die Zufriedenheit der Kunden ankommt. Sie sind primär damit beschäftigt, wie sie die höchsten Provisionen mit dem geringsten Aufwand erreichen können. Logisch, dass mit dieser Haltung nie die Wünsche der Kunden zu ergründen sind und zudem die meisten Beschwerden verursacht werden. Auf Dauer nimmt das kein gutes Ende, ganz egal, wie gut die Ergebnisse sein mögen.

Zu Ihren eigenen Meta-Programmen mehr in Kap. 3 „Die Ich-Marke". Ich habe für Sie die wichtigsten Meta-Programme für den Verkauf zusammengestellt. Anhand von Praxisbeispielen werde ich verdeutlichen, wie Sie diese anwenden.

Ein erkanntes Meta-Programm ist, wie gesagt, immer vom Kontext abhängig. Ändert sich der Zusammenhang, ändert sich auch das Meta-Programm. Das bedeutet, dass Sie das erkannte Meta-Programm nicht verallgemeinern können. Es ist notwendig, sich in jeder neuen Situation ein neues Bild zu machen.

Die Meta-Programme erfolgreich anzuwenden, verlangt viel Übung. Je häufiger Sie üben, desto schneller werden Sie Ergebnisse feststellen. Es ist wie mit dem Erlernen einer neuen Sprache. Sie lernen viele neue Regeln und noch mehr neue

Vokabeln. Das Wissen alleine jedoch reicht nicht aus. Es ist wie mit allen anderen Bereichen des Lebens: Sie müssen das Erlernte auch anwenden. Wieder und wieder, bis sich ein Gefühl dafür entwickelt und sich das Erlernte automatisiert. Erst dann ist es wie mit dem Laufen nach der Krabbelphase im Kleinkindalter. Haben Sie das Gehen einmal erlernt, kommen Sie nie wieder auf die Idee, einen Weg auf allen Vieren zu rutschen (hoffentlich).

Auch wenn Sie die Meta-Programme kennen, werden Sie eine Zeit lang in alte Muster zurückfallen. Es bedarf der ständigen Wiederholung, bis Sie das Erlernte verinnerlicht haben. Auf dieses Buch bezogen würde der österreichische Verhaltensforscher Konrad Lorenz es wohl so formuliert haben:

Gesagt heißt nicht gehört,
Gehört heißt nicht verstanden,
Verstanden heißt noch nicht einverstanden,
Einverstanden heißt noch nicht gekauft.
Konrad Lorenz

Mir der folgenden Übung lernen Sie, wie die 7 Meta-Programme (vgl. Tab. 2.1) in der Praxis funktionieren und wirken. Sie werden bei Ihren Kunden immer eine Kombination aus mehreren Meta-Programmen erkennen. Manche davon ergänzen sich logisch. Damit Sie für die Zusammenhänge einen Überblick bekommen, habe ich die Dialoge und Formulierungen bewusst kurz gehalten. Aus demselben Grund verwende ich auch immer die gleichen drei Verkaufssituationen. Je weiter Sie sich in den Meta-Programmen voran arbeiten, desto klarer werden die Zusammenhänge. Die von mir formulierten Beispiele haben nicht den Anspruch, ein Verkaufsgespräch komplett abzubilden, sondern dienen der Veranschaulichung. Sollten Ihnen sinnvolle Ergänzungen einfallen, finden Sie am Ende des Buches den Hinweis, wie Sie mir diese zusenden können. Informationen, Anregungen und Beispiele etc. werde ich gerne bei einer Neuauflage berücksichtigen. Des Weiteren habe ich in den

Tab. 2.1 Die sieben Meta-Programme

1.	Denkweise	🪝 1a: Möglichkeit	➷ 1b: Vermeidung		
2.	Ursprung	🔆 2a: innerer Bezug	🔀 2b: äußerer Bezug		
3.	Sinne	👁 3a: visuell	⑨ 3b: auditiv	🖐 3c: kinästhetisch
4.	Wahrnehmung	👀 4a: Überblick	🔍 4b: Detail		
5.	Zugang	♞ 5a: Logik	♥ 5b: Gefühl		
6.	Dauer	🕯 6a: einmal	📊 6b: mehrmals	⧗ 6c: bestimmter Zeitraum
7.	Initiative	🔥 7a: proaktiv	🌷 7b: reaktiv		

Beispielen darauf verzichtet, „*Preisverhandlungen im Verkaufsgespräch*" zu behandeln, da die Vorgehensweisen hierbei in den Unternehmen zu unterschiedlich sind.

2.4.1 Meta-Programm 1

Denkweise

Tab. 2.2 Denkweise

1. Denkweise	
1a: ⤴ Möglichkeit/ auf etwas zu	**1b: ⤳ Vermeidung /** von etwas weg
Energieeinsatz	
Ziele erreichen / Freude erleben	Probleme und Negatives verhindern / Schmerz vermeiden
Charakteristika	
Sieht Möglichkeiten des Produkts. Glas halb voll. Zufrieden und optimistisch.	Will Nachteile vermeiden Glas halb leer. Unzufrieden und pessimistisch.
Typ Merkmale	
• sind zielorientiert • wollen Freude erleben • sind risikofreudig • gehen ohne Zögern auf andere Menschen und neue Situationen zu • sehen die Lösungen und nicht die Probleme • sind offen für Neues und für Innovationen • gehen gerne neue Wege und meiden ausgetretene Pfade • sie denken eher positiv; sehen die Möglichkeiten • haben häufig Schwierigkeiten, Probleme und Hindernisse zu erkennen	• wollen Nachteile vermeiden • sind eher vorsichtig • sind abwägend und besonnen • fühlen sich beim Arbeiten in der Gruppe wohl (Teamplayer), meist auch reaktiv, 7b • meiden Risiken • haben Schwierigkeiten damit, alleine Verantwortung zu übernehmen • trauen sich weniger zu, als sie können • sind meist wenig kreativ • bemerken, was nicht stimmt (werden daher oft als negativ erlebt) • müssen nicht jeden Trend mitmachen
Sprache	
formulieren klare Ziele sagen, was sie wollen *Beispiele:* *„Was bringt mir/uns das?* *„Was erreichen wir durch ...?* *„... so kommen wir zum Ergebnis"* meist mit freundlicher Ausstrahlung und oft beschwingter Gang.	Erklärt die Probleme, die es zu vermeiden gilt *Beispiele* *„... damit ich nicht länger ... muss* *„Wie kann ich verhindern, ...?* *„ Wie kann ich vermeiden, ...?* *„ Welche Probleme...?*
Zugangsformulierungen und Argumente	
Vorteile aufzeigen *„damit werden Sie ... erreichen."* Nutzen Ergebnisse	Zeigen Sie auf, welche Nachteile vermieden werden. *„Wenn nicht, werden Sie ... verlieren!"*

Typ-Analyse: (1a, oder 1b?)

Kernfragen:

- „Guten Tag! Das ist so ein tolles Wetter heute, nicht wahr?"
  1a: *„Ja, ein herrlicher Tag! Schön, dass Sie da sind."* (Mimik: heiter, freundlich)
  1b: *„Naja, ich glaube, es wird noch regnen."* Oder: *„Na ich weiß nicht, mir ist jetzt schon so heiß! Mir wäre es lieber, wenn ..."* (Mimik: neutral, bis gelangweilt)
- „Guten Tag! Sie haben aber ein tolles Büro ..."
  1a: *„Danke, man soll sich doch bei der Arbeit wie zuhause fühlen."*
  1b: *„Na ja, es fehlen noch viele Details* (auch 5b), *ich will dies oder jenes noch ändern."*
- „Was erwarten Sie am meisten von unserem Produkt?"/"Was ist ihnen am wichtigsten?"
  1a: *„Dass sich damit die **Kosten schnell refinanzieren** und wir mehr **Möglichkeiten** bei der Neukundenakquise haben."* (auf seinen Nutzen oder sein Ziel ausgerichtet)
  1a: *„Ich möchte xy **erreichen** ..."*
  1b: *„Dass es diese oder jene **Eigenschaften nicht hat**. Ich möchte **keine Nachteile** haben, der Konkurrenz gegenüber."* (ebenfalls branchenabhängig)
  1b: *„Ich möchte xy **vermeiden** ..."*

Was ist Ihnen bei Ihrer Altersabsicherung am wichtigsten?

1a: *„Ich möchte mir auch im Alter alles **leisten können**, was ich zum Leben brauche; ich möchte das **Leben** auch im Alter **genießen**."*
1b: *„Ich **möchte** im Alter **nicht**: jeden **Euro zweimal umdrehen** müssen, von anderen **abhängig** sein ..."*

Beispiel 1: Sie verkaufen eine Lebensversicherung

1a: *„... ich habe für Sie ein Angebot maßgeschneidert, damit Sie Ihre **finanzielle Unabhängigkeit** im Alter **erhalten/(erreichen)**. (Zielorientierung) Dabei **bleiben** Sie **natürlich** jederzeit **flexibel**, um auf die **Überraschungen** des Lebens **reagieren zu können!** Für **spontane** Reisen, Anschaffungen ..."* Formulieren Sie Beispiele, die persönliche Interessen Ihres Kunden betreffen.

Berücksichtigen Sie bei einem 1a immer seine Risikofreudigkeit. Idealerweise präsentieren Sie ihm zwei unterschiedlich flexible Modelle. Er wird sich für jenes mit den größeren Freiheiten entscheiden. Zeigen Sie die Risiken der Anlage klar auf und dann die Möglichkeiten und Chancen, die sich daraus ergeben. Ihre Offenheit wird er schätzen. Die Möglichkeiten wird er lieben. Vorausgesetzt, sie entsprechen seinem Weltbild.

1b: *„… habe ich für Sie ein Konzept maßgeschneidert. Schließlich wollen Sie ja auch im Alter* **vermeiden,** *von anderen* **abhängig zu werden**! (Nachteile vermeiden) *Sie werden sehen, ich habe größten Wert auf* **Sicherheit** *gelegt. Stellen Sie sich vor, Sie haben Ihr ganzes Leben gearbeitet und stellen dann im Alter fest, dass Sie ihren Lebensstandard* **nicht** *mehr* **halten können**! **Dagegen sollten Sie etwas tun**!"*
Achten Sie bei der Konzeption darauf, die Risiken so gering wie möglich zu halten. Ein 2b meidet Risiken wie der Teufel das Weihwasser. Agieren Sie nach dem Motto: Lieber den Spatz in der Hand, als die Taube auf dem Dach. Anlagerisiken würden Ihren Kunden verunsichern und den Abschluss gefährden. Bei der Präsentation zeigen Sie alle Sicherheiten auf.

Beispiel 2: Sie verkaufen eine Immobilie

Mögliche Kernfrage:

Sie haben sich zum Kauf eines Hauses entschieden. Was ist für Sie bei der Auswahl wichtig?

1a: *„Dass* **wir** *Platz* **haben**; *dass es einen Garten hat, wo die* **Kinder spielen** *und* **wir** *mit Freunden* **feiern** *können …"* (klare Ziele/Freude erleben)
1b: *„Wir sind* **nicht** *mehr* **abhängig** *von der Meinung des Vermieters; wenn die Kinder einmal laut sind, gibt es* **nicht** *gleich* **Ärger** *mit anderen Mietern; im Alter sind wir* **nicht abhängig** *davon, wie sich* **Mietpreise** *entwickeln …"* (Vermeiden von Nachteilen/vorsichtig)
1a: *„…* *Ihre* **Möglichkeiten** *der Raumaufteilung sind bei diesem Objekt* **außergewöhnlich hoch**. *Aber wem sag ich das?! Sie haben in dieser Lage die* **Vorteile** *…* (Zielorientierung) *Und* **flexibel** *bleiben Sie auch. Selbst wenn Sie sich* **irgendwann** *entscheiden, sich räumlich wieder* **verändern** *zu wollen, für dieses Haus werden Sie* **immer** *einen Käufer finden …*
1b: *„… wohnen Sie hier ruhig und weit weg von der lärmenden Bundesstraße (o. ä.) … (Nachteile vermeiden) … ist sehr wertstabil und bietet daher die größtmögliche Sicherheit für Sie und Ihr Geld.*

Beispiel 3: Sie verkaufen eine Sofa-Garnitur

1a: „*... das ist nicht nur in Design und Stil ein High-Light auf der **aktuellen Messe** ... bietet auch die **Möglichkeit**, es **optimal** Ihrer Raumsituation **anzupassen** (Stoffe, Leder, Maße...)*" (Wichtig für einen 1a: neu, individuell und Vorteile) „*... hat einen **ausgezeichneten Sitzkomfort** ...; ...und das kombiniert mit einer **außergewöhnlichen Qualität**: ... der Rahmen ist aus **massivem Buchenholz** gefertigt; ... die Stoffkollektion ist sehr **umfangreich** (individuelle Gestaltung)*

1b: „*... der Stoff dieses Sofas ist **extrem strapazierfähig** (Fakten: z.B.: hat 25 Tausend Scheuertouren...)*

„*Stellen Sie sich vor, Sie habe sich ein Sofa ausgesucht und sind glücklich damit. Was aber, wenn Sie nach einem halben Jahr **feststellen**, dass der Stoff **bereits kaputt geht?**"*

Vielleicht haben Sie festgestellt, Ihr Kunde kann und möchte sich ein hochwertiges Sofa kaufen, ist aber verunsichert, da die preiswerten auch gut aussehen. Sie: „*... nichts gegen preiswerte Sofas. Die sind vollkommen in Ordnung. Natürlich darf man dabei aber nicht dieselben Ansprüche stellen wie bei diesem hier. Ein günstiges tauscht man eben nach einigen Jahren aus, weil es nicht mehr so ansehnlich ist oder vielleicht hin und wieder ein wenig „knarzt", ... gerade in der Rahmenkonstruktion liegen sehr große Qualitätsunterschiede. Der Rahmen dieses Modells ist ausgesprochen stabil. Er ist aus massiver Buche gearbeitet."*

Aber Achtung: Übertreiben Sie es nicht! Ein bis zwei Negativ-Szenarien maximal. Und diese negativen Bilder müssen Sie auch wieder mit entsprechenden positiven Argumenten übermalen. Denn sonst ist Ihrem Kunden das alte Sofa vielleicht doch noch gut genug für die nächsten zwei Jahre.

Übung

Überlegen Sie sich drei typische Beispielsituationen für Ihre Branche oder Zielgruppe. Schreiben Sie die möglichen Reaktionen Ihrer Kunden (1a und b) und Ihre Formulierungen dazu auf.

2.4.2 Meta-Programm 2

Ursprung

Tab. 2.3 Ursprung

2. Ursprung	
2a: 🗲 innerer Bezug	**2b: 🗲 äußerer Bezug**
Energieeinsatz	
Weiß selbst, was er will, eigene Werte	Orientiert sich an anderen
Charakteristika	
Hat eigene Meinungsbildung	Hört auf Meinung der Begleitung / von Ihnen..
Typ Merkmale	
• sind selbstbewusst • von ihrer eigenen Meinung und ihrem Können überzeugt die eigene Beurteilung zählt • stark aus sich selbst heraus (intrinsisch) motiviert geben von sich aus im Verkaufsgespräch kein Feedback (da sie selbst keines brauchen) • sind nur zu überzeugen, wenn das bestätigt wird, was sie selbst schon wissen	• fühlen sich unsicher • die Bestätigung erfolgt von außen (extrinsisch), keine inneren Bewertungskriterien • beraten sich gerne mit Freunden, Familie, Partnerin. • Medien und Testimonials sind wichtig für die eigene Meinung • sachliche Information können für sie Apell-Charakter haben • mögen es, wenn andere entscheiden
Sprache	
• „Das ist folgendermaßen ..." • „Das weiß ich!" • „Für mich klingt das richtig" • „Ich sehe das so ..." • „Ich bin noch nicht überzeugt."	• Lassen andere entscheiden. • Überlegen, was andere davon halten, und sprechen davon.

Zugangsformulierungen und Argumente	
„Sie wissen selbst am besten, was für Sie wichtig ist ..." „Die Vorteile von ... kennen Sie ..." „Sie wissen am besten, was sinnvoll ist ..." „Sie können ähnlich gute Erfahrungen machen wie damals mit Produkt xy ..." „Ich nenne Ihnen alle Informationen zu ... (Produkt...), und Sie entscheiden selbst." „Ich nenne Ihnen alle Fakten und Sie selbst entscheiden dann." „Nur Sie selbst können entscheiden, ob das für Sie in Frage kommt." „Wie schätzen Sie das Angebot ein? Halten Sie es für sinnvoll?" „Was sage ich Ihnen...? Sie selbst wissen am besten, ob es sinnvoll ist..." „Wenn Sie es ausprobieren, können Sie genauso gute Erfahrungen mach wie damals mit ..." Wie ist hört sich das für Sie an? (... sieht für Sie aus; ... fühlt sich für Sie an?)	• Binden Sie eine Begleitperson unbedingt in die Beratung mit ein. • Ein 2b-Kunde beobachtet die Reaktionen seines Gesprächspartners genau. Ihn interessiert auch, welche Meinung Sie als Verkäufer von dem Produkt haben. • Ziehen Sie Vergleiche zu Meinungen anderer (Allgemeinheit, Tests, etc.) • Da er selbst nicht gerne entscheidet, müssen Sie ihm über die Entscheidungsschwelle helfen. Liefern Sie ihm genügend Argumente. „Das ist das erfolgreichste Produkt in diesem ... Bereich" „Bisher sind alle Kunden davon begeistert" „Andere schätzen besonders.... daran" „Wie beurteilen Sie den Testbericht?" „Warum haben sich so viele Menschen für dieses Produkt entschieden?" „Sie haben den Vorteil, dass dieses Produkt schon so lange am Markt ist. Es ist tausendfach erprobt." „Wenn Sie sich jetzt dafür entscheiden, gehen Sie praktisch kein Risiko ein. Bis jetzt waren alle damit zufrieden." „Jeder, der sich heutzutage mit dieser Thematik beschäftigt, kommt automatisch zu ... Produkt. Es ist einfach genial."

Typ-Analyse: (2a, oder 2b?)

Kernfragen:

„Was ist Ihnen wichtig, wenn wir uns einig werden und ins Geschäft kommen?"

2a: *„Dass ich das bekomme, was ich mir erwartet habe."*
2b: *„Dass wir die Ziele, die wir uns gesetzt haben, erreichen"*
  „Dass mein Chef auch davon überzeugt ist."
  „Dass ...andere (Familie, Partnerin ...) auch zufrieden sind."

Sie präsentieren Ihr Angebot, Produkt oder Dienstleistung und fragen nach der Meinung Ihres Kunden: „Wie gefällt Ihnen mein Angebot?"

2a: *„Ich bin noch nicht überzeugt davon, ..."*
  „Ich sehe das folgendermaßen ..." Er erklärt selbst, wie der Sachverhalt ist.
  „Ich sehe das so ..., für mich fühlt (hört) sich das so an ..."

2b: *„Ich weiß nicht …, Ich kann das noch nicht entscheiden"* (ein 2b versteht eine solche Frage als Aufforderung, jetzt sofort eine Kaufentscheidung treffen zu sollen)

„Da werde ich mit meiner Frau noch drüber sprechen."
„Das muss ich noch einmal mit meinem Chef besprechen."

Wenn möglich finden Sie heraus, wer der Entscheider ist. Die Antwort kann Ihnen wichtige Hinweise auf die Kaufabsicht Ihres Kunden geben (siehe Kap. 1.3.3 Der Kaufabsichts-Check).

Die direkte Frage: *„Wen beziehen Sie in die Entscheidung mit ein?"*

2a: *„Dass entscheide ich!"*
2b: *„Dass entscheiden wir gemeinsam …"*

Beispiel 1: Sie verkaufen eine Lebensversicherung

2a: *„Für Sie habe ich ein spezielles Angebot ausgearbeitet, das zwei Varianten beinhaltet. Die Vorzüge einer Lebensversicherung kennen Sie. Ich möchte Ihnen kurz die Details zu meinem Angebot geben, und Sie entscheiden dann, was für Sie sinnvoll ist. Wie hört sich das für Sie an?" … aber das brauche ich Ihnen ja nicht sagen, das wissen Sie selbst am besten …*

2b: *„Heutzutage hat einfach jeder, der sich mit seiner Zukunft beschäftigt, eine Lebensversicherung. Ich habe für Sie ein spezielles Angebot ausgearbeitet. Selbstverständlich habe ich berücksichtigt, was dauerhaft am sichersten und erfolgreichsten ist. Die erste Variante hat eine Laufzeit von … Die zweite Variante hat die gleiche Laufzeit, aber auch die Möglichkeit, über einen Teil des Kapitals schon früher zu verfügen, falls das für Sie wichtig sein sollte. Das Gute daran ist, das ho ist, sondern auch seit vielen Jahren sehr zufrieden sind. Es ist für Sie also absolut sicher."*

Beispiel 2: Sie verkaufen ein Auto
Ihr Kunde ist bei Ihnen im Verkaufsraum und sieht sich ein bestimmtes Modell an. Sie begrüßen ihn und erkennen den Typ.

2a: Für Sie ist klar: Ein 2a weiß, was er will und akzeptiert andere Meinungen nur schwer:
„Sie haben schon eine konkrete Vorstellung von dem, was Sie möchten? Darf ich Ihnen noch ein paar zusätzliche Informationen zu den neuen Details geben? Sie entscheiden dann, ob das für Sie interessant ist …

*Über die Ausstattung brauche ich Ihnen wohl nichts sagen. Sie **wissen selbst**
am besten, was Ihnen wichtig ist."*
Sie haben Ihr Angebot präsentiert:
*„**Überzeugt Sie das**?" „Wie **hört sich das für Sie an**?" sieht das **für Sie** aus?
oder: Was ist das für ein **Gefühl für Sie**?*

2b: *„Von diesem **Fahrzeug** sind **meine Kunden** begeistert."* Nun untermauern Sie
diese Aussage mit praktischen Beispielen, heben Sie hervor, womit die Käufer besonders zufrieden waren, und nennen Sie idealerweise Fakten wie: *über
95% der Käufer würden das Auto **wieder kaufen** ...; dieses Auto hat die **zu-
verlässige Technik** einer ... **Jahre dauernden Entwicklung** ... ... **Pannen-
statistik** ...* Selbstverständlich nur mit belegbaren Fakten.

Beispiel 3: Sie verkaufen eine Sofagarnitur
„Was ist Ihnen bei einem neuen Sofa wichtig?"

2a: *„**Ich möchte** ein bequemes Sofa."*
*„**Ich möchte** auch darauf liegen können."*
„Sie haben sicher schon eine genaue Vorstellung, wie Ihr neues Sofa aussehen soll ..."
*„**Es muss** eine klassische Form haben und einen dunklen Stoff. Die Maße habe
ich dabei ..."* (klare Vorstellung von dem, was er will)
*Dann käme dieses schon in die engere Auswahl. Nehmen Sie doch Platz und
machen Sie **sich selbst** einen Eindruck vom Sitzkomfort. **Sie selbst wissen** am
besten, ob das Ihren Vorstellungen entspricht."*
Sie haben die Maße ermittelt und den Stoff ausgesucht.
„Wie gefällt es Ihnen?"
„Was halten Sie davon?"
Ihr Kunde wird schnell eine klare Meinung haben, ob es so ist, wie er es sich
vorgestellt hat.
2b: *„Dieses Sofa führen wir **seit vielen Jahren**. Der Hersteller ist zu Recht **stolz
auf die hervorragende Verarbeitung** und das **zeitlose Design**.., die **klassische
Form** ... Bisher waren **alle Kunden** sehr zufrieden ..."*

Übung

Überlegen Sie sich 3 typische Beispielsituationen für Ihre Branche oder Zielgruppe. Schreiben Sie die möglichen Reaktionen Ihrer Kunden (2a und b) und
Ihre Formulierungen dazu auf.

2.4.3 Meta-Programm 3

Sinne (Tab. 2.4)

Tab. 2.4 Sinne

3. Sinne		
3a: ● visuell / sehen sie	3b: 👂 auditiv / klingt gut	3c: ✋ kinästhetisch / fühlt es
Überblick		
Im Vergleich zu den anderen Meta-Programmen bildet dieses eine Ausnahme. Die meisten Meta-Programme transportierten den Inhalt einer Botschaft. Das 3. Meta-Programm zeigt Ihnen hingegen, mit welchem Sinneskanal Ihr Kunde bevorzugt Daten aufnimmt. Die „Sinne" – Auge (visuell), Ohr (auditiv) und Gefühl (kinästhetisch) – sind bei allen Menschen unterschiedlich ausgeprägt. Ihr Kunde nimmt Informationen über alle drei Kanäle auf. In der Regel ist einer davon dominierend. Der zweite Sinneskanal ist in der Regel schwächer und der dritte für die Kommunikation nicht von Bedeutung. Ein Mensch kann zum Beispiel zu 60 % visuell, zu 35 % auditiv und nur zu 15 % kinästhetisch veranlagt sein. In diesem Fall formulieren Sie Ihre Argumente überwiegend für den visuellen Kanal. Sie müssen Ihren Gesprächspartner sehr aufmerksam beobachten, um seine bevorzugten Sinneskanäle zu erkennen. In dem dominanten Kanal äußert sich Ihr Kunde. Sie erkennen ihn an seiner Sprachwahl:		
Typ Merkmale		
• haben direkten Blickkontakt • formulieren klare Sätze • meist sehr gut abgestimmte Kleidung (Farbe, Stil)	• neigen ihrem Gesprächs-partner das Ohr zu • monotone Sprache • wählen ihre Kleidung häufig nicht nach optischen Gesichtspunkten aus	• berühren das Produkt • wollen es ausprobieren • selbst machen • langsame, weiche Sprache • überlegen bevor sie etwas sagen • mögen Prospekte mit Bildern gemeinsames Handeln erleichtert die Entscheidung
Sprache		
„wie ich **sehe** ... „Das **sieht** gut aus...; „So **betrachtet** gebe ich Ihnen recht ... „**Schauen Sie** mal ..." „Ich **sehe** ganz klar, dass ..." „Das kann ich mir **vorstellen**"	„Das **klingt** gut!" „Für mich **hört** sich das folgendermaßen an ..." „Ich **frage** mich, ... „Ich bin ganz **Ohr** ..."	„Das **fühlt** sich für mich an, wie ..." „Ich möchte erst ein **Gefühl** dafür bekommen, ..." „Das möchte ich gerne **aus-probieren** ..." „Dafür bin ich **offen**"
klar, Bild, Perspektive, klären, Vision	**hören, reden, sagen, erklären** ... ist **harmonisch**	**begreifen, berühren, konkret, heiß, kalt, warm**

Zugangsformulierungen und Argumente		
„Wie *sieht* das aus für Sie?" „*Stellen* Sie sich *vor*, welche Vorteile es ihnen bringt ..., was es für sie bedeutet ..." „Machen Sie sich einmal ein *Bild* davon, was es bedeutet ..." „Sie werden sich vielleicht *fragen*, was Ihnen das bringt?" „Darf ich Ihnen das *darstellen?"* „Sie können sich *ausmalen*, welche Vorteile Sie davon haben." „*Erkennen* Sie den Unterschied ..., den Vorteil ...?"	„Das *hört* sich doch gut an?!" „Wie *klingt* das für Sie?" „Wie *hört* sich das für Sie an?" „Was *sagen* Sie dazu?" „Das *klingt* doch gut, oder?" „Das ist *stimmig!"* „Das passt sehr *harmonisch* zu ... " „Das steht in *Einklang* mit ..." „Gibt es noch etwas, was Sie gerne *besprechen* wollen?!"	„*Probieren* Sie es ruhig aus ... " „Wie *fühlt* sich das für Sie an?" „Das müssen Sie *erleben* ..." „Was haben Sie für ein Gefühl dabei?" „Ich möchte Ihnen ein *Gefühl* dafür vermitteln, wie es ist, wenn ..." „Vertrauen Sie auf Ihr/mein *Gefühl* ..." „Sind Sie *offen* dafür, es einmal *auszuprobieren?"*

Typ-Analyse: (3a, 3b, oder 3c?)

Kernfragen:

„Wie gefällt Ihnen das Angebot?"
„Welchen Eindruck haben Sie davon?"
„Sind Sie überzeugt davon, dass ...?"

3a: *„Sieht gut aus!";* ... *möchte ich mir gerne näher betrachten"*

3b: *„Das hört sich gut an für mich; „Erklären Sie mir bitte ...* (dies oder jenes) *noch einmal genauer"; „Sagen Sie einmal..."* (Frage); *„Wäre noch zu besprechen, wie ..."*

3c: *„... fühlt sich grundsätzlich gut an"; „was ich dabei noch nicht begreife ist ..."; „Was bedeutet es konkret, wenn ..."*

Beispiel 1: Sie verkaufen eine Lebensversicherung

An einen 3a: *„Für Sie habe ich ein persönliches Angebot ausgearbeitet. Schauen wir uns es gemeinsam an. Stellen Sie sich vor, welche Vorteile es Ihnen bringt, wenn Sie auch im Alter finanziell unabhängig bleiben. Wie sieht das aus für Sie? Wie sehen Sie sich selbst im Alter? Wie stellen Sie sich Ihr Leben vor? Was haben Sie für Ziele? Wie stellen Sie sich ihr Leben vor, mit 50 (60 ...) Jahren?"*

An einen 3b: *„Für Sie habe ich ein persönliches Angebot ausgearbeitet. Ich möchte Ihnen gerne erklären, wo Ihr persönlicher Nutzen dabei liegt. Wenn Sie dazu Fragen haben, unterbrechen Sie mich bitte. Wie hört es sich für Sie an, wenn Sie mit dieser Lebensversicherung auch im Alter finanziell unabhängig bleiben? Wie klingt das für Sie?"*

An einen 3c: *„Für Sie habe ich ein persönliches Angebot ausgearbeitet. Wir können es dann **gemeinsam durchgehen**. Ich möchte Ihnen ein **Gefühl** dafür vermitteln, was es **konkret** für Sie bedeutet. Außerdem habe ich für Sie Unterlagen mitgebracht, die sicher für Sie interessant sind. Es ist mir nämlich wichtig, dass Sie ein **genaues Gefühl** dafür bekommen, welche Vorteile Sie davon haben. Es ist einfach ein **gutes Gefühl**, mit einer Lebensversicherung auch im Alter finanziell unabhängig zu bleiben.“*

Beispiel 2:Sie verkaufen ein Auto
Ihr Kunde ist bei Ihnen im Verkaufsraum und sieht sich ein bestimmtes Modell an. Sie begrüßen ihn und erkennen sehr bald, er sendet auf

3a: **visueller Ebene:**
„Haben Sie schon ein genaues Bild davon, wie Ihr neues Auto aussehen soll?“
(Oder) *„Wie **gefällt** Ihnen das **Design**? Darf ich Ihnen das ... **zeigen**? Das ist besonders, weil ...“*
Nachdem Sie alle Informationen „gezeigt" haben, lassen Sie Ihren Kunden nochmals einen „Blick" von einer Seite auf das Fahrzeug werden: *„**Schauen** Sie sich bitte den Wagen einmal aus dieser **Perspektive** an. Diese **Linienführung** finde ich absolut gelungen.“* Anschließend lassen Sie ihn das Fahrzeug in seiner Wunschfarbe am Bildschirm „betrachten": *„**Welche Vorstellung** haben Sie von der Farbe? Wir können uns das Fahrzeug am **Bildschirm anschauen** ...?“*
3b: **auditiver Ebene:**
*„Haben Sie sich schon **gefragt**, wie die Ausstattung sein soll?*
*Darf ich Ihnen **erklären**, was der Nutzen und die Vorteile von ... sind? Haben Sie schon davon **gehört**, wie das Modell in den Tests von ... abgeschnitten hat? Die hervorragende Verarbeitung zeigt sich in den Details. **Hören** Sie bitte einmal, wie „satt" die Tür schließt ... Die **Geräuschisolierung** im Innenraum ist hervorragend ... „Starten Sie den Motor. **Hören** Sie den schönen **sonoren Sound**?“*
Sie präsentieren ihr Angebot: *„Wie **hört** sich das an für Sie?“*
3c: **kinästhetischer Ebene:**
*„**Setzen** Sie sich bitte rein, die Tür ist offen. Ich hole den Schlüssel, dann können Sie alles **ausprobieren**.“*
*„Haben Sie schon ein **Gefühl** dafür, was die Ausstattung anbelangt? **Fühlen** Sie, wie **weich** das Leder ist, ... wie **sanft** sich die Türen schließen ... wie **einfach** sich die ... **bedienen** lassen! Wenn Sie möchten, machen wir eine kleine Probefahrt. Dann können Sie alles im Betrieb **ausprobieren** ... Wie **fühlt** es sich an, damit zu **fahren**?“*
*„Ich habe alle Ihre **Wünsche** bei dem Angebot berücksichtigt. **Konkret** bedeutet das ...“*
*„Wie **fühlt** sich das für Sie an?“*

Beispiel 3: Sie verkaufen eine Sofa-Garnitur

3a: visueller Ebene:
*„… das ist nicht nur in **Design** und **Stil** ein High-Light auf der **aktuellen** Messe; … bietet auch die Möglichkeit, es **optisch perfekt** für Ihre Raumsituation zu **gestalten**; Haben Sie von der Farbe schon eine **Vorstellung**? … die Stoffkollektion ist sehr umfangreich (individuelle Gestaltung); **Schauen** Sie sich die Verarbeitung an … Der Sitzkomfort wird Ihnen **gefallen**. Nehmen Sie Platz und machen Sie sich selbst ein **Bild** davon…"*

3b: auditiver Ebene:
*„Haben Sie sich schon **gefragt** welchen Bezugstoff sie möchten? Haben Sie sich schon **gefragt**, wie groß Ihr Sofa sein darf? Dieses hier gibt es in sehr vielen Maßen. Es lässt sich optimal in fast jede Raumsituation integrieren. Außerdem gibt es bei diesem Modell sehr hochwertige Stoffe, mit sehr **harmonischen Designs** … Wie **klingt** das für Sie? Darf ich Ihnen die Stoffe einmal **zeigen** und die Details **erklären**?"*

3c: kinästhetischer Ebene:
*„Nehmen Sie doch bitte **Platz**!* Dieses Sofa hat einen ausgesprochen guten **Sitzkomfort**. *Das **fühlt** man sofort, wenn man sich **setzt**."* Nun „erklären" Sie kurz, was den Sitzkomfort so toll macht (Polsteraufbau, und Wattierung etc.). Verwenden Sie dabei Wörter wie weich, anschmiegsam, warm … Zeigen Sie alle Argumente auf, die ein 4c versteht. Sie werden sehen, es sind meisten sehr viele. So ist der verwendete Polsterschaum nicht nur hochwertig, sondern vielleicht auch „atmungsaktiv", das Leder nicht nur anilingefärbt, sondern gerade deshalb sehr „griffig" und „warm": Sie greifen das Ledermuster oder halten die offene Handfläche auf den Sitz oder Armlehne und animieren Ihren Kunden, es Ihnen nachzumachen: *„**Fühlen** Sie, wie schnell es Ihre „**Körperwärme**" annimmt …"*

Übung

Vielleicht haben Sie festgestellt: Ihr Kunde kann und möchte sich ein hochwertiges Sofa kaufen, ist aber verunsichert. Er hat die preiswerten ebenfalls gesehen und sie scheinen ihm auch zu gefallen. Ordnen Sie die markierten Formulierungen den jeweiligen Meta-Programmen zu:

*„…nichts gegen preiswerte Sofas. Die sind vollkommen ok. Natürlich darf man dabei aber nicht dieselben Ansprüche stellen wie bei diesem hier. Der günstige Preis **klingt** im ersten Moment verlockend. Es kommt darauf an, welchen Anspruch Sie haben. Das günstige Modell wird nach einiger Zeit nicht mehr so **ansehnlich** sein. Der Stoff wirft eher Falten und ist auch nicht so lichtecht. Das bedeutet, er kann **schneller verblassen** … Wenn Sie meine Meinung*

*hören möchten …? Wenn Sie Wert auf Qualität legen und lange **Freude** daran* **haben** *möchten, lohnt es sich, ein wenig mehr zu investieren. Auf Dauer zahlt es sich immer aus.* **Hören** *Sie auf Ihr* **Bauchgefühl**. *Was* **sagt** *es Ihnen?*

Übung

Überlegen Sie sich drei typische Beispielsituationen für Ihre Branche, oder Zielgruppe. Schreiben Sie die möglichen Reaktionen Ihrer Kunden (3a, b und c) und Ihre Formulierungen dazu auf.

2.4.4 Meta-Programm 4

Wahrnehmung (Tab. 2.5)

Tab. 2.5 Wahrnehmung

4. Wahrnehmung	
4a: 👀 Überblick / großes Bild	**4b: 🔎 Detail / präzise gliedern**
Charakteristika	
Interessiert sich von Beginn an für das Ganze Zu viele Details verwirren ihn Betrachtung des Produktes mit gewissem Abstand	Benötigt genaue Details zum Verständnis Der Blick auf das Ganze hilft ihm nicht Zugang zu bestimmten Detail mit genauerer Betrachtung
Typ Merkmale	
• brauchen am Anfang den „Überblick" auf das Ganze, um sich eine Meinung zu bilden • sie können sich nur für eine kurze Zeit mit Details beschäftigen, dann langweilt es sie • lesen schnell (oft quer) • brauchen für eine Entscheidung nicht alle Details • schenken Details nur wenig Beachtung • eher ungeduldig • formulieren klare Sätze • denken bei Projekten an das große Ganze • agieren gerne nach dem Pareto-Prinzip • blicken in die Ferne oder nach vorne • haben direkten Blickkontakt, häufig auch 3a (visuell) • machen eher große Schritte • meist sehr gut abgestimmte Kleidung (Farbe, Stil)	• um sich einen „Überblick" zu verschaffen, brauchen sie detaillierte Beschreibungen • lieben Zahlen und Fakten, Gliederrungen und Tabellen • auch Details müssen in sich stimmig sein • können sich in Details vertiefen, bis in die kleinsten Peripherien • haben häufig Schwierigkeiten, Prioritäten zu setzen • sind häufig sehr geduldig • Gegebenheiten, Orte, Personen, Wünsche zum Produkt werden in allen Einzelheiten beschrieben • verwenden viele Adjektive • blicken beim Gehen häufig nach unten • machen eher kleine Schritte
Sprache	
„Mein Kerngedanke dabei ist …" „Das Wesentliche ist …" „Allgemein betrachtet …" „Kommen Sie zur Sache!"	„langsam, langsam …" „Schritt für Schritt …" „Genau genommen suche ich …"

Zugangsformulierungen und Argumente	
• Legen Sie Ihr Augenmerk, Ihre Priorität auf den Hauptnutzen Ihres Kunden. • Erklären Sie zuerst diesen und im Anschluss ein bis zwei Details. *„Im **Großen** und **Ganzen** bedeutet das für Sie ...“* *„**Entscheidend** dabei ist ...“* *„Der **entscheidende Punkt** ist ...“* *„Wenn Sie möchten, verschaffe ich Ihnen einen schnellen **Überblick**, und Sie sagen mir, welche Details Sie noch interessieren ...*</br>	• Zeigen Sie auf jeden Fall alle Vorteile auf (mindestens 5). • Vertiefen Sie ein, zwei bis in die letzte Nuancen. • Wenn Sie dabei noch die „positive Argumentationskette“ verwenden, sind Sie spätestens dann für einen 4b ein Experte! • Argumentieren Sie präzise. *„**Genau genommen** handelt es sich dabei um ...“* *„Dieses **Detail** (...) bietet Ihnen die Vorteile von ... und ... und ... und ... und ...“* *„**Speziell** auf diesen **Bereich** zugeschnitten, weil: 1., 2., 3., 4., 5. ...“* *„ich möchte aber noch eingehen auf ... (**Detail**) und Ihnen zeigen, welche Vorteile Sie davon haben.“*

Typ-Analyse: (4a, oder 4b?)

Kernfragen:

Was interessiert Sie am meisten? (Oder: Was möchten Sie als erstes...?) **einen Überblick über den gesamten Sachverhalt oder die wichtigsten Details (ggf. eine Liste damit)?**

4a: *„Ich brauche zuerst den **Überblick**, wie es sich im **Gesamten** zu ... verhält“*
„Kann es das ... bieten?“ (**Hauptnutzen**)
4b: *„Ich habe da **etwas** gesehen ... Das möchte ich bitte **genau** wissen!“*

Möchten Sie zuerst einen Überblick oder sind Sie zuerst an ... (diesem, oder jenem) Detail interessiert?

4a: *„Verschonen Sie mich mit Details!“*
*„Mir genügt im **allgemeinen** der **Überblick**“*
4b: *„**Zuerst** möchte ich wissen, wie es sich mit ...(**Detail**) verhält. Was können Sie mir dazu sagen?“*

Ich sehe, Sie haben sich schon mit ... (Produkt) vertraut gemacht;... angesehen. Was gefällt Ihnen am besten daran?

4a: *„Die **Form**!“; Das **Gesamtbild**!“*
4b: *„**Das hier** ... finde ich **besonders** interessant. Können Sie mir das **näher** erklären?“*

Ich habe das Angebot für Sie fertig erstellt. Worüber möchten Sie als erstes mit mir sprechen?

4a: *„Welchen Vorteil bringt es mir?"*

4b: *„Ich möchte Abschnitt… (oder Klausel…) genau besprechen"*

Beispiel 1: Sie verkaufen eine Lebensversicherung

4a: Typ Überblick

*„Für sie habe ich ein persönliches Angebot ausgearbeitet. **Im Großen und Ganzen** (oder: **im Grunde**) geht es ja darum, dass Sie auch im Alter finanziell unabhängig bleiben. Dann haben Sie nicht nur die Zeit, sondern können Ihr Leben auch so **gestalten, wie Sie** es **wollen** … Wie besprochen habe ich eine Laufzeit von 25 Jahren zugrunde gelegt. Bei einer monatlichen Einzahlung von… € erhalten Sie mit dem vollendeten …Lebensjahr den Betrag von … €.* (Achtung! Fakten kurz und bündig). *Wenn es für Sie in Ordnung ist, gehen wir die **Fakten** noch einmal **kurz** durch. Außerdem habe ich für Sie den aktuellen Bericht aus … mitgebracht. Er zeigt auf, wie gut das Angebot im **Vergleich zum übrigen Markt** ist. So haben Sie einen **Überblick** und wir vergeuden nicht unnötig Ihre **Zeit** …"*

4b: Typ Detail

*„Für Sie habe ich ein persönliches Angebot ausgearbeitet. Damit Sie **genau wissen,** wie sich Ihr ungespartes Kapital im Laufe der Jahre entwickelt, habe ich hier eine **Tabelle für Sie"** (diese Tabelle erklären Sie bis ins kleinste Detail); „Ich habe für Sie den aktuellen Bericht aus … mitgebracht. Er zeigt auf, wie gut das Angebot im Vergleich zum übrigen Markt ist. **Besonders hervorheben** möchte ich dabei …" (ein Detail, mit genauer Erläuterung:) „Ich möchte Ihnen gerne ganz genau erklären, wo Ihr persönlicher Nutzen dabei liegt. Wenn Ihnen dabei Fragen auftauchen, unterbrechen Sie mich bitte … Dann haben wir jetzt **alle Details** besprochen. Wenn es für Sie in Ordnung ist, **gehen** wir **alles noch einmal** gemeinsam durch, damit wir auch **wirklich alle Fragen beantwortet haben."***

Beispiel 2: Sie verkaufen ein Auto
Ihr Kunde ist bei Ihnen im Verkaufsraum und sieht sich ein bestimmtes Modell an. Sie begrüßen ihn und erkennen:

4a: Typ Überblick

*„Was ist Ihnen bei der Auswahl (oder beim Kauf) eines neuen Fahrzeugs im **Großen und Ganzen** am **wichtigsten?"** Wenn Sie den Hauptnutzen erkannt*

haben, verschaffen Sie Ihrem Kunden einen Überblick, welche Modelle den Hauptnutzen optimal erfüllen. Weisen Sie auf ein, zwei Details hin, die dabei eine zentrale Rolle spielen. Holen Sie sich sein Einverständnis, bevor Sie Details präsentieren. Lassen Sie sich von Ihrem Kunden sagen, was ihm wichtig ist: *„Sie haben sicher schon eine konkrete Vorstellung von der Ausstattung. Wenn es für Sie in Ordnung ist, mache ich mir dazu ein paar Notizen, damit wir nichts vergessen…"* Stellen Sie fest, dass dem nicht so ist, fragen Sie: *„Wenn Sie möchten, verschaffe ich Ihnen einen schnellen Überblick, was bei Ihrem Gebrauch (Hauptnutzen) von Bedeutung für Sie sein könnte."*

Nachdem Sie die nötigen Informationen bekommen haben, betonen Sie den Hauptnutzen: *„Jetzt haben wir alles berücksichtigt, was Ihre Geschäftsreisen so angenehm wie möglich macht"*

4b: Typ Detail

„… Darf ich Sie fragen, wie Sie das Fahrzeug hauptsächlich nutzen werden? Fahren Sie überwiegend in der Stadt, Langstrecken … „Haben Sie sich schon Gedanken darüber gemacht, was Ihnen besonders wichtig ist bei der Ausstattung?" Hat Ihr Kunde seine Vorstellungen mitgeteilt, fassen Sie diese anschließend nochmals zusammen (machen Sie sich ggf. Notizen während des Gesprächs). Nun weisen Sie auf Details hin, die ebenfalls von Bedeutung sein könnten, und erklären eines genauer:

„Darf ich Ihnen erklären, was der Nutzen und die Vorteile von … (Detail) sind?"
„Dieses Modell hat in den Tests von … hervorragend abgeschnitten."

Wirkt Ihr Kunde beim Abschluss noch unsicher, wiederholen Sie noch einmal alle Details in der „positiven Argumentationskette" (s. Kap. 1.3.6 Der Kaufabschluss).

Beispiel 3: Sie verkaufen eine Sofa-Garnitur

4a: Typ Überblick

„Was ist für Sie beim Kauf eines Sofas das Wesentliche?
„Wenn Sie möchten, verschaffe ich Ihnen einen schnellen Überblick, mit welchen Modellen wir das erreichen können (Hauptnutzen) … das dauert etwa … Minuten."
„Haben Sie … Minuten, dann kann ich ihnen einen Überblick verschaffen?"

Dabei konzentrieren Sie sich fast ausschließlich auf den genannten Hauptnutzen, beispielsweise Form, Polsterung, Stil oder ein bestimmtes Leder. Ist das Modell gefunden, wissen Sie normalerweise auch schon, welche Farbe sich Ihr Kunde vorstellt. Ein 5a weiß, was er will, und ist häufig auch 4a (visuell). Falls nicht, fällt Ihre Frage nach der Farbe kurz und knapp aus:

„Sie haben schon eine Vorstellung von der Farbe?"

Zum Abschluss nochmals den Hauptnutzen betonen.

4b: Typ Detail

„Was ist für Sie beim Kauf eines Sofas besonders wichtig?"

„Was gefällt Ihnen daran besonders gut?"

„Haben Sie sich schon gefragt, wie groß Ihr Sofa genau sein darf?"

„Dieses hier gibt es in sehr vielen Maßen. Es lässt sich in fast jede Raumsituation optimal integrieren." Nun zeigen Sie eine Modellliste mit Modellen und Maßen und stellen gemeinsam mit Ihrem Kunden die Sofagarnitur zusammen.

„Haben Sie schon eine Vorstellung, welcher Bezugstoff und welche Farbe in Frage kommen?"

„Für dieses Modell gibt es eine sehr hochwertige Stoffkollektion." Ein 4b wird sich meist direkt auf einen solchen Hinweis stürzen und sich mit Ihnen die Stoffe anschauen. Da Sie wissen, eine große Auswahl und der „Überblick" stressen diesen Kunden, werden Sie die Auswahl auf einige wenige Stoffe verdichten. Von diesen jedoch zeigen Sie alle Details, die Sie bieten können: Abriebfestigkeit, Lichtechtheit, Materialzusammensetzung, Pflege, wenn erwähnenswert das Design, wie gut die Farbe zu den vorhandenen Möbeln passt, etc.

Zum Abschluss: *„Jetzt haben wir 1., 2., 3. Berücksichtigt …"*

Übung

Überlegen Sie sich drei typische Beispielsituationen für Ihre Branche, oder Zielgruppe. Schreiben Sie die möglichen Reaktionen Ihrer Kunden (4a und b) und Ihre Formulierungen dazu auf.

2.4.5 Meta-Programm 5

Zugang

Tab. 2.6 Zugang

5. Zugang	
5a: 🔒 **Logik** / Fakten	**5b:** 💚 **Gefühl** / Geschichten, anfassen
Charakteristika	
Überzeugung durch logische Argumente	Entscheidung nach Gefühl / Bauch
Typ Merkmale	
• logisch veranlagt • mögen klare Fakten • strukturiertes Vorgehen • wirken eher nüchtern • Kopfmenschen • prüfen die Faktenlage genau und sind dabei sehr konzentriert und schnell • schnelle Entscheider (7a, 7b) • **Wichtig: Fakten, Fakten, Fakten ...** • häufig wenig Mimik • zeigen wenig bis keine Emotionen (sind aber durchaus dazu in der Lage) (meist auch 3a) • reagieren allergisch auf nicht stichhaltige Argumente • eher stressfrei	• sensibel • gefühlsbetont • Bauchmenschen • umschreiben gerne emotional in Bildern und in Geschichten • stressanfällig • **brauchen eine verständnis- und vertrauensvolle Gesprächsatmosphäre** • nehmen es persönlich, wenn man sie ablenkt • durchleben ihre Erfahrungen beim Erzählen immer wieder neu (sehr emotional) • viel Mimik und Körpersprache • sprechen laut und mit intensiver Tonalität (immer kinästhetisch, 4c)
Sprache	
„Das sind nackte Tatsachen ..." *„realistisch ..., logisch betrachtet ..."* *„Das ist Fakt!"* *„Klar, ...; logisch, ..."* *„Notwendigerweise, ..."* *„Nüchtern betrachtet, ..."* *„Statistisch gesehen, ..."* *„Auf den Punkt gebracht ..."*	*Intensiv;* *unglaublich;* *sensationell;* *aufregend;* *außergewöhnlich;* *beeindruckend;* *begeistert ...*
Zugangsformulierungen und Argumente	
• Seien Sie sparsam mit Ihrer eigenen Begeisterung, sie würde einen 5a abschrecken. • Präsentieren Sie Fakten. • Eine ruhige klare Sprache mit klaren Beschreibungen und Fakten schafft Vertrauen. *„Genau genommen geht es um ...(Kernnutzen)"* *„Schauen wir genau hin und prüfen die Fakten ..."* *„Ganz nüchtern betrachtet bedeutet das ..."* *„Was dafür spricht ist ..."* *„Wie bewerten Sie die Fakten?"* *„Prüfen wir die Fakten ..."* *„Rein logisch betrachtet ..."* *„... somit erfüllen wir alle Ihre Kriterien. Wie beurteilen Sie das Angebot?"*	• Diese Menschen erreichen Sie mit einer bildhaften Sprache. Erzählen Sie kleine Geschichten oder lassen Sie Bilder entstehen. *„Es ist doch einfach ein gutes Gefühl, zu wissen wie ... (gute Entscheidung getroffen zu haben ...)* *„Ich möchte Ihnen ein Gefühl dafür vermitteln, welchen Vorteil Sie davon haben ..."* *„Wie fühlt sich das für Sie an?"* *„Ich möchte Ihnen ein Gefühl dafür vermitteln, wie es ist, wenn ..."* *„Vertrauen Sie auf Ihr/mein Gefühl ..."* *„Probieren Sie es ruhig aus ..."* *„Es ist wirklich sensationell."* *„Jetzt haben wir alle Ihre Wünsche und Vorstellungen berücksichtigen können. Und Sie können schon einmal ein Gefühl davon machen, wie es ist ... xy ..."* (Umschreibung, wie es ist, wenn Ihr Kunde den Artikel besitzt)

Typ-Analyse: (5a, oder 5b?) Achten Sie auf die Formulierungen. Sie geben Hinweise auf Logik oder Gefühl.

Achten Sie auf die Körpersprache. Bewegt Ihr Kunde beim Sprechen die linke Hand, bedeutet das Gefühl. Gestikuliert er mit der Rechten, bedeutet es Logik. Bewegt er beide Hände, achten Sie darauf, welche dominiert. Sind die Signale nicht eindeutig, können Sie auch Formulierungen wählen, die beide, 5a und b, ansprechen: *„Das ist sensationell und macht wirklich Sinn.“*

Auch an dieser Stelle noch einmal der Hinweis: Ein Meta-Programm ist in seiner Ausprägung zwischen den beiden Extremen (oder Polen) immer individuell und vom Kontext abhängig.

Kernfragen:

„Guten Tag! Wie ich sehe. interessieren Sie sich für … Darf ich Ihnen die Neuheiten dieses Modells erklären?“

5a: *„Ich brauche einen … (Modell). Mit … der und der … Ausstattung. Wie lange dauert das bei Ihnen? Welchen Preis machen Sie mir?“* (**Fakten, Fakten, Fakten**)

5b: *„Ja. Das Modell ist **wirklich beeindruckend**. **Kann es auch** … dieses oder jenes …? Das ist mir nämlich **sehr wichtig**. Wissen Sie, das ist so …“*(kurze **Story** bezüglich des Nutzens)

„Darf ich Ihnen die Fakten präsentieren? Oder: Darf ich Ihnen die Neuigkeiten und Vorteile dieses … (Angebot) zeigen?“

5a: *„Die **Fakten** kenne ich. Ich **brauche** einen … (Modell). Mit … der und der … Ausstattung. Wie lange dauert das bei Ihnen? Welchen Preis machen Sie mir?“* (**Fakten, Fakten, Fakten**)

5b: *„Ja bitte. Dann **bekomme** ich ein besseres **Gefühl** dafür. Wissen Sie, wir brauchen das XY hauptsächlich für …“* Umschreibt den Nutzen in einer kleinen **Geschichte** oder zumindest sehr **bildhaft**.

Beispiel 1: Sie verkaufen eine Lebensversicherung

5a: Logik

*„Für Sie habe ich ein persönliches Angebot ausgearbeitet. Ganz **nüchtern** betrachtet (oder **auf den Punkt** gebracht) geht es ja darum, dass Sie auch*

*im Alter finanziell unabhängig bleiben. Damit Sie einen **schnellen Überblick** bekommen, habe ich hier die **Fakten** für Sie **zusammengefasst**. Schauen wir **genau** hin: Wie besprochen habe ich eine Laufzeit von 25 Jahren zugrunde gelegt. Bei einer monatlichen Einzahlung von ... € erhalten Sie mit dem vollendeten ... Lebensjahr den Betrag von ... €.*"

Oder: *„Wenn es für Sie in Ordnung ist, gehen wir die **Fakten noch einmal** durch. Außerdem habe ich für Sie den aktuellen **Bericht** aus ... mitgebracht. Er zeigt auf, wie gut das Angebot im **Vergleich zum** übrigen **Markt** ist.* (ein 5a mag **Statistiken**)

5b: Gefühl

*„Für Sie habe ich ein persönliches Angebot ausgearbeitet. Ich möchte Ihnen eine **Vorstellung** davon **vermitteln**, was bei der Absicherung im Alter wichtig ist. Sie zahlen monatlich den Betrag von ... € ein und erhalten mit der Vollendung Ihres 65. Lebensjahres **die Summe** von ... €. Wie **fühlt** sich das für Sie an?*

Lassen Sie Ihren Kunden ggf. mit anderen Beträgen **selbst** ein paar Beispiele **rechnen** und geben Sie dann **Ihre Meinung** dazu ab.

*„Sie wissen ja, wie das ist. Am besten sorgt man selbst vor. Wir wissen alle nicht, was die Zukunft bringt. Es ist doch **einfach ein gutes Gefühl** zu wissen, man hat alles getan!*"

Beispiel 2: Sie verkaufen ein Auto

Ihr Kunde ist bei Ihnen im Verkaufsraum und sieht sich ein bestimmtes Modell an. Sie eröffnen das Gespräch zum Beispiel über eine Produktinformation, eine besondere Eigenschaft:

„Guten Tag, mein Name ist ... Sie kennen sich schon ein wenig aus mit diesem Modell? Es verfügt als erstes in seiner Klasse über ...!"

5a: Logik

*„Danke, ich kenne die **Fakten**. **Genaugenommen** interessiere ich mich für ... mit ... der und der ... Ausstattung. **Wie schnell** können Sie den bestellen? Und was ist Ihr **bester Preis**?*"

Ihnen ist klar, Sie haben es mit einem sehr „smarten" Kunden zu tun. Er ist 4a (Überblick) und 5a (Logik).

*„Sie **wissen genau,** was Sie wollen. Das ist sehr angenehm. Nehmen wir doch an meinem Schreibtisch Platz und schauen wir uns das **ganz genau** an und **prüfen die Fakten**. Wie schnell brauchen Sie das Fahrzeug?*"

An Ihrem Tisch angekommen notieren Sie sich alle für Ihren Kunden relevanten Fakten. Klar ist, dass Sie sich von möglichen Wettbewerbern abheben müssen, um diesen Kunden zu überzeugen. Finden Sie heraus, womit Sie eventuell punkten können:

„Was ist Ihnen, abgesehen vom Preis, noch besonders wichtig?"

Führen Sie kurz und bündig die **Argumente** an, die Ihre Firma von anderen abhebt, und notieren Sie diese ebenfalls.

Bevor Sie einen Preis nennen, prüfen Sie die Kaufbereitschaft. Will er gegebenenfalls heute bestellen?: *„In welchem Zeitraum beabsichtigen Sie denn, Ihr neues Auto zu bestellen?" Oder. „Bis wann brauchen Sie das Fahrzeug?"*

5b: **Gefühl**

*„Aha, das ist **beeindruckend**. Wissen Sie, eigentlich brauchen wir ja noch kein neues Auto, aber ..."* (*Story*)

Oder: *„Werden Sie das Fahrzeug überwiegend selbst fahren, oder gibt es weitere Nutzer?"*

Umschreibt Ihr Kunde nun bildhaft die Situation ist er sicher 5b:

*„Setzen Sie sich doch einfach mal hinein und **bekommen** Sie ein **Gefühl** dafür. **Probieren Sie ruhig alles aus**. Ich bin sofort wieder bei Ihnen."*

Sie lassen ihn kurz alleine und kommen zurück: *„Na, fühlen Sie sich wohl? Wie ist Ihr Eindruck?*

Ihr Kunde wird Ihnen genau erklären warum er jenes Detail besonders gut findet. Ist das für Sie nachvollziehbar, bestätigen Sie:

*Ich schlage vor, wir gehen zu meinem Tisch und ich zeige Ihnen ihr künftiges Fahrzeug am Computer. Sie werden **begeistert** sein! Sie können sich dann noch besser ein **Gefühl** davon machen.*

Beispiel 3: Sie verkaufen eine Sofagarnitur

Der Kunde steht vor einer Sofagarnitur oder sitzt bereits darauf:

„Guten Tag, mein Name ist ... Darf ich Ihnen die wichtigsten Eigenschaften dieser Garnitur erklären?"

5a Logik

*„Um es **auf den Punkt zu bringen**: Ich suche eine Sofagarnitur in den **Maßen** ... Ist das mit dieser hier möglich? Gibt es sie in ... **Leder**?"* Kurze Sätze, klare Sprache, **Fakten**. Verwenden Sie die gleiche Sprache:

*„Das **Leder** gibt es. Ich zeige Ihnen gleich die Muster. Darf ich Ihnen zuerst die Typenliste zeigen? Dann können wir uns **ganz genau** anschauen, wie wir mit den **Maßen** hinkommen."*

Fakten kurz, bündig und präzise.

„Faktisch gesehen haben wir alle Kriterien erfüllt, die Ihnen wichtig sind. Was halten Sie von dem Angebot?"

5b: **Gefühl**

*„Sehr gerne. Sieht sehr **bequem** aus. Das muss ich zuerst einmal **ausprobieren.***"*

Der Kunde fasst den Bezugstoff an. **Fährt mit** der **Hand** darüber, lehnt sich
nach hinten und **lässt** das **Gefühl** auf sich **wirken.**

Lassen Sie Bilder **sprechen. Hat Ihr Kunde kleine Kinder und wirkt eher
laissez-faire:**

*„Ja der **Sitzkomfort** ist **hervorragend** bei diesem Modell. Und die Verarbeitung
ist so **robust**, dass es überhaupt nichts macht, wenn Ihre Kinder einmal darauf
rumtoben.*"*

Sucht Ihr Kunde ein **bequemes** Sofa, auf dem er abends auch **liegen** möchte:

*„**Probieren** Sie es bitte aus. **Legen** Sie **ruhig** die Füße hoch. Machen Sie es sich
bequem. Dann bekommen Sie ein **viel besseres Gefühl** dafür. Hier auf dem Beistelltisch können Sie ein Weinglas oder eine Tasse abstellen…*"*

Ihr Kunde geht so auf Gedankenreise und sieht das Sofa schon bei sich zu
Hause stehen. Versetzen Sie sich in seine Lage. Er spürt intuitiv, dass Sie ihm
helfen wollen, eine möglichst gute Entscheidung zu treffen. Das schafft Vertrauen.

Haben Sie das Sofa nach seinen Vorstellungen zusammengestellt:

*„Jetzt haben wir alles berücksichtigt, was Ihnen wichtig ist, und das Sofa ge-
nau nach Ihrem Geschmack zusammengestellt. Ist doch ein gutes Gefühl, genau das gefunden zu haben, was man sucht! Was sagt Ihnen Ihr Bauchgefühl?
Wenn Sie es heute bestellen, können wir es in … liefern.*"*

Übung

Überlegen Sie sich drei typische Beispielsituationen für Ihre Branche, oder
Zielgruppe. Schreiben Sie die möglichen Reaktionen Ihrer Kunden (5a und b)
und Ihre Formulierungen dazu auf.

2.4.6   Meta-Programm 6

Häufigkeit

Tab. 2.7 Häufigkeit

<table>
<tr><th colspan="3">6. Häufigkeit</th></tr>
<tr><td>6a: ♠einmal</td><td>6b: ▪▮mehrmals</td><td>6c: ▦ bestimmter Zeitraum</td></tr>
<tr><td colspan="3">Überblick</td></tr>
<tr><td colspan="3">Wie viele Anläufe braucht Ihr Kunde, bis er überzeugt ist und kauft? Wie häufig muss er Argumente hören – braucht er Zuspruch? – oder wie viele Anläufe, bis er eine Kaufentscheidung fällt? Die Antwort auf diese Frage können Sie häufig bereits aus erkannten Meta-Programmen ableiten: Ein 4a-, 5a-Kunde ist fast immer auch 6a (oder 6b, mit wenigen Anläufen). Verschaffen Sie ihm den nötigen Überblick, und er wird relativ wenige Argumente benötigen und schnell entscheiden. Wir unterscheiden bei diesem Meta-Programm nicht nach unterschiedlichen Formulierungen (Sprache). Hören Sie Ihrem Kunden genau zu. Das Häufigkeitsmuster erkennen Sie sehr gut an seinen Formulierungen. Falls es nicht deutlich wird, fragen Sie ruhig nach, wie lange er für die Kaufentscheidung brauchen wird.</td></tr>
<tr><td colspan="3">Typ Merkmale</td></tr>
<tr>
<td>
<ul>
<li>verschaffen sich einen schnellen Überblick und entscheiden sofort</li>
<li>brauchen häufig nicht einmal alle Argumente zu hören</li>
<li>sie schließen von wenigen Argumenten auf das Gesamte. Dadurch sind sie die „Spontankäufer" schlechthin .Allerdings können sie natürlich auch Entscheidungen treffen, die sich später als falsch oder suboptimal herausstellen.</li>
<li>auch wenn sie noch nicht ganz überzeugt sind, neigen sie trotzdem dazu, ja zu sagen.</li>
</ul>
</td>
<td>
<ul>
<li>brauchen mindestens einen zweiten Termin um eine Entscheidung zu treffen</li>
<li>sie handeln aus Erfahrung, aus denen sie Prinzipien entwickelt haben. Respektieren Sie diese Prinzipien und haben Sie Geduld.</li>
<li>sie wollen häufig über eine Entscheidung schlafen</li>
</ul>
</td>
<td>
<ul>
<li>brauchen für eine Entscheidung sehr lange</li>
<li>sie müssen sich mit den Argumenten über einen längeren Zeitraum auseinandersetzen, um eine sichere Entscheidung treffen zu können</li>
<li>Es kann Wochen oder Monate dauern, bis ein 6c entscheidet. Die Anzahl der Impulse spielt dabei häufig nur eine untergeordnete Rolle.</li>
<li>Sie tun sich sehr schwer, mit einer Entscheidung abzuschließen. Kommen Nachfolgeprodukte auf den Markt, bedeutet das für sie Stress.</li>
</ul>
</td>
</tr>
<tr><td colspan="3">Zugangsformulierungen und Argumente</td></tr>
<tr>
<td>Meist auch 4a, 5a. Sorgen Sie für einen schnellen Überblick und liefern Sie Fakten.</td>
<td colspan="2">Möchte Ihr Kunde mindestens eine Nacht über die Entscheidung schlafen, hängt es von der Situation ab, ob Sie ihm die Zeit gerne lassen.
<ul>
<li>Vereinbaren Sie gleich einen festen Folge-Termin.</li>
<li>Bringen Sie Ihre Argumente auf den erkannten Meta-Programmen und zeigen Sie Verständnis für seine „Bedenkzeit" (langfristige Kundenbindung). Bauen Sie jetzt Druck auf, nimmt das Gespräch meist eine ungewollte Wende und bekommt für Ihren Kunden einen bitteren Geschmack. Wollen Sie dennoch zum Abschluss kommen, gehen Sie zur Einwandbehandlung über (s. Kapitel 1.3 Die sieben Etappen des Verkaufsgesprächs): "Dann ist es Ihnen also wichtig, dass sich Ihre Entscheidung morgen noch genauso gut anfühlt wie heute ..."</li>
</ul>
</td>
</tr>
</table>

Typ-Analyse: (6a, 6b, oder 6c?)

Kernfragen:

Das Häufigkeitsmuster erkennen Sie sehr gut an seinen Formulierungen. Falls es nicht deutlich wird, fragen Sie ruhig nach, wie lange er für die Kaufentscheidung brauchen wird.

Finden Sie heraus, ob Ihr Kunde 2a oder 2b ist. Ist er 2a (innerer Bezug), wird er seine Argumente selbst finden und sich nach einigen Anläufen oder einer gewissen Zeit selbst entscheiden. Ist er jedoch ein 2b (äußerer Bezug), überlegen Sie sich einen Weg, wie Sie an ihm dranbleiben.

z. B.: *„Natürlich respektiere ich Ihre Prinzipien. Nehmen Sie sich die Zeit, die Sie brauchen. Ich hoffe, Sie sind mit meiner Beratung grundsätzlich zufrieden? Wie hört (3b) es sich für Sie an, wenn ich mich nächste Woche noch einmal bei Ihnen melde und ...“*

Vereinbaren Sie einen Termin und bringen Sie zu diesem ggf. Testberichte und Testimonials mit (**2b**).

„Ich möchte, dass sich die Entscheidung für Sie gut anfühlt (3c).“ Nehmen Sie sich daher bitte die Zeit, die Sie brauchen. Sind Sie mit meiner Beratung ansonsten zufrieden? ... danke, das freut mich. Wie fühlt es sich für Sie an, wenn wir für nächste Woche einen Termin vereinbaren?

Stellt sich heraus, dass es bis zur Entscheidung eher viele Anläufe brauchen wird, fragen Sie, wie viel Zeit oder Termine Ihr Kunde braucht. Haben Sie Geduld und bestätigen Sie, auch nach dem x-ten Termin: Selbstverständlich ist es so wie beim letzten Mal *„Sie können sich dabei wieder voll und ganz auf mich (unser Unternehmen; unser Produkt; die bewährte Qualität usw.) verlassen!“*

Es gibt einfach Menschen, die sich mit Entscheidungen sehr schwer tun. Machen Sie sich bewusst, dass ihre Unsicherheit kein böser Wille ist.

Übung

Überlegen Sie sich drei typische Beispielsituationen für Ihre Branche, oder Zielgruppe. Schreiben Sie die möglichen Reaktionen Ihrer Kunden (6a und b) und Ihre Formulierungen dazu auf.

2.4.7 Meta-Programm 7

Initiative

Tab. 2.8 Initiative

7. Initiative	
7a: ● **proaktiv** / worauf warten	7b: ● **reaktiv** / lange genug gewartet
Charakteristika	
Handlung aus Eigeninitiative Schnell ohne viel Nachzudenken	Abwarten, bis andere Initiative ergreifen Alle Argumente gehört und Situation zu 100% klar
Typ Merkmale	
• sie ergreifen die Initiative • sie sind eher ungeduldig • schnelle Entscheider • sind häufig auch 3a (visuell) und 4a (Überblick) • sie sitzen nicht lange ruhig • reden schnell • viel Gestik und viel Bewegung • kaufen, wenn sie einen sofortigen Nutzen erkennen	• brauchen viel Zeit und Energie für die Analyse • bedenken alle Eventualitäten und sind während dessen nicht in der Lage zu handeln • haben volle Konzentration • eine Situation muss reifen, bevor eine Entscheidung getroffen werden kann • sehen die Entscheidungsmacht lieber bei anderen oder überlassen sie dem Zufall • glauben an Glück, Pech und Schicksal • brauchen häufig eine Aufforderung zum Kauf • fassen Sie die Argumente vor dem Abschluss noch einmal zusammen • überzeugen Sie Ihren Kunden davon, eine gute und sinnvolle Entscheidung zu treffen
Sprache	
• Kurze Sätze • klare Sprache: *„Ich habe …; Ich brauche …; Ich werde …; ich schlage vor …; ich rufe Sie an …; machen Sie …; schicken Sie mir …; …sofort; … schnell; In jedem Fall ergreifen sie die Initiative und sagen, wie es gemacht wird.* *„Das Glück ist mit den Tüchtigen."* *„Es gibt keine Zufälle."*	• Unvollständige- und häufig verschachtelte Sätze • passive Sprache: *„Gut Ding braucht Weile"* *„keine Hast …"* *„Lassen Sie uns darüber nachdenken …"* *„Bedenken Sie dabei aber Folgendes …"* *„… darüber habe ich lange nachgedacht …"* *„Zum Glück …* *„Der Zufall hat es gewollt, dass …"* *„So ein Pech …"*
Zugangsformulierungen und Argumente	
Benutzen Sie die gleiche Sprache wie Ihr Kunde. Erklären Sie, was wichtig ist, und kommen Sie schnell zum Punkt. *„Ich verschaffe Ihnen einen schnellen Überblick, damit wir keine Zeit verlieren."* *„Worauf warten Sie noch …"*	Zählen Sie alle positiven Argumente auf und ergänzen Sie: *„Jetzt haben Sie solange gewartet, das zu bekommen, was Sie wirklich wollen …"* *„Darf ich Ihnen sagen, was ich tun würde, wenn ich an Ihrer Stelle wäre?"* *„Das kann (doch) kein Zufall sein, dass alles so gut zusammen passt!"* Gibt es keinen Abschluss für Sie, fragen Sie nach: *„Wann wird sich die Situation geklärt haben?"*

Typ-Analyse: (7a, oder 7b?)

Kernfragen:

Beobachten Sie die Körpersprache!

- Handelt Ihr Kunde schnell von sich aus oder ist er abwartend?
- Nutzt Ihr Kunde eine aktive oder passive Sprache?
- Achten Sie auf seine Formulierungen (s. o.)

Beispiel 1: Sie verkaufen eine Lebensversicherung

7a: proaktiv

„Ich habe für Sie ein persönliches Angebot ausgearbeitet. Das Ziel: Ihre finanzielle Unabhängigkeit im Alter. Ich komme gleich zu den Fakten, um Ihre Zeit nicht unnötig in Anspruch zu nehmen: Die Laufzeit beträgt in Ihrem Fall 25 Jahre. Bei einer monatlichen Einzahlung von … € erhalten Sie mit 65 Jahren … €." Nun noch den Hinweis auf den sofortigen Nutzen, z.b. die sofortige Absicherung der Familie im Ablebensfall: *„Damit ist Ihre Familie sofort ab Zustellung der Police finanziell abgesichert."*
Oder: *„ Wie besprochen habe ich für Sie ein Angebot erstellt. Ich schlage vor, wir sehen (3a) uns die Fakten noch einmal kurz an: Die Laufzeit beträgt in Ihrem Fall 25 Jahre. Bei einer monatlichen Prämie von … € erhalten Sie mit 65 Jahren … €."*

7b: reaktiv

„Schön, dass Sie sich für uns entschieden haben. Lassen Sie uns in aller Ruhe alle Details noch einmal durchgehen … Wir haben alles bedacht, was wichtig ist, damit Sie auch im Alter finanziell unabhängig bleiben. Der Zufall will es offensichtlich so, dass Sie es gerade jetzt erkannt haben und noch rechtzeitig vorsorgen. Das passt doch nun alles perfekt. So erreichen Sie mit Ihrem 65. Lebensjahr einen Auszahlungsbetrag von … €. (wenn möglich zeigen Sie eine Tabelle). *Ihre monatliche Einzahlung beträgt dafür … €."*
Ich kenne jetzt Ihre Vorstellungen, .(Ziele, Wünsche, Ihre Risikobereitschaft). Wir haben gemeinsam das für Sie passende Produkt zusammengestellt. Ich an ihrer Stelle würde eine monatliche Prämienhöhe von … € wählen.

Beispiel 2: Sie verkaufen ein Auto
Der Kunde betritt den Verkaufsraum, geht direkt auf ein Fahrzeug zu und blickt ungeduldig in alle Richtungen. Er sieht Sie und gestikuliert, dass er Ihre Hilfe braucht. Sie erkennen 7a in extremer Ausprägung. Wichtig: Gehen Sie sofort zu ihm hin, seien Sie freundlich, hören Sie zu und fassen Sie sich kurz.

7a: proaktiv

„Guten Tag! Sie haben einen konkreten Wunsch?"

*„**Hören** (3b) Sie, **ich weiß, was ich will**. **Ich habe** keine Zeit!"* Manchmal in unfreundlichem Ton. Sehen Sie dieses forsche Verhalten nicht als Angriff, sondern als Chance. Es gibt Menschen, die sind einfach so. Mit Ihrer Person hat das nichts zu tun. Wissen Sie damit umzugehen, sind diese Kunden das Beste, was einem Verkäufer passieren kann.

Finden Sie den Hauptnutzen heraus. Gehen Sie schnell und strukturiert vor und verwenden Sie die gleiche Sprache:

„Sehr gut! ***Ich möchte** Ihre Zeit **nicht vergeuden**. Sagen Sie mir, was Ihnen wichtig ist (z. B. bei der Ausstattung)."* (kurze, klare Sätze, gleiche Sprache) Handeln Sie schnell und souverän. Überlassen Sie es Ihrem Bauchgefühl, ob Sie Ergänzungen im Verkaufsgespräch einbringen können. Falls nicht, zählt jetzt nur die Unterschrift. Strapazieren Sie die Geduld Ihres Kunden auf keinen Fall. Sie ist manchmal nur ein sehr dünner Faden, den er gerne auch hin und wieder reißen lässt. Prüfen Sie den Auftrag später. Gibt es Ihrer Meinung nach eine sinnvolle Ergänzung, schreiben Sie Ihrem Kunden eine Mail oder rufen Sie ihn an. Kurz und bündig:

*„Bei Ihrem Auftrag ist **mir aufgefallen**, dass xy eine sinnvolle Ergänzung ist. **Weil**, Argument 1, Argument 2. Ist das in Ihrem Interesse?"*

Der Kunde betritt den Verkaufsraum. Völlig ruhig geht er von einem Fahrzeug zum nächsten und ist völlig vertieft. Sie vermuten:

7b: reaktiv

„Guten Tag! Sie möchten sich sicher einen Überblick verschaffen … Darf ich Sie fragen, wie Sie ihr künftiges Fahrzeug hauptsächlich nutzen werden? Fahren Sie überwiegend in der Stadt oder Langstrecken?" Er hört Ihnen aufmerksam zu und braucht einen Augenblick, bis er antwortet:

*„Eigentlich überwiegend … so und so …, aber hin und wieder auch so … Wissen Sie, das sind **Gedanken, die mich** schon eine Weile **beschäftigen**, aber gut Ding braucht Weile … und jetzt bin ich **zufällig** in der Gegend und dachte ich schaue (3a) einfach mal rein … und wollte mal sehen (3a), was es so gibt"* (passiv: die Gedanken „beschäftigen ihn"; wollte mal sehen, „was es so gibt") Das ist die Bestätigung für 7b. Helfen Sie Ihrem Kunden als erstes bei der Analyse des Hauptnutzens:

„Fahren Sie mit dem Wagen zur Arbeit? Wie weit ist die einfache Strecke? Fahren Sie damit in Urlaub? Mit wie vielen Personen? Mit Sportgeräten; Haustieren etc."

*„**Lassen Sie uns** darüber **nachdenken**, was bei der Ausstattung besonders wichtig ist …"*

„Zufällig haben wir gerade ein Sondermodell mit dieser Ausstattung auf Lager. Bedenken Sie dabei aber, dass das nur bis ... lieferbar sein wird."
„Das Modell hat Ausstattung a, b+c, und damit genau das, was Sie wirklich wollen."

Beispiel 3: Sie verkaufen eine Sofa-Garnitur

Ein Kunde geht zielstrebig auf eine Sofagarnitur zu. Er prüft in kurzer Folge unterschiedliche Eigenschaften. Zum Beispiel so: Er steht vor dem Sofa, lässt seinen Blick schnell darüber wandern, von einem Ende zum nächsten. Nimmt Platz, wippt kurz auf und ab, greift nach dem Bezugsmaterial. Dann wird er schon unruhig, weil noch kein Verkäufer bei ihm ist. Wundern Sie sich nicht darüber. Ihrem Kunden erscheint es so, als sitze er schon eine Ewigkeit dort. Hinter seiner Ungeduld vermuten Sie:

7a: proaktiv
„Guten Tag! Verzeihen Sie, wenn Sie haben warten müssen. Jetzt bin ich nur für Sie da."
„Sie haben einen konkreten Wunsch?"
„Ich brauche ein neues Sofa. Es soll das, das und das haben".
„Ich schlage vor, ich verschaffe Ihnen einen schnellen Überblick, welche Modelle das können. So vergeude ich nicht Ihre Zeit."
Ihre Auswahl sollte sich auf zwei bis drei Modelle begrenzen. Präsentieren Sie kurz und knapp die Unterschiede. Haben Sie ein Ausstellungsstück, das Sie verkaufen wollen, weisen Sie darauf hin (schneller Nutzen). Auf jeden Fall erfragen Sie, wie wichtig Ihrem Kunden die Lieferzeit ist.
Dabei konzentrieren Sie sich fast ausschließlich auf den genannten Hauptnutzen, beispielsweise Form, Polsterung, Stil, oder ein bestimmtes Leder. Ist das Modell gefunden, wissen Sie normalerweise auch schon, welche Farbe sich Ihr Kunde vorstellt. Ein 7a ist häufig auch 5a oder 3a. Falls nicht, fällt Ihre Frage nach der Farbe kurz und knapp aus.
„Sie haben schon eine Vorstellung von der Farbe?"
Zum Abschluss nochmals den Hauptnutzen betonen.

7b: reaktiv
„Was ist für Sie beim Kauf eines Sofas besonders wichtig?"
„Haben Sie sich schon gefragt, wie groß Ihr Sofa genau sein darf?"
„Lassen Sie uns einmal überlegen, wie wir Ihr zukünftiges Sofa optimal an die Raumsituation anpassen (fertigen Sie gemeinsam mit Ihrem Kunden eine Raumskizze an). Die Maße hätten wir damit ermittelt."
„Haben Sie schon einmal darüber nachgedacht, welcher Bezugsstoff und welche Farbe in Frage kommen?"

„Für dieses Modell gibt es eine sehr hochwertige Stoffkollektion."
Ein 4b wird sich meist direkt auf einen solchen Hinweis stürzen und sich mit
Ihnen die Stoffe anschauen. Ist die Auswahl auf einige wenige Stoffe ver-
dichtet, zeigen Sie alles an Details, was Sie zu bieten haben: Abriebfestigkeit,
Lichtechtheit, Materialien, wenn erwähnenswert das Design.
Zum Abschluss: *„Jetzt haben wir das optimale Maß für Ihr Sofa ermittelt, den
perfekten Stoff gefunden und die Polsterung bietet den Sitzkomfort, den Sie
brauchen. Schön, dass bei diesem Modell alles zusammenpasst."*

Übung

Überlegen Sie sich drei typische Beispielsituationen für Ihre Branche, oder
Zielgruppe. Schreiben Sie die möglichen Reaktionen Ihrer Kunden (7a und b)
und Ihre dazu passenden Formulierungen auf.

2.5 Erfolg und Entwicklung

Die Bereitschaft zum Reflektieren und Lernen sind Bedingungen für Entwicklung.
Dabei sind eigenen Erfahrungen nicht durch die Erfahrungen anderer zu ersetzen.
Diese können durch Reflektieren zum eigenen „Tun" animieren und dadurch den
Kreislauf der persönlichen Entwicklung in Gang setzen (s. Abb. 2.3). Notwendig
bleibt es jedoch immer, sich ein eigenes Urteil aus eigenen Erfahrungen zu bilden
und daraus zu lernen, was letztlich zur Entwicklung führt.

2.5.1 Der Powertreibstoff in Ihnen

Sie sitzen in einem Rennwagen und fahren eine schnellste Runde nach der anderen.
Es ist wie im Rausch – nur Sie und die Rennstrecke. Der Motor läuft wie ein Uhr-
werk und entfaltet seine volle Leistung. All Ihre Sinne sind auf eines ausgerichtet:
Auf den Sieg! Als Rennfahrer machen Sie sich natürlich nicht viele Gedanken über
die regelmäßige und penible Wartung Ihres Motors. Das erledigt die Boxen-Crew
für Sie. Sie sorgt vor jedem Rennen dafür, dass nur das beste Motorenöl für einen
reibungsarmen Lauf sorgt und alle Verschleißteile erneuert wurden. Ohne diese
sorgfältige Wartung würde ein so hochtouriger Motor das Rennen nicht überste-
hen. Die Gefahr besteht darin, im Sog des Erfolgs die kleinen Nebengeräusche des
„Motors" zu überhören und nicht rechtzeitig oder regelmäßig in die Box zu fahren.
Für dauerhaften Erfolg im Vertrieb ist die körperliche Leistungsfähigkeit eine
oft unterschätzte Grundvoraussetzung. Logisch, dass gilt für alle Bereiche des Le-

Entwicklungsprozess

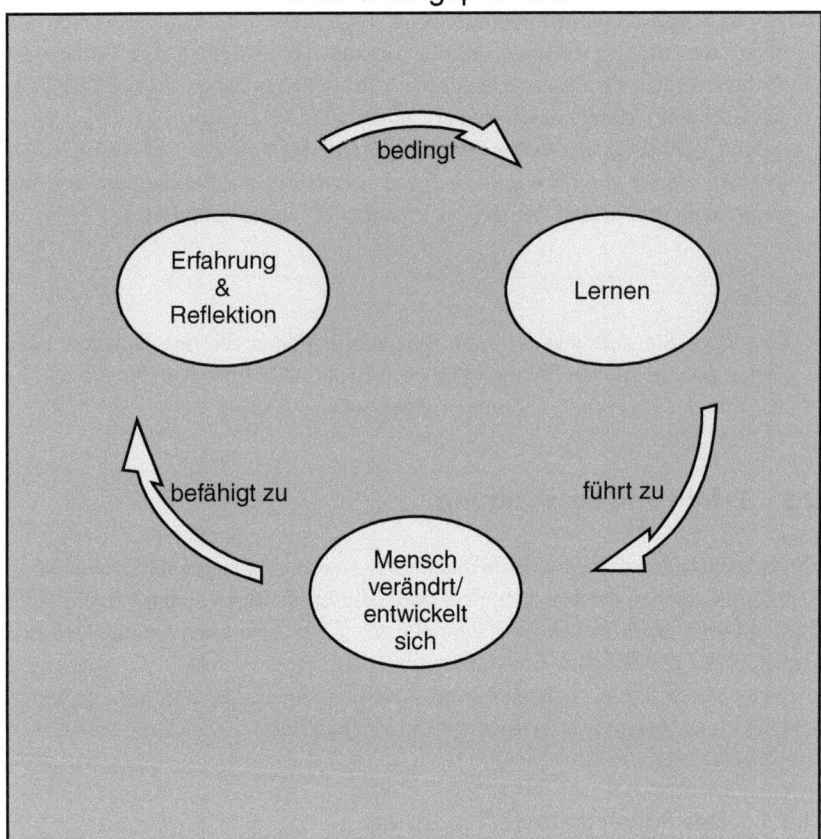

Abb. 2.3 Entwicklungsprozess

bens, werden Sie sagen, und dem kann man nur zustimmen. Was für den Rennmotor der Treibstoff, für ein Düsentriebwerk das Kerosin, das ist für unseren Körper die Nahrung, die wir täglich zu uns nehmen. Unser Körper besteht aus ca. 10–100 Billionen Zellen und in jeder Stunde produziert er etwa 1 Million neue. Woraus produzieren wir diese Zellen? Aus der Nahrung, die wir tagtäglich aufnehmen. Der Stoffwechsel in unserem Organismus spaltet sie in ihre kleinsten Bestandteile auf, in Proteine, Mineralstoffe und Spurenelemente. Jede einzelne Zelle ist ein kleines Wunderwerk und gleicht, vereinfacht dargestellt, einem kleinen Kraftwerk, das zur Energiegewinnung mit diesen Spurenelementen versorgt werden muss.

▶   Man ist das, was man isst!

Logischerweise spielt die Qualität unserer Nahrung eine wichtige Rolle für die Effektivität dieser 100 Billionen Zellen und somit letzten Endes für Wohlbefinden, Gesundheit und unsere „ganzheitliche" Leistungsfähigkeit,. Eine ungesunde Ernährung und Lebensweise werden meist erst durch Spätfolgen sichtbar und dies in einem schleichenden Prozess. Oft spielt die Qualität der konsumierten Lebensmittel keine Rolle, eine gesunde, ausgewogene Ernährung findet kaum Beachtung, obwohl sie für den Körper von so großer Wichtigkeit ist. Übergewicht, Konzentrationsschwierigkeiten und Müdigkeit sind Begleiterscheinungen. Um dies deutlich zu machen, möchte ich Sie auf eine kurze Gedankenreise einladen.

Stellen Sie sich vor, Sie besitzen ein millionenteures Rennpferd. Dieses Pferd ist das schnellste der Welt und galoppiert von einem Sieg zum nächsten. Wenn Sie es nach einem Rennen in seine Box führen, spüren Sie, wie glücklich es ist, wenn es sich gemeinsam mit anderen Pferden verausgaben kann. Es ist ein richtig temperamentvolles Tier und daher auch stressanfällig. Vor allem dann, wenn es nicht genügend Ruhephasen, Pflege und Zuwendung bekommt. Wie würden Sie es behandeln, Ihr Rennpferd? Würden Sie ihm möglichst billiges Industriefutter vorsetzen? Vielleicht mit genmanipuliertem Soja, weil es billiger und länger haltbar ist als Bio und ebenso satt macht? Oder würden Sie es eher umhegen und pflegen, ihm klassische Musik vorspielen, es von Experten massieren lassen, ihm das erlesenste Futter geben, kurz: das Tier bestmöglich versorgen? Würden Sie vielleicht sogar einen richtigen Betreuer engagieren, der sich rund um die Uhr um Ihr Pferd kümmert.

Alles rhetorische Fragen. Aber warum gehen so viele Menschen mit dem eigenen Körper so um, als ginge er sie nichts an? Warum interessieren sich so viele Menschen offensichtlich nicht dafür, was sie tagtäglich konsumieren? Warum übernehmen sie keine Verantwortung für sich selbst? Für die eigene Gesundheit, das eigen Leben? Weil es ein so langsamer schleichender Prozess ist. Weil es nicht weh tut in den frühen Jahren. Weil sie nicht den Anspruch an sich selbst stellen, ein „Rennpferd" zu sein. Und weil es bequem ist, nicht nachzudenken.

Fazit

Die Zusammensetzung des Powertreibstoffs für Ihre dauerhafte Leistungsfähigkeit sind
- eine gesunde und ausgewogene Ernährung,
- ausreichend Bewegung an frischer Luft,
- Sport,

- Ruhephasen und ausreichend Schlaf,
- Zeit für Muße.

Die physische Leistungsfähigkeit ist eine der wesentlichen Säulen dauerhaften Erfolgs. Ohne die nötigen Energiereserven ist man nicht in der Lage, dauerhaft sein wahres Potenzial auszuschöpfen und sich zu entwickeln.

2.5.2 Mit Herzblut zum Erfolg

Der Neurowissenschaftler David Paterson hat in seinen Forschungen eine bahnbrechende Entdeckung gemacht. Danach besitzt das menschliche Herz in der rechten Kammer eigene Neuronen, derselbe Zelltyp, aus dem auch unser Gehirn besteht. Professor Paterson hat festgestellt, dass unser Herz nicht, wie bisher angenommen, vom Gehirn gesteuert wird, sondern von jenen Neuronen der rechten Herzkammer. Was den Forschern die Vermutung nahelegt, dass das Herz mit dem Gehirn in einer Art Symbiose verbunden ist.

Das Herz, Zentrum unserer Emotionen, bekommt damit wissenschaftlich einen neuen Stellenwert. Nach John Keats sind wir damit nicht länger rationale Wesen mit Emotionen, sondern emotionale Wesen mit Verstand. Unser Herz und unsere Emotionen, spielen eine wesentliche Rolle für unseren Erfolg.

Sie können über Ihren Verstand herausfinden, womit Sie möglichst schnell Geld verdienen können, wenn das Ihr Ziel ist. Sie können alles erlernen, was Sie sich vorstellen können, und einen Plan erarbeiten, nach dem Sie vorgehen: eine Strategie erarbeiten, das richtige Zeitmanagement aufstellen, Meilensteine festlegen und hart an sich arbeiten. Dann werden Sie so ziemlich alles erreichen, was Sie wollen. Das tun auch sehr viele Menschen, vergessen dabei aber, auf ihr Herz hören. Früher, oder später kommen sie dann darauf, dass das alles keine Freude macht und zu innerer Unruhe führt. Sie haben gesteckte Ziele erreicht und sind dennoch unausgeglichen und unzufrieden.

Um Zufriedenheit und Glück zu finden, müssen Herz und Verstand zusammenarbeiten. Das Herz gibt die Richtung vor und der Verstand ebnet den Weg zum Ziel. Das Herz führt zu den Talenten und zur Leidenschaft und das Gehirn, der Verstand wird zu seinem Erfüllungsgehilfen. Nelson Mandela formulierte es einmal so:

► „Ein guter Kopf und ein gutes Herz sind immer eine vorzügliche Kombination".

Dauerhaft können Sie Ihre beste Leistung nur erbringen, wenn Sie sich zu Ihrem Beruf „berufen" fühlen. Dann sind Sie Ihrem Herzen gefolgt und gehen dem nach, was Ihnen Freude bereitet. Dauerhafter Erfolg stellt sich von alleine ein und negativen Stress gibt es nicht.

Beispiel

Vor kurzem erzählte mir eine Freundin, sie hätte ihren Beruf als Zahntechnikerin endgültig an den Nagel gehängt. Ich wurde neugierig und fragte, warum sie diesen Entschluss gefasst hatte. Die Ausbildung, so erzählte sie, hatte sie damals aus zweierlei Gründen absolviert: Erstens, wünschten ihre Eltern, dass sie später einmal das Labor ihres Vaters übernähme. Und zweitens wusste sie nicht wirklich, was sie in ihrem Leben erreichen wollte. Sie sah die technische Ausbildung als Basis, um im Labor vielleicht einmal eine andere Rolle zu übernehmen. Vielleicht würde sie ja die Kontaktperson für die Zahnarztpraxen, organisatorische Aufgaben übernehmen und später tatsächlich in die Fußstapfen ihres Vaters treten … Nun stellte sie aber fest, dass sie diese ganze Materie, dieses ganze Labor überhaupt nicht interessierte. Es war der Traum ihres Vaters, aber nicht ihr eigener. „Stell dir vor, du bist tagtäglich in einem Labor und machst etwas, das dich nicht interessiert?" Es schien, als sei die plötzlich aufgewacht. Sie merkte, dass sie ein Leben führte, das nicht zu ihr passte. Immer öfter fragte sie sich, was ihr wirklich Freude machen würde. Ihr wurde klar: Sie wollte mit Menschen arbeiten, und auf gar keinen Fall länger in diesem Labor sitzen. Sie wollte mit Menschen reden, sie überzeugen, gewinnen … Schließlich war es die Anzeige in der Zeitung, die ihre Begeisterung entfachte: „Pharma-Referentin gesucht!" Sie rief gleich an und bekam einen Termin für ein erstes Gespräch. Vierzehn Tage später unterzeichnete sie den Vertrag. Sie hatte als Quereinsteigerin die Stelle bekommen, weil sowohl der Vertriebs- als auch der Personalleiter davon überzeugt waren, dass Sie mit Ihrer Persönlichkeit und Ihrer positiven Ausstrahlung die wichtigsten Kriterien erfüllte. Sie erzählte mir von der umfangreichen Einarbeitung, strahlte dabei über das ganze Gesicht und war glücklich. „Und wie siehst du deine Zukunft? Hast du schon ein nächstes Ziel formuliert?" fragte ich sie. Wie aus der Pistole geschossen kam die Antwort: „Zuerst werde ich zu den besten in der Firma gehören und dann Key-Account-Manager für unseren größten Kunden werden! Für die internen Schulungen bin ich schon angemeldet, und letzten Monat habe ich mein erstes Verkaufsseminar besucht."

Wollen Sie im Verkauf dauerhaft erfolgreich sein, dann brauchen Sie Begeisterung für Ihren Beruf, Begeisterung für den Umgang mit Menschen. Die kleine Geschichte soll aufzeigen, dass dies die wichtigsten Voraussetzungen um eine Kariere im Vertrieb zu beginnen, auch wenn man als Quereinsteiger startet.

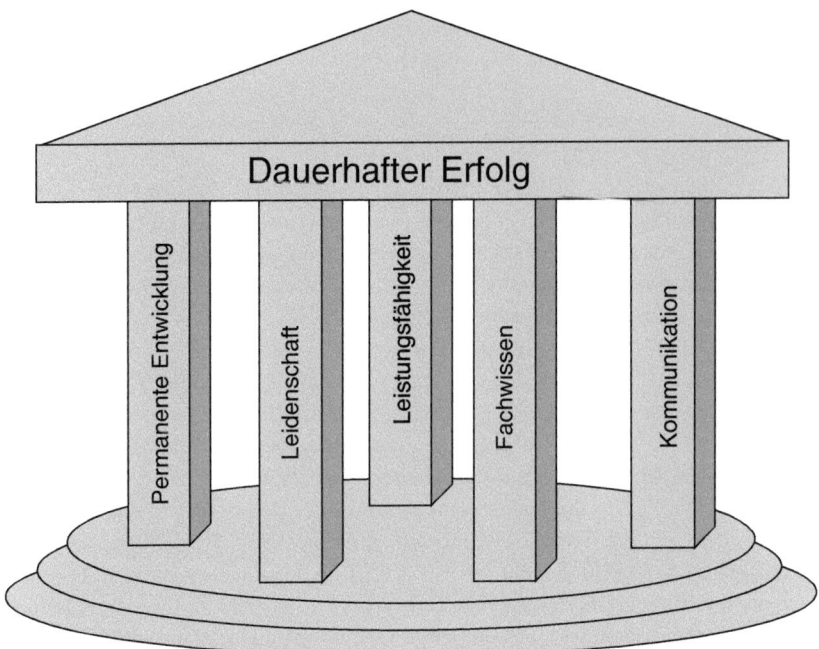

Abb. 2.4 Dauerhafter Erfolg

An erster Stelle für Erfolg im Vertrieb, steht Ihre Begeisterung und Motivation.
Gefolgt von Kommunikation, die zu Ihrem wichtigsten Werkzeug wird und, das
Sie permanent entwickeln sollten. Dann erst folgen Fach- und Branchenkenntnis-
se. Ob Sie einen Golf oder einen Porsche verkaufen, Möbel oder Kapitalanlagen –
die Mechanismen für den erfolgreichen Verkauf sind immer die gleichen. Wichtig
ist, dass Sie sich immer mit Ihrem Produkt identifizieren können und authentisch
sein können (vgl. Abb. 2.4).

Fazit

- Wollen Sie in Ihrem Beruf dauerhaft erfolgreich sein, müssen Sie Leidenschaft dafür besitzen oder sie entwickeln. Sie müssen mit Ihrem **Herzblut**
  dabei sein. Für herausragenden Erfolg gilt das erst recht!
- Dauerhafter Erfolg im Vertrieb ruht auf den fünf Säulen permanente Entwicklung, Leistungsfähigkeit, Leidenschaft, Kommunikation, Fachkenntnis-
  se.

2.6   Die Denkweise der Meta-Verkäufer

Es ist eine gewisse innere Haltung, eine Einstellung, die man bei allen erfolgreichen Verkäufern beobachten kann. Sie haben eine andere Denkweise und sind absolut authentisch. Sie unterscheiden nicht zwischen „Privat" und „Beruf". Sie leben den Verkauf und lieben, was sie tun. Ein Meta-Verkäufer sieht Chancen und nicht die Risiken. Verkauf ist für ihn keine Arbeit, sondern Freude. Er ist an langfristigen Kundenbeziehungen interessiert und macht sich immer Gedanken darüber, wie er sein Kundennetzwerk immer weiter ausbauen kann. Dabei spielt die Zufriedenheit seiner Kunden eine entscheidende Rolle. Er denkt nicht an den kurzfristigen, schnellen Erfolg, sondern sieht das langfristige Geschäft. Mundpropaganda ist die beste Werbung!

2.6.1   Wenn Kunden zu Freunden werden

Beispiel

Letztes Jahr traf ich mich mit einem guten Freund in der Frankfurter Innenstadt auf einen Kaffee. Wir saßen draußen, sprachen ein wenig über die Vergangenheit, erzählten, was sich im Leben so ereignet und berichteten von unseren Plänen. Wie sich herausstellte, gehörte er mittlerweile zu den Topverkäufern einer deutschen Automarke im gehobenen Preissegment. Er hatte über die Jahre immer wieder Angebote bekommen, in seiner Branche aufzusteigen, intern als auch von anderen Unternehmen im Premium-Bereich der Branche. Aber er hatte abgelehnt und erklärte mir, dass er genau das Leben führe, das er wolle. Er habe die Freiheiten, die er brauche, verdiene gutes Geld und vor allem eines: er schätzt seine Kunden und den Umgang mit ihnen. „Es läuft absolut perfekt. Genauso, wie ich es mir vorgestellt hatte." Würde er Abteilungsleiter oder gar Geschäftsführer, müsse er auf das verzichten, was ihn so motiviert: auf den aktiven Verkauf. Jahrelang habe er darauf hingearbeitet, diverse Seminare und Schulungen besucht und seine Fähigkeiten immer weiter entwickelt und optimiert. „Für mich ist mein Beruf zur Berufung geworden", sagte er und wirkte sehr zufrieden dabei. Zufriedenheit bedeutete für ihn aber auch eine ständige Weiterentwicklung, sowohl in seinem Beruf als auch in seinem Privatleben. Aber warum erzähle ich Ihnen das?

Nachdem er unsere Rechnung bezahlt hatte, bat er mich, einen kleinen Augenblick zu warten. Er überquerte die Straße und unterhielt sich auf eine sehr sympathische Art mit einem Herrn. Als er zurückkam, fragte ich ihn: „Ein Bekannter, ein Freund"? „Nein, ein Kunde!" Tatsächlich war es ein Kunde, der seit Jahren seine Autos bei meinem Freund kaufte. Und genau deshalb erzähle ich Ihnen diese Geschichte. Es war für mich wieder einmal ein praktisches Beispiel dafür, wie die besten Verkäufer agieren. Wie ein echter Meta-Verkäufer sich verhält, wie er seinen Beruf „lebt". Und warum er besser und erfolgreicher ist als so viele andere. Für ihn existiert nur noch die eine Welt, die eine Persönlichkeit. Er verhält sich im Berufsleben genauso wie im Privaten: Er ist absolut authentisch.

Wie sehen Sie Ihre Kunden? Haben Sie sich schon einmal ähnlich verhalten wie mein Freund? Und wenn, war es Ihnen ebenso ernst und ehrlich dabei? Wenn ja, gratuliere ich Ihnen. Das ist eine Voraussetzung für erfolgreichen Verkauf. Dann bedeutet der Umgang mit Menschen viel für Sie. Mit dieser Grundhaltung werden Sie persönlich und beruflich Erfolg haben. Falls Ihr Zugang zu Ihren Kunden noch nicht ganz dieses Niveau erreicht hat, kann ich Ihnen versichern, auch Sie können es lernen! Und das meine ich nicht im Sinne von „schauspielern". Sie können lernen, es so zu leben! Es ist eine Frage der inneren Haltung, der Einstellung, und genaugenommen ist es das Resultat des beschwerlichen, harten Weges, den Sie gehen, wenn Sie sich entschlossen haben, Meta-Verkäufer zu werden.

Beispiel

Ich möchte noch einmal zurückkommen auf Herrn Moll (Sie erinnern sich, der sehr erfolgreiche Verkäufer in der Schlafzimmerabteilung, der eine sehr individuelle Art hatte Kunden anzusprechen). Eigentlich war er damals Abteilungsleiter. „Eigentlich". Wie alle Sätze mit einem „eigentlich" hat auch dieser ein „aber". Er war als grenzgenialer Verkäufer irgendwann von einem meiner Vorgänger gebeten worden, die Position des Abteilungsleiters zu übernehmen, da er dauerhaft so erstaunliche Leistungen zeigte. Die Hoffnung war, er könne sein Wissen an die anderen Verkäufer weitergeben und dadurch zum Unternehmenserfolg noch mehr beitragen, als er es ohnehin schon tat. Zuerst lehnte er wohl ab, ließ sich letzten Endes aber auch durch das finanzielle Angebot und den entstehenden größeren Freiraum überzeugen. Und nun zum „Aber". Er wurde der Aufgabe in keinem Fall gerecht. Für Führungsaufgaben hatte er schlichtweg wenig Zeit, da er so sehr mit dem Verkaufen beschäftigt. Anderen zu einer besseren Leistung und zu mehr Erfolg zu verhelfen, machte ihm keine Freude. Der Versuch, ihn auch noch Seminare halten zu lassen, ging auch daneben. Sein Wissen weiterzugeben bereite ihm sogar Stress, weil er ständig überlegte, was er in derselben Zeit an Umsatz hätte machen können. Konnte Herr Moll Kunden beraten, war er in seinem Element und vergaß dabei nicht nur die Zeit, sondern auch alle administrativen Arbeiten. Und das tat er sogar auch in seiner Freizeit, am Wochenende.

An diesem Beispiel erkennen Sie einen klaren Interessenskonflikt. Es prallten zwei sich widersprechende Anreize aufeinander. Einerseits erhielt er als Verkäufer Provisionen für seine eigenen Abschlüsse. Andererseits betrafen seine Aufgaben als Abteilungsleiter darüber hinaus die Organisation der Abteilung und das Coaching der Mitarbeiter. Konnte er sich auf das Verkaufen konzentrieren, hatte er Freude dabei. Administrative Tätigkeiten entsprachen nicht seinen Fähigkeiten. In unserem ersten Jahresgespräch fragte ich ihn, was er davon halte, wenn ich ihn von den Aufgaben des Abteilungsleiters entbinden würde, damit er sich wieder voll darauf konzentrieren kann, was ihm am meisten Freude bereitet. Er war sofort einverstanden. Die Aufgaben des Abteilungsleiters waren eine Belastung für ihn gewesen. Er war froh und bedankte sich, wieder seiner eigentlichen Bestimmung nachgehen zu können. Ein Meta-Verkäufer ist eben nicht unbedingt auch eine gute Führungskraft.

Fazit

• Meta-Verkäufer haben ihrer Kundschaft gegenüber eine hohe Empathie. Sie können ihre Kunden „lesen" und sprechen *deren* Sprache.

• Ein Meta-Verkäufer ist absolut authentisch. Er verhält sich im Berufsleben ganz genau so wie im Privatleben. Es gibt keine unterschiedlichen Regeln oder Ansichten mehr.

2.6.2 Chancen, keine Risiken

Es gibt Dinge, die können Sie nicht beeinflussen. Aber Sie können immer entscheiden, wie Sie die Dinge interpretieren und wie Sie darauf reagieren. Damit haben Sie immer die Macht über sich selbst und überlassen sie nicht anderen!

Beispiel

Es ist 8:20 Uhr am Dienstagvormittag. Martin ist seit einer Stunde Büro, wo er an seinen Geschäftsberichten und Statistiken arbeitet. Jeden Morgen ist er eine halbe Stunde vor Geschäftseröffnung hier und arbeitet ungestört. Vor einem halben Jahr hat er die Leitung des Möbel-Einrichtungsstudios in übernommen. Martin trägt die Gesamtverantwortung für den Geschäftserfolg. Mit der Entwicklung ist er sehr zufrieden. Die Umsätze steigen, und zu seinem neuen Team hat er einen sehr guten Zugang gefunden.

In zehn Minuten wird er vor seinem Team eine kurze Ansprache halten. Zu dem Entschluss kam er, da sich die Beschwerden der eigenen Mitarbeiter untereinander mehrten. Stein des Anstoßes war, dass einige Verkäufer sich darüber beklagten, andere Mitarbeiter würden ihnen ihre zustehenden Provisionen wegnehmen, da sie die Kunden bedient und beraten hätten.

Martin kennt dieses Thema, dass in allen Handelsunternehmen immer wieder auftaucht. Verkäufer, die sich darüber beklagten, dass andere ihre Provision „stehlen", sehen meist das Glas halb leer statt halb voll. Sie verhalten sich „reaktiv" und sehen die Verantwortung bei anderen. Er weiß auch, wie sinnlos es ist, diese Denkweise zu verurteilen. Es muss ihm also gelingen, einen Denkprozess anzustoßen. Am besten mit einer Regel, die für alle nachvollziehbar und effektiv ist.

So erklärt er an diesem Morgen seinem Team, dass es kein „Wegschreiben" geben könne. Über einen längeren Zeitraum betrachtet würde ein Ausgleich stattfinden. Kurzfristig betrachtet ist dieses Verhalten für jeden Verkäufer ärgerlich! Da er aus eigenen Erfahrungen die Situation gut kennt, macht er folgenden Vorschlag: Da es für alle Verkäufer unmöglich ist, in einem Beratungsgespräch herauszufinden, ob der Kunde gegebenenfalls schon vorher beraten wurde, ist es sinnvoll, die eigene Denkweise zu ändern. „Wenn es mir als Verkäufer nicht gelingt, einen persönlichen Kontakt zu einem Kunden aufzubauen, ist es nicht ‚mein' Kunde!" Und dazu gehört natürlich auch zu erfahren, wie der Kunde heißt, wo er wohnt und welche persönlichen Bedingungen und Umstände vorherrschen, damit eine kompetente Beratung stattfinden kann. Und letztlich geht es doch darum herauszufinden, ob der Kunde kaufen will. Will er allen Argumenten zum Trotz noch nicht sofort kaufen, vereinbaren Sie einen neuen Termin. Binden Sie den Kunden an sich und bauen Sie das Vertrauen weiter aus. Wenn der Kunde sich bei Ihnen gut aufgehoben und kompetent beraten fühlt, wird er Ihnen auch seine Telefonnummer geben, damit Sie ihn kontaktieren können. Je professioneller Ihr Kundenkontakt, je besser die persönliche Bindung, desto geringer sind die Möglichkeiten des Wegschreibens." Er schließt seine Ansprache mit dem Hinweis, dass es nur frustrierend sei darüber nachzudenken, was andere einem wegnähmen. „Betrachten sie Ihre Kollegen nicht als ‚kleine Räuber', sondern sehen Sie die Freiheit des Handelns bei sich selbst!"

2.6.3 Positionierung: Experte werden

Nehmen wir an, Sie beabsichtigen sich ein neues Auto zu kaufen. Es muss ein Kombi werden, da Sie und Ihre Frau ab und zu die Fahrräder mitnehmen möchten. Zur Auswahl stehen zwei Modelle unterschiedlicher Marken. Ihren Auswahlkriterien entsprechen beide und preislich sind die Unterschiede nicht sehr groß. Schon seit Jahren kennen Sie über den Sportverein einen Autoverkäufer. Sie selbst haben noch kein Auto bei ihm gekauft, aber einige Ihrer Vereinskollegen, und die beschreiben ihn als einen seriösen und zuverlässigen Mann. Deren Erfahrungen nach kümmert er sich auch nach dem Kauf noch um seine Kunden. Er arrangiert einen Sondertermin für eine Reparatur, wenn es mal schnell gehen muss, kümmert sich um einen adäquaten Leihwagen und versorgt seine Kunden regelmäßig mit Informationen zu bevorstehenden Modellwechseln, Sonderpreisen, etc. falls diese es wünschen.

Kurzum, er ist zuverlässig und das Wohl seiner Kunden liegt ihm offensichtlich am Herzen. Wenn Sie sich bei ihm ein Angebot einholen und der Preis sich in dem gesteckten Rahmen bewegt, werden Sie Ihr Auto wohl ebenfalls bei ihm kaufen. Die positiven Erfahrungen, von denen Ihnen Dritte berichten, haben einen deutlich höheren Wert als die schönsten Werbebotschaften auf Hochglanzprospekten oder anderen Werbeträgern. Dieser Mann hat seine Vertrauenswürdigkeit schon häufig unter Beweis gestellt. Die persönliche Empfehlung durch Freunde oder gute Bekannte ist die zuverlässigste, die Sie als Kunde bekommen können. Und gleichzeitig für einen Verkäufer die allerbeste Werbung.

Das Vertrauensverhältnis ist die Basis, die Sie als Meta-Verkäufer aufbauen müssen, wenn Sie von Ihren Kunden als „Experte" positioniert werden wollen. Experte nennen sich viele. Ob man tatsächlich auch einer ist, entscheiden die Kunden. Es gilt auch hier das Grundgesetz, nur *die* Ergebnisse zählen, bei denen beide, Ihr Kunde und Sie, zufrieden sind. Sie gehen damit oftmals den etwas längeren Weg zum Erfolg. Den anfänglich etwas aufwendigeren, den viele Verkäufer scheuen. Diese Art der „Win-Win-Situation" wird Ihnen auf Dauer zu einem deutlich höheren Erfolg verhelfen. Die kurze Beispielgeschichte mit dem Autoverkäufer veranschaulicht, wie ein Kundennetzwerk funktioniert: durch Mundpropaganda! Menschen sprechen durchschnittlich 15 Mal über ein negatives Erlebnis. Über ein positives immerhin 8 Mal. Dieser 8fache Multiplikator positioniert einen Meta-Verkäufer in seinem immer größer werdenden Kundennetzwerk. Der Verkäufer wird zur eigenständigen Marke. Sein Name, seine Person treten in der Relevanz vor den Namen der Firma, für die er arbeitet. Kunden gehen zu Herrn X bei der Firma Y. Es entsteht ein Viral-Effekt, der langfristigen Erfolg sichert. Auch dann, wenn andere Verkäufer unter Schwankungen der Wirtschaft und der Nachfrage leiden, bleiben die Abschlüsse eines Meta-Verkäufers stabil.

Unabhängigkeit von Marketing
Sie erinnern sich an Herrn Moll, den engagierten Verkäufer der Schlafzimmerabteilung. Genau wie der Automobilverkäufer im vorangegangen Beispiel war auch

er völlig unabhängig von Werbemaßnahmen und saisonalen Schwankungen seiner Branche. Seine Umsätze waren über das ganze Jahr hinweg stabil. Dieses Phänomen habe ich immer wieder beobachtet, bei sehr erfolgreichen Verkäufern mit einem großen Kundennetzwerk. Sie sind Architekten ihres Erfolgs, weil sie ihrer Leidenschaft folgen. Sie haben Freude daran, ihren Kunden zu helfen, deren Wünsche zu erfüllen. Dadurch wird das Kundennetzwerk immer größer.

Die kürzeren, schnelleren Wege zum Erfolg sind verlockend. Ein schnelles Verkaufsgespräch, ein schneller Abschluss. Eine Kundenbindung entsteht dabei nicht. Läuft einmal etwas schief, hat dieser Verkäufer kein Interesse daran, seinen Kunden zu helfen. Er sieht nur den nächsten Kunden, dem er schnell etwas verkaufen will. Ein gutes Image entsteht so nicht, weder für den Verkäufer, noch für das Unternehmen. Da sich aber schlechte Erfahrungen fast doppelt so schnell verbreiten wie positive, ist es wie mit einem Feuer aus Papier: es brennt sehr schnell und schlägt kurz hohe Flammen. Wird nicht ständig ausreichend neues Papier nachgelegt, beginnt die Flamme zu flackern. Auf Dauer werden solche Verkäufer in ihrem Beruf stagnieren und von ihren Kollegen überholt. Eine Entwicklung findet nicht statt.

Die langfristigen Vorteile habe ich Ihnen mit verschiedenen Beispielen verdeutlicht. Sichtbar werden die ersten Früchte Ihrer Entwicklung, wenn Kunden zu Ihnen wollen und genau auf Sie warten, obwohl andere Kollegen frei wären. Wenn sie auf Empfehlung einer Ihrer Kunden kommen und persönlich von Ihnen beraten werden möchten, sind Sie auf dem richtigen Weg ein Meta-Verkäufer zu werden.

Übergeben Sie Ihren Kunden unbedingt bei der Verabschiedung Ihre Visitenkarte. Bedanken Sie sich für den Einkauf oder auch für den Besuch. Bitten Sie aber immer um die persönliche Empfehlung. Beispielsweise so: „*Es hat mir sehr viel Freude gemacht Sie zu beraten. Vielleicht haben Sie ja im Freundes- oder Bekanntenkreis einmal die Gelegenheit, mich zu empfehlen. Das würde mich sehr freuen! Und falls ich etwas für Sie tun kann, rufen Sie mich bitte an. Oder schauen Sie einfach mal rein, wenn Sie in der Nähe sind. Ich freue mich darauf!*"

2.6.4 Beeinflussung und Manipulation

Beeinflussung und Manipulation sind zwei grundverschiedene Begriffe. Beeinflussung ist ein offener Prozess, bei dem Überzeugung stattfindet. Der Beeinflussende, der Verkäufer, ist der Experte, der gemeinsam mit seinem Kunden ein Ziel erarbeitet. Er setzt seine Fachkompetenz so ein, dass er erklärt und vermittelt, wie das Ziel des Kunden am besten zu erreichen ist. Der Verkäufer handelt aus Kundensicht. Er ist der Profi, der den Kunden dort abholt, wo er steht, und ihn zu seinem Ziel führt, zur Erfüllung seiner Wünsche. Der Beeinflussende handelt im Interesse des Beeinflussten. Basis sind Ehrlichkeit, Nachvollziehbarkeit und Transparenz. Manipulation hat fast immer Täuschung als Basis. Jemand soll dazu verleitet werden, etwas zu tun, ohne es zu bemerken. Der Sinn der Manipulation bleibt im Verborgenen. Der Manipulierende handelt im eigenen Interesse und nicht im Interesse des anderen. Im Verkauf stehen dabei die Interessen des Verkäufers im Vordergrund. Der Kunde ist nur Mittel zum Zweck: dem Erreichen der Umsatzprovision. Ein Meta-Verkäufer an einer langfristigen Kundenbindung interessiert. Er hat das Ziel, seine Kunden perfekt zu beraten, und vermeidet jegliche Art der Manipulation. Er vermittelt seine Informationen so, dass sein Kunde versteht und selbst entscheidet. Das zahlt sich auf Dauer immer aus.

2.6.5   Von Kern und Schale

Beispiel

Stellen Sie sich den Chef eines Unternehmens vor. Aus dem kleinen Betrieb der Eltern ist im Laufe der Jahre durch Fleiß und Arbeit ein mittelständisches Unternehmen entstanden. In den ganzen Jahren hat der Seniochef für sein liebstes Hobby nicht viel Zeit gehabt: Er sammelt Oldtimer und schraubte auch selbst sehr gerne daran. Nun, da seine „Jungs" die Geschicke der Firma leiten, findet er wieder ab und zu Zeit dafür. Anzug und Krawatte gegen Jeans und Arbeitsjacke einzutauschen fällt ihm nicht schwer. Im Gegenteil, manchmal ertappt er sich selbst dabei, über dem Schrauben die Zeit zu vergessen. So auch heute. Er montiert noch das letzte Teil und schaltet das Licht in der Halle aus. Genug für heute, denkt er und geht hinüber ins Haus. Seine Frau sitzt auf dem Sofa, den Prospekt eines Möbelgeschäfts in Händen haltend. „Jetzt ist es ja doch wieder so spät geworden! Bis Du umgezogen bist, brauchen wir heute schon gar nicht mehr losfahren", sagt sie zu ihm, mit einer leichten Enttäuschung in der Stimme. „Ach komm, ich brauch mich doch dafür nicht umziehen. Ich hab´s Dir versprochen und wir fahren jetzt auch hin und kaufen dein neues Sofa". „Unser Sofa!" sagt sie mit einem Lächeln, und nimmt ihren Mantel vom Haken. Als sie im Einrichtungshaus ankommen, blickt sie auf die Uhr: „Nur noch eine knappe Stunde, bis sie schließen". „Ach komm, das schaffen wir locker!" sagt er und grinst. Sie betreten die Eingangshalle des Möbelhauses, gehen zielstrebig zur Information und fragen, wo Sofas der gewünschten Kategorie zu finden sind. In der richtigen Abteilung angekommen sehen sie auf Anhieb nur einen Verkäufer, der gerade in ein Kundengespräch vertieft ist. Sie verschaffen sich einen Überblick. Seine Frau beschäftigt sich offensichtlich schon seit geraumer Zeit mit dem Thema, denkt er, denn sie findet schnell eine Sofagarnitur, die ihren Vorstellungen entspricht. Sie erklärt ihm, warum sie ihr gefällt, und sie beginnen über die passende Farbe zu reden. Ein paar Muster liegen auf der Armlehne. Prüfend nehmen sie nebeneinander Platz und lehnen sich nach hinten. Seine kritisch prüfende Miene verfliegt. „Bequem ist sie …!" „Und schön auch", ergänzt sie lächelnd und greift nach den Farbmustern. Sie schauen sie sich an und beschließen sich beraten zu lassen. Vielleicht gibt es ja noch andere Leder-Qualitäten und weitere Farben. Hans ist Einrichtungsberater und kommt gerade von einem Kundentermin zurück ins Geschäft. Leider verlief der Termin nicht so, wie er sich es erhofft hatte. Etwas demotiviert blickt er zur Uhr. „Noch eine dreiviertel Stunde. Mal schauen, vielleicht geht ja heute doch noch etwas …", denkt er sich und schreitet durch seine Abteilung. In einer der teuersten Sofa-Gruppen des Hauses sieht er Kunden sitzen. „Na, die haben sich wohl in der Abteilung geirrt. Spätestens, wenn sie das Preisschild sehen, wissen sie es selbst. Genau wie gestern das Pärchen, denen ich erklären musste, dass dies der Preis für den Sessel ist und nicht für die gesamte Gruppe. Das tue ich mir heute nicht noch einmal an. Die blockieren mich nur wieder." Er macht einen leichten Bogen um die Kunden und übersieht deren Gebärden. Das scheinbare Desinteresse lässt die positive Stimmung der Kunden sinken. „Die scheinen uns hier nichts verkaufen zu wollen", stellt sie zynisch fest. „Ach komm, wir werden schon jemanden finden, der Lust dazu hat. Warte bitte kurz, ich bin sofort wieder da." Wegen der knappen Zeit geht er wieder zur Information und verlangte direkt nach dem Chef des Hauses. Im Anzug wäre das wahrscheinlich nicht passiert, denkt er, als er in die Tasche seiner Arbeitsjacke greift. Er zückt seine Brieftasche, nimmt eine Visitenkarte heraus und reicht sie der Dame am Informationsschalter. „Offensichtlich haben Ihre Verkäufer keine Lust, uns etwas zu verkaufen. Und nur, weil ich kein zweites Mal wegen eines neuen Sofas losziehen möchte", sind seine einleitenden Worte an den Geschäftsleiter.

Eine solche Situation zu entschärfen, das zornige Gemüt eines Kunden zu beruhigen, verlangt Fingerspitzengefühl und Diplomatie, bis es gelingt, die Kunden davon zu überzeugen, dass sie sehr wohl im richtigen Einrichtungshaus sind und sie sich auf die Professionalität und Kompetenz verlassen können. Glück im Unglück hat eine Firma, wenn Kunden sich wie in diesem Beispiel beschweren. Nach solch einem Erlebnis sind viele derart verärgert, dass sie das Geschäft verlassen und so bald nicht wieder kommen. Als Geschäftsleiter erlebt man leider solche und ähnliche Geschichten immer wieder. Verkäufer lassen sich durch einzelne negative Erlebnisse verunsichern und vergeben dadurch Chancen.

Wer länger schon im Verkauf arbeitet, weiß, dass diese Anfängerfehler viele Beispiele liefern, wie Verkäufer potenzielle Kunden auch aufgrund ihres Aussehens falsch einschätzen. In den Köpfen der Menschen existieren Schablonen, die sich aus einzelnen Erlebnissen und/oder durch Meinungen anderer eingebrannt haben. So entstehen Vorurteile.

Einem richtigen Meta-Verkäufer passiert es nicht, einen Kunden seines äußeren Erscheinungsbildes wegen zu ignorieren. Er hat gelernt, die Chancen in der absoluten Gleichbehandlung zu erkennen. Er erkennt sogar außergewöhnliche Chancen darin, mit ungewöhnlich wirkenden Kunden einen zuvorkommenden Umgang zu pflegen. Es entstehen daraus oftmals unerwartet gute Beratungsgespräche. Selbst für den Fall, dass er jemanden berät, der heute nicht kauft, kann sich das in der Zukunft ändern.

2.7 Der Überblick: Informationsbeschaffung

Bleiben Sie immer am Drücker und behalten Sie zumindest einen groben Überblick darüber, was sich in Ihrer Branche, Ihrem Geschäftsumfeld und grundsätzlich im Vertrieb so tut.

- **Das Richtige Lesen:** Wie findet man die passenden Bücher? Wie findet man sich in dem Urwald der Literatur zurecht? Was hilft einem wirklich weiter? Hier gibt es verschiedene Möglichkeiten: Sie fragen einen Coach, also einen Experten zum Thema, welches Buch er empfehlen würde. Oder Sie geben bei Amazon Stichworte in der Suchmaske ein und sehen, welche Bücher in der Rangfolge weit oben platziert sind (hier finden Sie die meistverkauften). Dann schauen Sie sich die Rezensionen an, also die Bewertungen der Kunden. So können Sie relativ schnell einen Überblick bekommen, welches dieser Bücher Ihre Thematik behandelt und welches Sie am ehesten anspricht. *Wie gut sich ein Buch verkauft, ist natürlich auch ein Qualitätsmerkmal.* Eine weitere Alternative ist, in eine Buchhandlung zu gehen und sich selbst einen Überblick zu verschaffen oder sich die passende Literatur zeigen zu lassen.
- **Neue Medien:** Suchmaschinen verschaffen einen sehr schnellen Überblick über Autoren, Bücher und Blogs
- **Online-Videos:** Sehr viele Experten stellen ihr Wissen mittlerweile auf ihren Homepages oder über YouTube zur Verfügung.
- **Blogs:** Hier gelten die gleichen Vorteile wie bei den Online-videos. Ein weiterer Vorteil ist die Aktualität der Informationen. Jedoch ist es wichtig und ratsam, sich ein genaueres Bild vom Blogger und dessen Expertise zu verschaffen.

Grundsätzlich bieten die neuen Medien einen schnellen Überblick und erlauben es, in relativ kurzer Zeit das eigene Wissen zu erweitern. Die Gefahr abzuschweifen ist jedoch sehr hoch. Schnell gerät das eigentliche Thema aus dem Fokus und man verbrennt unnötig viel Zeit. Auch wenn es lustig klingt: die meisten Teilnehmer meiner Seminare geben an, regelmäßig das Zeitgefühl zu verlieren und viel Zeit zu verschenken, wenn sie erst einmal begonnen haben, im Internet zu recherchieren. Schreiben Sie sich Ihr Hauptthema auf ein Blatt Papier und auch die Zeit, die Sie mit der Suche in Web verbringen wollen, und dann schalten Sie nach Ablauf der Zeit konsequent ab.

- **Checklisten:** Sammeln Sie Ihre Erkenntnisse über Ihre Kunden. Was haben Kunden (die gekauft haben) gemeinsam? Welche Einstellung haben Ihre Kunden, oder wie haben sie ihre Entscheidung getroffen? Was war ihnen wichtig und was war ausschlaggebend? Haben sie vielleicht etwas vermisst? Das alles sind wichtige Informationen, die Ihren Erfolg direkt beeinflussen. Wie Sie an diese Informationen kommen? Durch direktes Fragen! Im Rahmen der Nachbetreuung können Sie Ihren Kunden nach dem Kauf anrufen und sich erkundigen, ob er zufrieden ist oder wie es ihm mit dem Produkt geht. In diesem Zusammenhang können Sie auch ein oder zwei Fragen stellen, die Ihnen wichtige Erkenntnisse liefern, zum Beispiel sein Konsumverhalten betreffend oder wie er seine Entscheidung letzten Endes getroffen hat. Machen Sie sich Gedanken darüber, welche Erkenntnisse für Sie von Bedeutung sind, und notieren Sie sich diese und prägen Sie sich ein, damit Sie sie regelmäßig nach einem Verkaufs- oder Aftersales-Gespräch parat haben. Sie werden sehen, nach einiger Zeit fragen Sie automatisch nach und der Zeitaufwand ist sehr überschaubar.
- **Seminare:** Gibt es Verkaufsseminare in Ihrem Unternehmen? Besuchen Sie alle! Wenn nur 5 % des Inhaltes eines Seminars für Sie etwas Neues bringen, hat es sich schon gelohnt. Gibt es firmenintern keine Fortbildungsmöglichkeiten, suchen Sie extern danach. Besuchen Sie regelmäßig Seminare und bilden Sie sich weiter. Wenn Sie Angestellter sind, beteiligt sich Ihre Firma eventuell an den Kosten. Wenn nicht, buchen Sie es dennoch und holen Sie sich zumindest einen Teil beim Steuerausgleich wieder.

Literatur

Bandler, R., und J. Grindler. 2010. *Metasprache und Psychotherapie – Die Struktur der Magie I*, 11 Aufl. Paderborn: Junfermann.

Covey, Stephen R. 2005. *Die 7 Wege zur Effektivität*. Offenbach: Gabal.

Briggs Myers, I., und M. H. McCaulley. 1985. *A guide to the development and use of the Myers-Briggs type indicator*. Palo Alto: Consulting Psychologists.

Die Ich-Marke 3

3.1 Die eigenen Glaubenssätze

Schon als Kleinkind hören wir durchschnittlich siebenmal ein „Nein", bevor wir ein „Ja" erhalten. „Nein, tu dies nicht", „nein, tu das nicht." „Nein, das bekommst Du nicht!" „Nein, nimm lieber das hier..." Das Negative ist so tief im Unterbewussten verankert, dass es nicht verwundert, wenn auch in den Medien negative Schlagzeilen eine deutlich höhere Aufmerksamkeit erzielen.

In diesem Kapitel geht es um Ihre persönlichen Glaubenssätze und um Ihre Ziele im Leben. Nehmen Sie sich unbedingt die Zeit, dazu diese zehn Seiten zu lesen. Sie werden sehen, wie wichtig es ist, konkrete Ziele zu formulieren; was dabei zu beachten ist und welche Rolle Ihre Glaubenssätze dabei spielen. **Lassen Sie sich überraschen!**

Jeder von uns ist durch sein Umfeld geprägt und hat Glaubenssätze gebildet, die sich im Unterbewusstsein eingebrannt haben und unser Handeln bestimmen. Diese „Maximen" übernehmen wir bereits in der frühen Kindheit von unseren Eltern. Es sind die direkten Bezugspersonen, die uns die Welt mit ihren Augen zeigen. Sie präsentieren uns die Welt so, wie sie sie sehen. Was sie als gut, oder schlecht empfinden, lernen wir anhand ihrer Reaktionen und Emotionen. Da Kinder gerade die Welt zu entdecken beginnen, machen sie aus Sicht ihrer Eltern natürlich auch jede Menge Fehler. Deren Reaktionen darauf werden sie prägen. Mit weitreichenden Folgen... So übernehmen wir, ohne auch nur eine Ahnung davon zu haben, die Meinung und Wertevorstellungen unserer Eltern. Daraus entwickeln wir im Unterbewussten unsere „eigenen" Glaubenssätze über uns und unsere Welt: „Das lerne ich nie; das kann ich nicht; ich mache alles falsch; das traue ich mir nicht

© Springer Fachmedien Wiesbaden 2015
T. W. Lörsch, *Kunden gewinnen mit Meta-Selling,*
DOI 10.1007/978-3-658-06964-3_3

zu; das ist schon einmal schief gegangen, das wird auch jetzt nicht gehen..." Sie werden zu unserer „Wahrheit", zu unserem Selbstbild und unserem Bild von der Welt. Lange werden sie unser Denken und Handeln bestimmen und uns oftmals sogar ein Leben lang leiten. Aus diesen negativen „einschränkenden Glaubenssätzen" entsteht eine mächtige innere Stimme, unser „innerer Kritiker". Diese Stimme erinnert uns immer wieder daran, was wir als Kinder gehört und als wahr erkannt haben. Daran, was wir nicht können, was wir nicht sind, an das, was negativ an uns und der Welt ist.

▶ Für Ihren Erfolg sind Ziele und Glaubenssätze von größter Wichtigkeit!

Dementgegen stehen natürlich auch positive Glaubenssätze. Diese führen uns zu unseren Interessen und Talenten. Wie die negativen entstehen auch positive Glaubenssätze durch die Prägung unseres sozialen Umfeldes: „Das hast Du gut gemacht", „Toll", „Aus Dir wird mal etwas werden"; „Weiter so!" Auf der Grundlage der positiven Erfahrungen, die wir aus unserem Handeln gewinnen, entwickelt sich unser Selbstwertgefühl. Es entstehen „unterstützende Glaubenssätze": „Ich erreiche immer, was ich möchte; mir gelingt alles; ich bin erfolgreich; ich habe ein Recht darauf glücklich zu sein; Geld ist positiv; Geld verschafft mir viele Möglichkeiten; ich schaffe das; ich bin erfolgreich" usw.

Dieser Sozialisationsprozess ist grundsätzlich veränderbar. Sie können Ihre Glaubenssätze ändern. Psychologen nennen dies „Transformation". Sie haben Ihre Glaubenssätze (Einstellungen) in Ihrem Leben bereits häufiger geändert und sind dennoch Sie selbst geblieben. Sie haben sich verliebt und wieder getrennt. Sie haben Musik gemocht und fanden sie später langweilig. Sie fanden ein Kleidungsstück oder ein Möbel toll und später fanden Sie es hässlich oder haben darüber geschmunzelt. Ihre Glaubenssätze, und die damit verbundene Art die Welt zu sehen, machen Sie zu dem, der Sie sind.

Beginnen Sie damit, ein anderes Bewusstsein zu entwickeln, indem Sie anfangen, Ihr „Weltbild" zu hinterfragen. Fragen Sie sich: Warum denke ich so darüber? Warum haben andere eine andere Meinung zu einem Thema? Was ist sinnvoll? Zu welchem Ergebnis würde es führen, wenn ich meine Haltung zu diesem, oder jenem Thema ändere? Diese Fragen führen Sie zur Selbstreflektion. Erkennen Sie eine neue Denkweise als sinnvoll an, ist das eine enorme Leistung! Sie übernehmen Verantwortung für sich und Ihr Handeln. Das Positive in Ihnen bekommt Kraft.

Wir bilden uns Meinungen (Überzeugungen) aufgrund von Erfahrungen. Das, was wir erlebt bzw. „erfahren" haben, ist zur Realität geworden – zu einer neuen Wahrheit. Diese Überzeugung wird gespeichert und steht ab sofort als „Vergleichsschablone" für ähnliche Situationen bereit. Bestrebt, diese Überzeugung zu festigen, suchen wir unbewusst nach Bestätigungen. Grob formuliert ist dies Funktionsweise des menschlichen Gehirns.

Vielleicht waren Sie schon einmal in der glücklichen Situation, ein Baby zu erwarten. Von dem Zeitpunkt an, da Sie die Gewissheit haben, sehen Sie überall nur noch schwangere Frauen, Kinderwagen, Babyartikel und Familien mit kleinen Kindern. Mit der Veränderung Ihrer Lebenssituation verändert sich auch Ihre Wahrnehmung. Sie sehen nur, was aktuell Ihr Interesse findet. Anders ausgedrückt wird das, was Sie nicht interessiert, auch nicht sichtbar für Sie.

Mit diesem Buch verhält es sich genauso. Für Sie wird nur der Inhalt existent, den Sie lesen und verstehen wollen. Wir sehen immer nur das, was uns wichtig ist und was wir als richtig einstufen. Wir sehen nur das, was wir sehen möchten, und kreieren daraus „unsere Welt".

Was bedeutet das für den Verkauf? Jeder Verkäufer hat es irgendwann erlebt, dass er einen Auftrag nicht erhalten hat. Aus einer Art Selbstschutz suchen wir unbewusst in einer solchen Situation nach Gründen, die mit der eigenen Person nichts zu tun haben. Es werden vermeintliche externe Gründe sichtbar, die uns bestätigen, dass mit der eigenen Person alles in Ordnung ist. Hat sich ein solcher Gedanke eingenistet, hört man von Kollegen plötzlich, sie seien derselben Meinung. Dies und jenes ist schuld, ihnen sei es auch so gegangen. Wir suchen nach fremden Erfahrungen, die unsere Überzeugung unterstützen. Wir leihen uns gewissermaßen zur Bestätigung der eigenen Überzeugungen die Erfahrungen anderer aus. Was hier unbewusst im Negativen zu unserer „Überzeugung" beiträgt, können wir ebenso im Positiven bewusst einsetzen, wie wir gleich sehen werden.

Vor einigen Jahren beschwerte sich ein Mitarbeiter bei mir. Er war verärgert darüber, dass er schon wieder so schlecht abgeschnitten hatte. Drei Monate hintereinander lag er mit seinen Abschlüssen im hinteren Drittel der Abteilung, wo er doch sonst immer im Mittelfeld gewesen sei und seine Abschlüsse steigern wollte. Ich bat ihn, mir zu erklären, woran das seiner Meinung nach liege. Offensichtlich beschäftigte ihn dieses Thema schon einen Weile, denn seine Antworten kamen prompt:

1. Er war davon überzeugt, dass andere ihm Aufträge wegschrieben.
2. Die Werbung sei in letzter Zeit nicht so attraktiv.
3. Es seien weniger Kunden gekommen als im Vorjahr.
4. Die Leute hätten weniger Geld.

Diese Meinungen waren die Säulen, die seine Überzeugung stützten, wonach die Außenwelt für seine Abschlüsse (bzw. Nicht-Abschlüsse), für seinen Erfolg, verantwortlich war (vgl. Abb. 3.1).

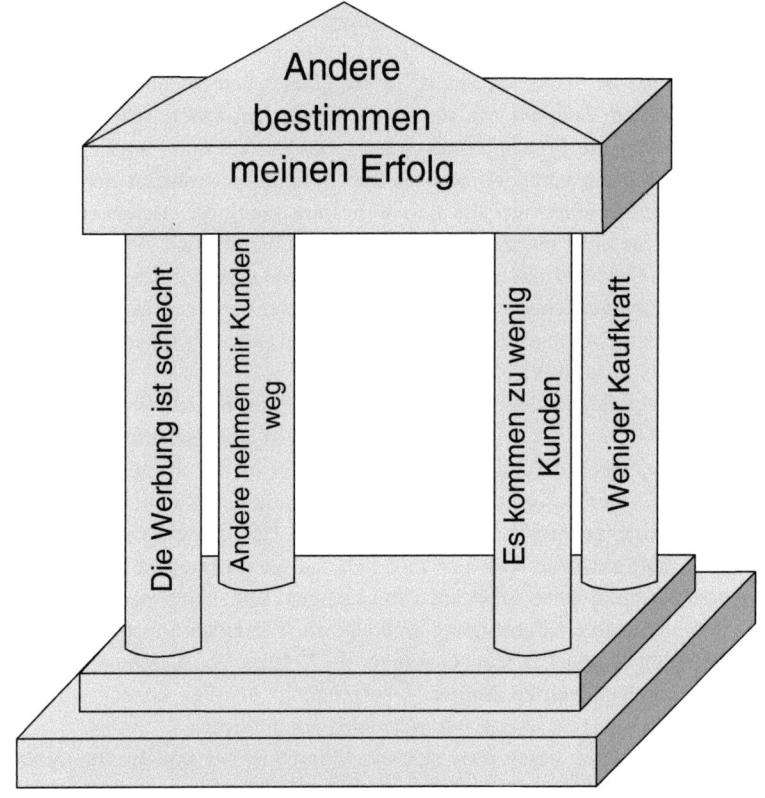

Abb. 3.1 Andere bestimmen meinen Erfolg

Ich hörte ihm aufmerksam zu und bat ihn anschließend darüber nachzudenken, was er selbst tun könne, um seine Abschlussquote zu erhöhen. Außerdem sollte er sich Gedanken darüber machen, welche Ziele er in zwei und welche er in sieben Jahren erreichen wolle. Er war sichtlich erstaunt, dass ich nicht direkt auf seine Meinungen einging, sondern er einen Termin bei mir bekam und bis dahin einige Fragen zu beantworten hatte:

- Welche Glaubenssätze haben Sie zu Erfolg im Verkauf und/oder Vertrieb?

1.

2.

3.

4.

- Wie sind diese Glaubenssätze entstanden?

Wie wir wissen, werden wir durch unser Umfeld geprägt. Dabei übernehmen wir die Meinungen der Menschen die uns in unserer Entwicklung die wichtigsten Rollen gespielt haben. Familie, Freunde, Lehrer, Ausbilder etc. Ebenso prägen uns gegenwärtig die Menschen, mit denen wir uns am häufigsten umgeben.

- Welche Meinung zum Thema Verkauf/Vertrieb hatten die Menschen, die Sie in Ihrer Kindheit prägten?

1.

2.

3.

4.

- Welche Meinung zum Thema Verkauf/Vertrieb haben die Menschen, mit denen Sie sich gegenwärtig am häufigsten umgeben?

1.

2.

3.

4.

- Haben diese Personen Erfahrungen im Vertrieb? Sind sie deutlich erfolgreicher als Sie?

▶ Sie sollten nur Meinungen von Menschen annehmen, die schon dort sind, wo *Sie* hinwollen! Und: *Orientieren Sie sich immer an den Besten!* Nur sie können Ihnen Ratschläge geben. Alle anderen werden nur rechtfertigen, warum ein Erfolg nicht möglich ist, und Ihnen Meinungen liefern, die Sie in Ihrer Entwicklung hindern, auf dem Weg zu Ihren Zielen.

3.1.1 Wie Sie die Einstellung zu Erfolg verbessern

Innere Überzeugungen sind grundsätzlich weder richtig noch falsch. Die einzige Unterscheidung liegt darin, ob sie auf dem Weg zu den formulierten Zielen unterstützend oder hinderlich sind. Daher ist die Frage nach den Zielen von oberster Wichtigkeit.

Überlegen Sie, wo Sie in zwei und in sieben Jahren sein wollen. Formulieren Sie klare Ziele, und Sie werden erkennen, welche Glaubenssätze Sie auf Ihrem Weg zur Erreichung der Ziele unterstützen und welche Sie behindern.

Der Mitarbeiter, von dem ich Ihnen gerade erzählte, hatte sich bis zu diesem Zeitpunkt nie damit beschäftigt, sein Leben zu planen. Er war der Überzeugung, die Außenwelt sei verantwortlich für seinen Misserfolg und für das, was er im Leben erreichen würde. In unserem Folgegespräch stellte sich dann heraus, dass er sich in Zukunft sehr gut vorstellen konnte, erfolgreicher zu sein. Er hatte sich überlegt, dass er in zwei Jahren zu den besten Mitarbeitern der Abteilung gehören wollte und in ein paar Jahren eine eigene Abteilung leiten. Wir überlegten gemeinsam, wie er diese Ziele erreichen konnte. Es wurde sehr schnell deutlich, dass er seine Denk- und Verhaltensweisen hinterfragen und sich entwickeln muss. Er würde nur durch verändertes Agieren auch andere Ergebnisse erzielen können.

- Welche Ziele haben Sie?
- Was möchten Sie in Ihrem Beruf in zwei Jahren, in sieben Jahren erreicht haben?
- Formulieren Sie Ihre Ziele möglichst präzise.
- Achten Sie darauf, dass diese Ziele grundsätzlich positiv und realistisch formuliert sind.
- Wollen Sie Ihre Abschlussquote steigern? Wenn ja, um wie viel Prozent?
- Sie wollen Ihren Umsatz steigern? Um welchen Betrag?

Überlegen Sie welche Personen Ihnen hierzu als Beispiel dienen können. Sie wissen ja, Sie können auch die Erfahrungen anderer zur Unterstützung Ihrer Glaubenssätze heranziehen. Sie funktionieren ebenso als Säule. Welche Glaubenssätze hindern Sie daran, Ihr Ziel zu erreichen? In Kap. 4 werden wir das Thema Ziele nochmals genauer betrachten und in den direkten Zusammenhang mit Ihrer Motivation stellen. Überlegen Sie an dieser Stelle zuerst, wo und wie Sie sich in sieben und in zwei Jahren sehen wollen (vgl. Tab. 3.1, 3.2).

Tab. 3.1 Ziele in sieben Jahren

1. Wie möchten Sie sein? Wie wollen Sie sich sehen; wie sollen andere Sie sehen?
2. Welche Funktion wollen Sie im Vertrieb einnehmen. Wie soll Ihr Tagesablauf aussehen?
3. Welches Einkommen wollen Sie generieren?

Tab. 3.2 Meine Ziele in zwei Jahren

1. Wie möchten Sie sein? Wie wollen Sie sich sehen; wie sollen andere Sie sehen?
2. Welche Funktion wollen Sie im Vertrieb einnehmen. Wie soll Ihr Tagesablauf aussehen?
3. Welches Einkommen wollen Sie generieren?

3.1.2 Negative, einschränkende Glaubenssätze verändern

Der Mitarbeiter im vorherigen Beispiel war überzeugt davon, dass er selbst kaum einen Einfluss auf die Ereignisse hatte. Für ihn war sein Erfolg hauptsächlich von äußeren Faktoren abhängig, und er war in gewisser Weise der reagierende Spielball seiner Umwelt.

Ich bat ihn darüber nachzudenken, wie er sich in den letzten zehn Jahren entwickelt hatte, was sich an seiner Denkweise, seinem Verhalten, seinem Streben verändert habe. Dabei erkannte er, dass er sich charakterlich deutlich von der Person unterschied, der er noch vor zehn Jahren gewesen war. Er erkannte, dass er viel dazugelernt hatte, was folglich auch sein Denken und Handeln nachhaltig veränderte.

Dann bat ich ihn, sich vorzustellen, wie er in fünf Jahren sein würde, und diese Person der Zukunft, seinem jetzigen Ich gegenüberzustellen. Ich fragte ihn, was er glaube, wer der beiden Personen der erfolgreichere und bessere Verkäufer sei? Die Antwort kam ohne Zögern mit einem zufriedenen Lächeln: „Ich verstehe. Es geht immer um die Entwicklung. Die notwendigen Glaubenssätze kann ich ändern, wenn ich will!" Sein alter, einschränkender Glaubenssatz lautete: *„Die äußeren Bedingungen bestimmen meinen Erfolg und Misserfolg."*

Nun sollte er überlegen, welche Beweise gegen diesen alten Glaubenssatz sprachen. Was würde beweisen, dass dieser Glaubenssatz falsch ist?

1. Andere Verkäufer haben dauerhaft bessere Ergebnisse als ich (unter den gleichen Bedingungen). Was bedeutet, dass sie sich offensichtlich anders verhalten müssen, sonst hätten sie die gleichen Ergebnisse wie ich! Ich muss erkennen, was sie anders machen, und mein Verhalten ändern. Daher gilt grundsätzlich: Verhaltensänderung = Ergebnisänderung.
2. Daraus folgt: Was andere können, werde ich auch können!
3. Ich kenne sehr erfolgreiche Persönlichkeiten, die als Verkäufer begonnen hatten. Das beweist, welche Entwicklungen möglich sind.
4. Verkaufs-Seminare erweitern mein Wissen. Das ist die Grundlage für Entwicklung. Lernen bedeutet Entwicklung.
5. Verantwortung übernehmen, motiviert und führt zu mehr Selbstverantwortung.

Der Mitarbeiter fand damit genügend Beweise dafür, dass der alte Glaubenssatz falsch war, und fand gleichzeitig die Basis für einen neuen, fördernden Glaubenssatz (vgl. Abb. 3.2): „Ich selbst bin verantwortlich und bestimme meinen Erfolg!"

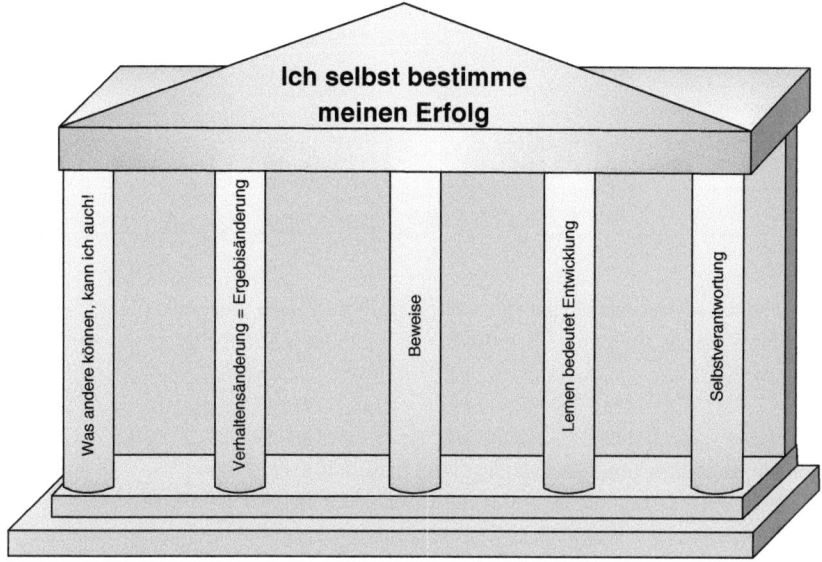

Abb. 3.2 Ich selbst bin verantwortlich und bestimme meinen Erfolg

Glaubenssätze ändern sich nur dann, wenn Sie wiederholt Erfahrungen machen, die Ihren Erwartungen widersprechen, wenn Sie *erkennen*, dass Sie mit Ihrer „Sicht" der Dinge falsch lagen. Selbst können Sie Glaubenssätze nur dann ändern, wenn Ihnen bewusst geworden ist, dass sie auf dem Weg zu Ihrem Ziel hinderlich sind. Nur wenn Sie dies erkennen, können Sie dagegen steuern. Jedes Mal, wenn Sie merken, dass ein alter Glaubenssatz auftaucht und Sie behindert, rufen Sie sich den förderlichen Glaubenssatz ins Gedächtnis und handeln Sie nach ihm. Üben Sie! Üben Sie so lange, bis er verinnerlicht und zu Ihrer neuen Wahrheit geworden ist.

► Ändern Sie Ihre Glaubenssätze, dann ändern Sie Ihr Leben!

Von außen kann höchstens ein Impuls einwirken, damit ein Überdenken und Auseinandersetzen mit dem eigenen Verhalten beginnt. Eine Veränderung kann nur aus eigener Überzeugung stattfinden. Die Richtung, in der eine Verhaltensänderung stattfindet, ist daher immer: *von innen nach außen!* (Siehe dazu auch Abb. 6 Entwicklungsprozess)

Welche Überzeugungen haben Sie? (Bitte füllen Sie die Tab. 3.3 aus.)

Tab. 3.3 Meine Glaubenssätze

1.
2.
3.
4.

Welche davon werden Sie auf Ihrem Weg zu Ihren Zielen unterstützen, und welche werden Sie eher behindern? Beantworten Sie zu jedem Glaubenssatz die folgenden Fragen:

- Woher stammt dieser Glaubenssatz? Ist er eventuell falsch?
- War derjenige, von dem ich es gelernt hatte, erfolgreich?
- Welches Risiko gehe ich ein, wenn ich meine Einstellung dazu ändere?
- Wird es meinen Weg zum Erfolg unterstützen, wenn ich meine Einstellung ändere? (Bitte füllen Sie die Tab. 3.4 dafür aus.)

Tab. 3.4 Unterstützende Glaubenssätze:

1.
2.
3.
4.

▶ Um im Verkauf erfolgreich zu sein, müssen Sie Ihre Glaubenssätze kennen. Denn nur dann sind Sie auch dazu in der Lage, sie als unterstützend oder hinderlich für Ihre Ziele einzustufen und wenn nötig zu ändern. Ihr Unterbewusstsein wird Ihnen genau das liefern und zur Wirklichkeit werden lassen, wovon Sie überzeugt sind.

3.2   Die eigenen Meta-Programme

Beispiel

Vor ein paar Monaten wurde ich unfreiwillig Zuhörer einer Unterhaltung. Ich saß im Flugzeug, als meine Sitz-Nachbarin sich über den Mittelgang mit einem Herrn unterhielt. Die Dame erzählte ihm, sie sei wieder auf dem Weg ins Krankenhaus. Ihr Mann hätte auf dem Weg in den Wintersport einen schweren Auto-unfall gehabt. Sie war sichtlich beunruhigt und kämpfte mit ihren Emotionen. Die Reaktion ihres Gesprächspartners und der weitere Verlauf des Gesprächs:

Mann: *„Also ich fahre seit 28 Jahren unfallfrei!"*
Frau: *„Er hatte wohl Glück, dass er es überhaupt überlebt hat... An einer unübersichtlichen Stelle kam ihm auf seiner Seite ein Auto entgegen... Und ist frontal.*
Mann: *„Also ich hatte bis jetzt immer Glück. Aber was heißt Glück! Ich habe schnell genug reagiert! Vor fünf Jahren hat mir einmal ein LKW die Vor-fahrt genommen. Hätte ich nicht so gute Reflexe, dann würde ich viel-leicht jetzt auch nicht hier sitzen."*
Frau: *„Der arme hat mehrere Rippenbrüche und einen Wirbel angeknackst, weshalb er in ein Korsett gezwängt liegen muss. Gegen die starken Schmerzen bekommt er Medikamente. Jetzt muss er morgen noch einmal operiert werden, da es bei dem Armbruch Komplikationen gibt."*
Mann: *„Ich hatte noch nie etwas gebrochen. Und Schmerzen, das Wort kenne ich gar nicht. Mir tut nie etwas weh. Ich achte immer auf meinen Kör-per. Ich ernähre mich gesund, treibe Sport. Er spannte kurz demonstra-tiv den Muskeln seines Oberarms an. Eine gute Muskulatur schützt den Körper!" „Ich war mein ganzes Leben noch nicht im Krankenhaus!"* Das war sein letzter Kommentar, bevor die Flugbegleiterin diese Unterhal-tung mit ihrer Durchsage unterbrach.

Es gibt Menschen, die derart mit sich selbst beschäftigt sind, dass ihre Umwelt für sie quasi nicht zu existieren scheint. Beide Personen in diesem Beispiel führten einen Monolog. Es findet weder ein Austausch an Informationen statt noch eine persönliche Anteilnahme.

Beide Personen sind extrem im Meta-Programm 2a/innerer Bezug: Sie bezie-hen alles auf sich. Der Mann hatte keine Antennen für die Gefühls- und Schicksals-lage der Frau, die wiederum ihre aktuelle Situation mitteilen musste, egal, ob es den Zuhörer interessierte, oder nicht.

In Kap. 2.4 haben Sie gelernt, wie Sie die Meta-Programme Ihrer Kunden er-kennen können und wie Sie Ihre Kommunikation anpassen. In diesem Kapitel geht es nun um Sie. Wie sind Ihre Meta-Programme? Welche sind im Verkauf förder-lich? Welche bremsen noch Ihre Effektivität in der Kommunikation? Dazu ein Bei-spiel:

Die folgende Szene eines Verkaufsgesprächs zeigt eine Situation, wie sie viele engagierte Verkäufer am Anfang ihrer Laufbahn erleben. Sie soll veranschauli-chen, wie ein extremer 2a-Kunde (innerer Bezug) sich über den Verkäufer so sehr ärgert, dass er das Gespräch beendet, aufsteht und geht

Beispiel

- Verkäufer: „Sehr gut. Dann schlage ich vor, wir machen den Auftrag fertig. Das … (Produkt) ist ja genau das, was Sie gesucht haben und passt perfekt zu.
- Kunde: „Moment! Ich bin noch nicht überzeugt davon. Ich weiß noch nicht, ob das so perfekt passt, wie Sie sagen.
- Verkäufer: „Aber es ist doch genauso, wie Sie es wollten!? Ich habe ihnen von … x … bis … y … alles gezeigt. Und es hat auch diese… und jene… Eigenschaften.
- Kunde: „Wissen Sie was, ich überlege es mir noch und melde mich dann bei Ihnen. Einen schönen Tag noch." Der Kunde verlässt sichtlich verärgert das Geschäft.

Was ist falsch gelaufen? Was hat den Kunden derart verärgert?

Wenn Sie bereits über umfangreiche Erfahrungen im Verkauf verfügen, haben Sie den „Knackpunkt" im Gespräch gleich erkannt: ein Kunde, der stark im inneren Bezug ist (2a) und damit dominant. Er lässt sich nicht sagen, wie etwas gemacht wird oder was zu tun ist. Schon gar nicht will er sich sagen lassen, was er angeblich „genau" will.

Übernehmen Sie bitte an dieser Stelle für den Verkäufer das Gespräch. Überlegen Sie, wie ein extremer 2a kommuniziert und reagieren Sie auf den Einwand des Kunden. Bringen Sie das Gespräch zu einem erfolgreichen Abschluss. Nehmen Sie dazu die Formulierungen aus den Meta-Erklärungen aus Kap. 2.4 Die sieben Meta-Programme.

- Verkäufer: „Sehr gut. Dann schlage ich vor, wir machen den Auftrag fertig. Das… (Produkt) ist ja genau das, was Sie gesucht haben und passt perfekt zu…"
- Kunde: „Moment! Ich bin noch nicht überzeugt davon. Ich weiß noch nicht, ob das so perfekt passt, wie Sie sagen."

Jetzt sind Sie dran! Wie hätten Sie in solch einer Situation auf den Kunden reagiert, bevor Sie sich mit den Meta-Programmen beschäftigt haben? Sind Sie eher ein 2a- oder 2b-Typ?

Beispiel

„Fachidiot schlägt mit Wissen Kunden tot"

   Karl lernte am Anfang seiner Karriere im Verkauf, wie wichtig es ist, einen Kunden allumfassend zu beraten. Alle Details der Produkte zu kennen und diese an die Kunden weiterzugeben, zeichnete seiner Meinung nach den echten Experten aus. Karl vertiefte sein Wissen und führte lange Beratungsgespräche. So würde für jeden sichtbar, wie gut er sich auskenne. Welche Meta-Programme erkennen Sie bei Klaus?

Wer als Verkäufer alle Details weitergeben möchte, ist klar 4b/Detail und außerdem 2a/innerer Bezug. Diese Kombination ist für einen Verkäufer fatal. Sein Fokus liegt darauf, als Experte wahrgenommen zu werden. Die Wünsche der Kunden geraten schnell in den Hintergrund. Karl besuchte ein Verkaufsseminar und erkannte, dass seine Aufmerksamkeit auf die Wünsche der Kunden gerichtet werden muss. Und dass zu viele Details verwirren können, besonders dann, wenn ein Kunde 4a/Überblick veranlagt ist. Klaus lernte in diesem Seminar, dass er offensichtlich häufig 2a und 4b ist. Dieses Aha-Erlebnis zeigte ihm, wie er seine Beratungsgespräche optimieren konnte. Ihm wurde bewusst: er muss die Meta-Programme beherrschen und sie je nach Kunden-Typ einsetzen. Ist ein Kunde 4b, kann er mit seinem detaillierten Fachwissen punkten. Je weiter sein Kunde im 4a-Meta-Bereich ist, desto stärker muss er auch seine Präsentation des Produktes auf „Überblick" umstellen. Er baute sich eine Eselsbrücke, anhand der er erkennen konnte, wenn er wieder zu sehr ins Detail abdriftete. Die Grundregel: „Wer fragt, der führt"! gilt auch für ein Verkaufsgespräch.

Wenn Karl nun in einem Verkaufsgespräch mit einem 4a-Kunden feststellt, viel zu erklären, ohne dabei Fragen zu stellen, denkt er sich „Stop", 4a! Dann hält er kurz inne und fragt seine Kunden indirekt, ob das überhaupt interessant für sie ist: „Ich möchte Ihnen aber nicht Ihre wertvolle Zeit stehlen mit diesen Details." An der Reaktion seiner Kunden erkennt er sofort, wie weit diese 4a oder 4b sind. So lernt er in seinen Beratungsgesprächen Zeit zu sparen und schneller zum Abschluss zu kommen.

Alle Details seiner Produkte zu kennen hält er nach wie vor für wichtig. Aber er muss nicht alle präsentieren, um zum Abschluss zu kommen. Es kommt immer nur darauf an, in welchem Meta-Programm sein Kunde ist. Experte im Verkauf ist nach seiner heutigen Meinung nur der, der seine Kunden „lesen" und sein Verhalten auf deren Meta-Programme abstimmen kann. Sie erinnern sich: Es ist wie mit dem Erlernen einer neuen Sprache.

Auch wenn Sie die Meta-Programme kennen, werden Sie eine Zeit lang in alte Muster zurückfallen. Es bedarf der ständigen Wiederholung, bis Sie das Erlernte verinnerlicht haben. Auf dieses Buch bezogen würde der österreichische Verhaltensforscher Konrad Lorenz es wohl so formuliert haben:

Gesagt heißt nicht gehört,
Gehört heißt nicht verstanden,
Verstanden heißt noch nicht einverstanden,
Einverstanden heißt noch nicht gekauft.

Mit den Meta-Programmen können Sie die Kommunikation mit Ihren Kunden entscheidend verbessern und werden sich „Ihrer selbst bewusst" und damit selbstbewusster.

Auflösung Kernfragen
Nehmen Sie nun die Fragebogen „Kernfragen" *aus Kap.* 1.4.5 zur Hand. Übertragen Sie Ihre Ergebnis-Summen der Fragenblöcke 1 bis 7 in die dargestellten Skalen der Tab. 3.5. Auch hier haben Sie wieder die Möglichkeit zum Download einer Liste auf meiner Homepage.

Beim Fragebogen in Kap. 1.4.5 sind die Fragen bewusst zu unterschiedlichen Themen gewählt. Ihre Antworten sind in der Gewichtung daher auch unterschiedlich ausgefallen. Zur Erinnerung: Meta-Programme sind immer vom Kontext abhängig. Die sich ergebenden Durchschnittswerte machen somit eine erste Grundtendenz Ihrer persönlichen Meta-Programme sichtbar.

Das nun folgende Experiment wird Ihnen den Umgang mit den Meta-Programmen veranschaulichen.

• Welche Auswirkungen haben „Ihre persönlichen Meta-Programme" auf den Verlauf Ihrer Verkaufsgespräche?
• Welche Meta-Programme sind im Verkaufsgespräch die wichtigsten?

Beurteilen Sie selbst, wie Sie sich in den beiden Phasen verhalten.

3.2.1 Die drei Meta-Phasen des Verkaufsgespräch

Wie Sie bereits wissen, ist ein Meta-Programm immer vom Kontext abhängig. Ändert sich der Zusammenhang, ändert sich auch das Meta-Programm. Vor diesem Hintergrund lassen sich die „7 Etappen des Verkaufsgesprächs" für Verkäufer in zwei unterschiedliche Verhaltensphasen unterteilen (vgl. auch Tab. 3.6):

3.2.1.1 Phase 1: Begrüßung und Beratung

(äußerer Bezug 2b und reaktiv 7b) In der Anfangsphase eines Verkaufsgesprächs verhalten Sie sich wie ein Schwamm. Es muss Ihnen gelingen, so viel wie möglich von Ihren Kunden aufzunehmen. Sie lenken das Gespräch und motivieren Ihre Kunden zu reden. Für Sie ist jetzt aufmerksames Zuhören das „A" und „O". Sie sind im äußeren Bezugsrahmen (2b). Abgesehen von der aktiven Begrüßung (7a) Ihres Kunden reagieren Sie auf dessen Verhaltensweisen(7b). Je mehr Meta-Pro-

Tab. 3.5 Die eigenen Meta-Programme

1. Denkweise

1a / auf etwas zu

	0	1	2	3	4	5	6	7	8	9	10	11	12	13	14	15
	15	14	13	12	11	10	9	8	7	6	5	4	3	2	1	0

1b von etwas fort

2. Ursprung

2a / innerer Bezug

	0	1	2	3	4	5	6	7	8	9	10	11	12	13	14	15
	15	14	13	12	11	10	9	8	7	6	5	4	3	2	1	0

2b / äußerer Bezug

3. Sinne

3a / visuell

	0	1	2	3	4	5	6	7	8	9	10	11	12	13	14	15

3b / auditiv

	0	1	2	3	4	5	6	7	8	9	10	11	12	13	14	15

3c / kinästhetisch

	0	1	2	3	4	5	6	7	8	9	10	11	12	13	14	15

4. Wahrnehmung

4a / Überblick

	0	1	2	3	4	5	6	7	8	9	10	11	12	13	14	15
	15	14	13	12	11	10	9	8	7	6	5	4	3	2	1	0

4b / Detail

5. Zugang

5a / Logik

	0	1	2	3	4	5	6	7	8	9	10	11	12	13	14	15
	15	14	13	12	11	10	9	8	7	6	5	4	3	2	1	0

5b / Gefühl

6. Dauer

6a / einmal

	0	1	2	3	4	5	6	7	8	9	10	11	12	13	14	15

6b / mehrmals

	0	1	2	3	4	5	6	7	8	9	10	11	12	13	14	15

6c / bestimmter Zeitraum

	0	1	2	3	4	5	6	7	8	9	10	11	12	13	14	15

7. Initiative

7a / proaktiv

	0	1	2	3	4	5	6	7	8	9	10	11	12	13	14	15
	15	14	13	12	11	10	9	8	7	6	5	4	3	2	1	0

7b / reaktiv

Tab. 3.6 Die drei Meta-Phasen des Verkaufsgesprächs

Die drei Meta-Phasen des Verkaufsgesprächs		
Phase 1:	2b/7b	Das „Hallo erst mal ...“ im Verkauf
		Vertrauen aufbauen (Gemeinsamkeiten nutzen)
		Der Kaufabsichts-Check
		Wünsche und Träume (Die Bedarfsermittlung)
		Die Einwand-Behandlung
Phase 2:	2a/7a	Der Kaufabschluss
Phase 3:	2b/7b	Die Begeisterungsdimension

gramme Sie bei Ihren Kunden erkennen können, desto klarer werden Sie später Ihre Argumente formulieren können. Und umso besser werden Sie das Verkaufsgespräch steuern.

Je weiter der Verkaufsprozess in Richtung Abschluss voranschreitet, desto mehr verändern Sie Ihr Verhalten vom Zuhörenden (äußerer Bezug/ 2b) und reaktiven (7b) zum aktiv Steuernden (7a) und auf Ihren inneren Bezug (2a). Sie haben aufmerksam zugehört, die Wünsche Ihres Kunden erkannt und sind mit Ihrer Kompetenz in Vorleistung getreten. Nun wollen Sie den Abschluss!

3.2.1.2 Phase 2: Der Abschluss

(innerer Bezug 2a und proaktiv 7a) Sie haben den absoluten Willen zum Abschluss und helfen Ihren Kunden eine gute Entscheidung zu treffen. Sie wollen diesen Auftrag! Ich habe immer wieder Verkäufer kennengelernt, die an diesem Punkt Bedenken haben, das Gespräch in Richtung Abschluss zu steuern. Sie sahen nicht, in welche große Vorleistung die Firma und sie selbst mit ihrer Kompetenz und Beratung getreten sind. Alles ausgerichtet auf diesen einen Moment – auf den Abschluss.

Steuern Sie den Gesprächsverlauf *„Proaktiv"* 7a, mit der richtigen Argumentation. Übernehmen Sie das Ruder in der Abschlussphase uneingeschränkt. Ihre Kunden haben Ihnen alles mitgeteilt, was für sie wichtig ist. Sie bündeln das Ganze, schnüren das passende Packet, präsentieren, argumentieren und schließen ab. Als Profi müssen Sie in der Abschlussphase proaktiv sein (7a) und im inneren Bezug (2a).

3.2.1.3 Phase 3: Die Begeisterung

(äußerer Bezug 2b und reaktiv 7b) Erst, wenn sie den Auftrag haben, wechseln Sie vor der Verabschiedung wieder in den äußeren Bezug und idealerweise begeistern Ihre Kunden mit etwas Unerwarteten. Beispielsweise mit einem kleinen Geschenk,

oder einer Aufmerksamkeit. Kurzum mit etwas worüber er sich freut und was ihm positiv in Erinnerung bleibt.

3.2.2 Meta-Übungen

Zum Trainieren der Meta-Programme gibt es unterschiedliche Möglichkeiten. Zu Beginn ist es ratsam, sich auf das Erkennen von Meta-Programmen zu beschränken. Je mehr Sie sich damit beschäftigen, desto schneller und treffsicherer werden Sie bei der Analyse. Sie werden anfänglich immer wieder nachlesen, welche Verhaltensweise oder Formulierung zu welchem Programm gehört. Sehr gut eignet sich dazu die Meta-Programm-Übersicht in Tab. 3.5.

- Beginnen Sie damit, Verkaufsgespräche im Nachhinein zu bewerten. Schreiben Sie auf, welche Programme Sie erkannt und, wie Sie darauf reagiert haben. Nutzen Sie dazu die Analysetabelle (aus dem Buch kopieren oder als Download auf meiner Web Side).
- Analysieren Sie auf die gleiche Weise Telefonate, die Sie mit einem Bekannten führen.
- Schauen Sie sich einen Film an und analysieren Sie einen der Schauspieler.
- Analysieren Sie ein Facebook- oder Xing-Profil.
- Analysieren Sie Telefonate mit Kunden.
- Analysieren Sie Mitarbeiter und Kunden.
- Erzählen Sie anderen von den Meta-Programmen. Diese Übung ist eine der stärksten für Ihren Lernprozess. Neuerlerntes an andere weiterzugeben ist die effektivste Art, das Erlernte zu verinnerlichen.
- Erarbeiten Sie eigene Fragen zu den Meta-Programmen, gemeinsam mit Ihrer Partnerin oder einem interessierten Freund.
- Diskutieren Sie mit Ihrer Partnerin oder einem interessierten Freund über die Meta-Programme.

Bevor Sie mit den Übungen 6. bis 9. beginnen, sollten Sie die einzelnen Meta-Programme souverän beherrschen. Also üben, üben, üben. Es lohnt sich!

3.3 Authentizität

Das Auseinandersetzen mit den eigenen Glaubenssätzen ist eine wichtige Voraussetzung, um sich seiner „selbst bewusst" zu sein. Um als authentisch wahrgenommen zu werden, müssen Sie von Ihrem Handeln zu 100 % überzeugt sein und keinen Zweifel daran haben, dass das, was Sie sagen, genau so ist und nicht anders sein kann. Es geht darum, inwieweit unser Verhalten aus innerer Überzeugung entspringt oder eventuell nur gut gespielt ist. Authentizität ist die Übereinstimmung von Sein und Schein. Sein und Schein werden zu einer Einheit. Hat diese „Einheit" an der Verbindungsstelle von Sein und Schein eine Bruchstelle, die Ihr Kunde wahrnimmt, ist das Vertrauensverhältnis gestört. Es kommt zu einer erheblichen Abbuchung von Ihrem Vertrauenskonto.

▶   Verkäufer stehen permanent auf der Bühne.

Unser Verhalten im Verkauf wird immer von anderen wahrgenommen. Jeder, der in seinem Beruf erfolgreich sein möchte, sollte darauf achten, möglichst wenige Rollen zu spielen. Ertappt man sich dabei, eine Position einzunehmen, von der man in seinem Inneren nicht überzeugt ist, hemmt das die Freude am Beruf und bedeutet auf lange Sicht hin Stress.

Authentische Menschen kennen keine Unterscheidungen zwischen privater und beruflicher Sichtweise (Sie erinnern sich an die Geschichte mit meinem Bekannten, dem Autoverkäufer). Die Bereiche verschwimmen ineinander. Authentizität bedeutet „echt", im Sinne „als original befunden". Authentisch zu sein ist nicht nur die Basis für eine hohe Effektivität und Erfolg. Es ist zugleich eine Voraussetzung für ein erfülltes Leben. Philosophisch betrachtet scheint es den wirklich fertigen Menschen im Sinne von „absolut authentisch" nicht zu geben, da das ganze Leben ein dauernder Entwicklungsprozess ist. Ein Entwicklungsprozess, auf den wir jedoch gezielt Einfluss nehmen können.

Es ist ratsam, in einem Verkaufsgespräch im „Äußeren Bezug" zu agieren und die Meinung der Kunden zu ergründen, statt seinen eigenen Standpunkt zu deutlich machen zu wollen. Haben Sie einem Kunden gegenüber Ihre eigene Meinung erst einmal klar zum Ausdruck gebracht, müssen Sie auch dazu stehen. Denn nichts wirkt unangenehmer als ein Opportunist.

Als Meta-Verkäufer stellen Sie die Wünsche und Meinungen Ihrer Kunden in den Mittelpunkt und werden von Ihren Kunden erkannt als ein Verkäufer, der aufrichtig interessiert ist an seinen Wünschen und Interessen. Er spürt, dass Sie keine „Rollen" spielen, sondern überzeugt sind von dem, was Sie tun, und dass Sie absolut authentisch sind.

Es geht nicht darum, möglichst authentisch im Sinne des Darstellens der eigenen Meinung dem Kunden gegenüber zu agieren, sondern die eigenen Ziele und Werte zu erkennen, sie zu bewahren und zu leben. Ihre Ziele zeigen Ihnen, wer Sie in Zukunft sein möchten und *wer Sie sein werden!*

Sein Denken und Verhalten zu reflektieren, es zu verbessern und dabei authentisch zu bleiben, ist kein Widerspruch. Die Veränderung gehört zur Persönlich-

Entwicklungsprozess

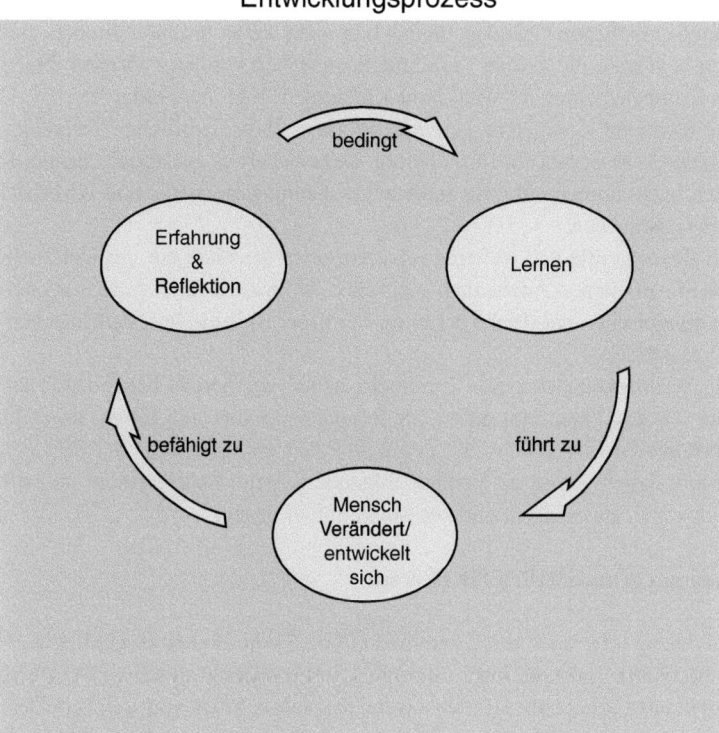

Abb. 3.3 Entwicklungsprozess

keitsentwicklung und ist damit wesentlicher Bestandteil der Authentizität (vgl. Abb. 3.3).

3.4   Der eigene Stil

Grundsätzlich achtet ein Meta-Verkäufer immer sehr sorgfältig auf sein äußeres Erscheinungsbild. Je nach Unternehmen ist der Kleidungsstil mehr oder weniger vorgegeben. Umso größer der Gestaltungsspielraum, desto größer ist die Gefahr für den Einzelnen, seinen „ersten Eindruck" zu vermasseln, ohne es zu wissen.

Heutzutage wissen die meisten Menschen sich im beruflichen Umfeld angemessen zu kleiden. Einigen oftmals sehr kompetenten Verkäufern ist die Wirkung jedoch nicht bewusst. Sie vernachlässigen die eigene äußere Erscheinung aus unterschiedlichen Gründen, die ich hier nicht weiter anführen brauche. Ich bin einigen begegnet, die keinen Zusammenhang sehen wollten zwischen ihrer fachlichen Kompetenz und der Wahl ihrer Kleidung. Ein großer Fehler!

Die fachliche Kompetenz ist zwar die Basis Ihrer beruflichen Tätigkeit, aber noch lange kein Garant für Ihren Erfolg. Dazu bedarf es zusätzlich sozialer Kompetenz, die zusammen mit Ihrer äußeren Erscheinung die Stärke und Wirkung Ihres Auftritts ausmachen.

Mit Ihrem gepflegten Äußeren repräsentierten Sie nicht nur das Unternehmen, für das Sie arbeiten, sondern auch sich selbst. Sie wirken seriöser, vertrauensvoller und sympathischer, was Ihnen der beste Türöffner ist in ein Verkaufsgespräch oder eine Präsentation.

Die Wichtigkeit des ersten Eindrucks haben wir bereits behandelt. Dennoch möchte ich das Thema an dieser Stelle nochmals kurz aufgreifen, da es häufig unterschätzt wird.

Grundsätzlich gelten im Verkauf folgende Regeln: Sehr gepflegt und stilvoll. Eher klassisch als modisch und **vor allem** immer dezent.

Danach gilt grundsätzlich für Herren:

* Ein Anzug oder auch die Kombination von Sakko und einer gepflegten Hose. Mittlerweile sind auch Jeans salonfähig, wenn sie nicht zu sehr verwaschen sind und keine Löcher haben!! Selbst wenn das liebste Stück von welchem Designer auch immer ist Löcher sind absolut tabu! Tragen Sie dezente und klassische, elegante Kleidung ohne übermäßigen Glitzer- und Metallbesatz und ohne auffällige, großflächige, bunte Drucke. Wenn es die Branche und das Umfeld erlauben, kann Ihr Kleidungsstil auch sportlich sein.
* Wenn Sie Krawatten tragen, sollten Sie wissen, wie man einen richtigen Knoten bindet und in welcher Länge eine Krawatte getragen wird. Eine Krawatte muss nicht nur perfekt sitzen, sondern absolut perfekt sein. Entweder sie ist tadellos und weist keinerlei Gebrauchsspuren auf, oder Sie tragen besser keine.
* Je nach Unternehmen werden einheitliche Krawatten bei den Herren und Halstücher bei den Damen getragen.

Danach gilt grundsätzlich für Damen:

* Bedeckte Schulter und bedeckte Knie. Wählen Sie auch eher schlichtere als zu auffällige Schuhe und Accessoires. Bei Halstüchern gilt die gleiche Regel wie bei der Krawatte der Herren: entweder perfekt oder gar nicht.

- Firmenkleidung birgt zwei große Vorteile: Erstens sind Sie für Ihre Kunden schon aus der Ferne als Ansprechpartner erkennbar und zweitens treiben die Blüten der Kreativität einzelner keine bedenklichen Auswüchse.
- Das gepflegte Äußere ist das erste, was Ihr Kunde wahrnimmt. Es ist ein wichtiger Teil Ihrer gesamten Erscheinung und Ihrer Ausstrahlung.

Fazit

- Sehen Sie die Welt mit den Augen Ihrer Kunden. Sorgen Sie dafür, dass Sie einen perfekten ersten Eindruck auf Ihre Kunden machen.
- Ludwig Mies van der Rohe gilt als einer der bedeutendsten Architekten der Moderne. Er reduzierte seine zeitlosen, grandiosen Entwürfe auf die für ihn wichtigsten und formgebenden Konturen und Linien. Es entstand eine zeitlose Eleganz, die immer modern bleiben wird. Sein Motto: *„Weniger ist mehr!"* (Zimmermann,)
- Beherzigen Sie diese Grundregel bei der Wahl Ihrer Businesskleidung und Sie sind auf der sicheren Seite. Natürlich bezogen auf die Schlichtheit und das Design, nicht aber auf die Qualität und Quantität.
- Wenn Sie Ihre Kunden verabschieden, denken Sie immer an die Macht des letzten Eindrucks. Er bleibt in Erinnerung.

3.5 Die Marktanalyse

Am Anfang eines jeden erfolgreichen Business steht immer eine Marktanalyse. Zusammenfassend dargestellt geht es darum, alle relevanten Bedingungen und Faktoren des Geschäftsumfeldes zu analysieren, um einen in der Zukunft liegenden Geschäftserfolg möglichst präzise planen und dauerhaft sicherzustellen zu können.

Die Marktanalyse ist ein Teilgebiet des Marketings und liefert Unternehmen Informationen, aus denen Entscheidungen für strategische und operative Ziele und Maßnahmen abgeleitet werden.

Das ist nichts Neues, werden Sie sich jetzt sagen. Worauf ich mit dieser Darstellung hinauswill? Betrachten Sie Ihren Beruf im Vertrieb einmal als Ihr eigenes Unternehmen. Wie sieht dann Ihr „Unternehmensumfeld" aus? Wer sind Ihre Wettbewerber? Wie verhalten sich diese? Bei welchen Produkten, oder Dienstleistungen unterscheiden Sie sich von ihnen? Wo erkennen Sie Schnittmengen? Wer sind Ihre Kunden? Wie kann es Ihnen gelingen, für sie attraktiv zu sein, und womit binden Sie diese an Ihr Unternehmen? Kurz gesagt: Wo sind Sie besser? Warum sollten Kunden bei Ihnen kaufen? Beginnen Sie Ihr Umfeld zu analysieren! Klar und strukturiert!

3.5.1   Wer ist mein Kunde?

Wie wir mit einem Kunden zielgerichtet kommunizieren, haben wir sehr genau besprochen. Die Meta-Programme lassen sogar erkennen, auf welchen Kanälen wir am effektivsten senden. In diesem Kapitel geht es darum, uns ein generelles Bild unserer Zielgruppe zu machen. Wir schauen genauer hin.

Eine genauere Analyse wird natürlich nur dann möglich, wenn Sie wissen, wer Ihr Kunde ist. Wenn Sie einen festen Kundenstamm betreuen, oder einen großen Abschluss vor sich haben, auf den Sie sich vorbereiten:

- Googlen Sie Ihren Kunden.
- Suchen Sie sein Profil in sozialen Netzwerken. Business-Plattformen wie „XING", „Linkedin", aber auch in Social Media wie z. B. „Facebook".
- Besuchen Sie die Website der Firma, für die Ihr Kunde arbeitet.
- Hatten Sie schon einmal Kontakt zu ihm oder zu seiner Firma?
- Sammeln Sie alles an Informationen, was Sie bekommen können.
- Machen Sie sich ein möglichst klares Bild von seiner Persönlichkeit.
- Verwenden Sie ggf. die Checkliste „Selbstbild/Fremdbild" (Tab. 1).
- Verwenden Sie die Meta-Programm-Tabelle.
- Verwenden Sie die Meta-Programm-Checkliste und überlegen Sie, welche Programme er hat.
- Überlegen Sie, welche Formulierungen Sie wählen müssen, um besser verstanden zu werden.
- Gibt es einen Branchenbericht, können Sie ggf. ein grundsätzliches Verhaltensprofil der typischen Kunden entnehmen?

Je mehr Informationen Sie sammeln, desto genauer wird Ihr Bild und umso besser können Sie sich vorbereiten.

3.5.2   Wer ist mein/unser Wettbewerber?

In diesem Kapitel geht es um die Unternehmen, die sich im selben Segment platziert haben und damit Ihre direkten Wettbewerber im Markt sind. Ihre Kunden haben die freie Wahl, ob sie das gleiche oder ein vergleichbares Produkt bei Ihnen oder dort kaufen.

Abhängig von der Branche ist es mehr oder weniger schwierig zu wissen, wer die Wettbewerber bzw. die „Marktbegleiter" des Unternehmens sind. Die Geschäftsführung Ihres Unternehmens wird das genau wissen. Scheuen Sie sich nicht, sich dort zu informieren. Beginnen Sie sich dafür zu interessieren, bei welchen

Produkten/Leistungen/Services es Überschneidungen oder ggf. Preisunterschiede gibt. Um im Kundengespräch wirklich kompetent zu sein, müssen Sie das wissen. Nur so können Sie absolut selbstbewusst reagieren oder eventuell Ihren besseren Service betonen, wenn Sie mit einem günstigeren Preis konfrontiert werden. Verfahren Sie genauso gewissenhaft wie bei der Kundenanalyse. Sammeln Sie so viele Informationen wie möglich und machen Sie sich ein genaues Bild. Ein Experte kennt seinen Markt genau!

3.6 Zusatz-Strategien

3.6.1 Kundenkartei

Falls in dem Unternehmen, für das Sie arbeiten, keine Kundendatenbank existiert, kreieren Sie Ihre eigene. Einige Verkäufer finden das mühsam, obwohl es ein sehr gutes Werkzeug zur Kundenbetreuung- und Bindung ist. Sie listen alle wichtigen Kunden auf – und auch die, die es werden könnten – und notieren alles, was relevant sein könnte und womit Sie Ihren Kunden positiv überraschen können.

So könnte Ihre Datei aussehen:

* Ihr Kunde hat bei Ihnen gekauft. Es wurde sichtbar, dass in absehbarer Zeit ein Ergänzungskauf ansteht. Sie setzen sich einen Termin (mit automatischer Erinnerung).
* Geburtstage
* Hobbys
* Die wichtigsten Meta-Programme
* Sein Konsumverhalten
* Ist er eventuell ein guter Multiplikator für Ihr Geschäft? Hat er einen großen Wirkungsradius, sprich Einfluss auf einen größeren Personenkreis? Dann ist er ein „Influencer". Für diesen Personenkreis legen Sie eine *separate Datei* an! Diese Personen betreuen Sie regelmäßig!
* Was hat Ihr Kunde bereits bei Ihnen gekauft und wann?
* Wichtige Termine

Auf den ersten Blick scheint die Pflege dieser Datei aufwendig. Investieren Sie dafür täglich nur 10 min, ist es eine überschaubare Investition, die sich 100fach bezahlt macht. Sie haben damit immer einen Überblick und werden Gelegenheiten finden, Ihre Kunden zu kontaktieren. Besonders in Zeiten, da das Geschäft etwas ruhiger ist und die Kollegen zu jammern beginnen, arbeiten Sie an Ihrer Kartei und an Ihrem dauerhaften Erfolg.

Welches sind die zwei wichtigsten Bücher, die Sie gelesen haben? Erfolgreiche Menschen sind sehr belesen. Sie bilden sich ständig weiter, machen eigene Erfahrungen, lernen aber vor allem auch durch die Erkenntnisse anderer. Ein Meta-Verkäufer macht sich immer ein möglichst genaues Bild von seinen Gesprächspartnern. Trifft er auf einen offensichtlich erfolgreichen Menschen, überlegt er, wie dieser wohl vorgeht. Aus diesem Interesse entstehen oft automatisch sehr interessante Gespräche. Eine gute Frage – im passenden Moment und mit dem nötigen Fingerspitzengefühl gestellt – ist die nach den wichtigsten Büchern, die der Gesprächspartner gelesen hat. Erstens könnten diese Buchempfehlungen zu noch mehr Effizienz verhelfen und zweitens sagen sie auch viel über ihren Leser aus. Solch eine Frage stellen zu können, setzt natürlich eine vertrauensvolle, und offene Gesprächs-Atmosphäre voraus.

3.6.2 Emotional Selling

Wie wir wissen, werden Entscheidungen im Unterbewusstsein getroffen, dort, wo faktische Argumente nicht ankommen. Im Unterbewusstsein wirken Bilder! Sehr schön verdeutlicht das der Vergleich mit einem Eisberg (vgl. Abb. 3.4).

Mit Fakten und logischen Argumente ist es so, als würden wir versuchen, mit Wind einen Eisberg zu bewegen. Völlig egal, welchen Sturm Sie auf der Spitze des Eisbergs entfachen, er wird die Richtung des Eisbergs nicht maßgeblich beeinflussen können. Denn unter Wasser hat Wind keine Wirkung. Hier wirken Strömungen, deren Richtungen und Kraft wir über Wasser nicht sehen- und nicht einmal erahnen können. Die Strömungen alleine sind es, die den Eisberg bewegen.

Abb. 3.4 Eisberg

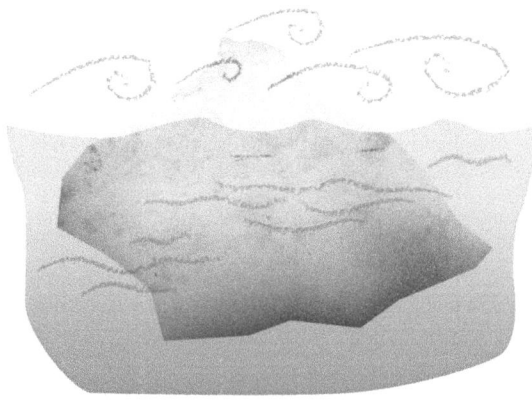

Was über Wasser der Wind, sind im Verkaufsgespräch die logischen Argumente und Fakten. Was unter Wasser die Strömungen, sind im Unterbewusstsein Ihrer Kunden Bilder und Emotionen. Bezogen auf die Meta-Programme bedeutet das, je stärker Ihr Kunde in 5a/ Logik ist, je geringer sind die Strömungen unter Wasser. Und desto stärker wirken Fakten und logische Argumentation. Je weiter er jedoch in 5b/ Gefühl ist, desto wichtiger ist es für Sie, in Bildern zu sprechen.

Zentrale Fragen von Neurowissenschaftlern hinsichtlich der Funktionsweise unseres Gehirns lauten:

- „Wie wird eine Entscheidung getroffen?
- Von welchen Faktoren hängt diese ab?"

Die wenigsten Verkäufer beschäftigen sich logischerweise näher mit solchen wissenschaftlichen Fragen, bzw. den Erkenntnissen daraus. Dabei sind diese gerade im Vertrieb ebenfalls von zentraler Bedeutung. Zu wissen, wie ein Kunde seine Entscheidung trifft und wovon diese abhängt, kann den eigenen Erfolg maßgeblich steigern. Letzten Endes geht es doch immer darum: Wann kauft ein Kunde? Wann entscheidet er sich dazu, „Ja" zu sagen? bzw. welche Möglichkeiten hat man als Verkäufer, ihn bei seiner Entscheidung zu unterstützen?

Wie sie anhand der einzelnen Meta-Programme bereits gesehen haben, ist es bei vielen Kunden vergebliche Liebesmüh, sich auf rein fachlichen Themen bezüglich der Ware, des Services, oder der Dienstleistung zu beschränken. Besonders dann, wenn Ihr Kunde extrem *5b Gefühl* veranlagt ist. Eine Kauf-Entscheidung wird nicht nur aus sachlichen Erwägungen getroffen, sondern meist aus einem Bauchgefühl. Genau dieses Bauchgefühl ist der wahre Entscheider. Immer!

Im Unterbewusstsein spielen sich über 90 % der gesamten Hirntätigkeit ab. Neueste neurowissenschaftliche Erkenntnisse gehen sogar soweit, dass eine Entscheidung unterbewusst schon längst gefallen ist, bevor wir davon auch nur eine Ahnung haben. Hiernach können Botschaften unbemerkt in unterbewussten Ebenen des Hirns dringen. Sie können in positive Stimmung versetzen und das Kaufverhalten beeinflussen. Bei der Gestaltung von Verkaufsräumen werden diese Kenntnisse schon häufig eingesetzt. Großformatige Fotografien von attraktiven Menschen, Urlaubsszenarien, etc., Duftaromen und ein angenehmes Licht versetzen unbewusst in eine positive Stimmung. Eine gute Voraussetzung für einen Einkauf ist geschaffen: Letzten Endes ist es nicht ein großes, positives Erlebnis, welches das Zünglein an der Waage der Kaufentscheidung bildet, sondern die Summe aller positiven Eindrücke die Ihr Kunde bei seinem Einkauf wahrnimmt. Grundregel: Sorgen Sie daher dafür, dass sich Ihr Kunde während des gesamten Aufenthalts bei Ihnen wohlfühlt. Vom Betreten Ihres Hauses, bis zur Verabschiedung.

3.6.3   Storytelling

Ein Sachverhalt wird durch eine kleine Geschichte viel schneller klar als durch eine Ansammlung von Fakten. Ebenso ist es mit Verständnis und dem Aufbau von Vertrauen. Gelingt es Ihnen, Ihrem Kunden zu signalisieren, dass Sie genau verstehen, worum es ihm geht, entsteht Vertrauen.

Nehmen wir als extremes Beispiel einen Service-Mitarbeiter eines Autohändlers. Er hat gerade einen Kunden, der sich eine neue Werkstatt für sein Auto sucht. Da es bei einer Reparatur schnell um einige tausend Euro geht, hat der Mitarbeiter eine sehr wichtige Position für den Erfolg des KFZ-Betriebes. Da viele Menschen in diesem Bereich negative oder zumindest sehr kostspielige Erfahrungen gemacht haben, geht es in erster Linie darum, das Vertrauen des neuen Kunden zu gewinnen. Das Gespräch könnte zum Beispiel so verlaufen:

Beispiel

„Vielleicht haben Sie schon einmal negative Erfahrungen mit einer Reparatur-Werkstatt gemacht? Wir wissen, dass es einige schwarze Schafe in unserer Branche gibt, daher legen wir allergrößten Wert auf Transparenz und eine direkte Absprache mit unseren Kunden. Damit Sie im Nachhinein keine negativen Überraschungen erleben müssen. Wir stimmen immer genau ab, was zu tun ist, und haben dabei völlige Transparenz… Stellen Sie sich vor, Sie haben viel Geld für eine aufwändige Reparatur bezahlt und stellen im Anschluss fest, Sie hätten das gleiche woanders günstiger bekommen. Unsere Preise sind nicht nur fair, sondern auch garantiert! Unsere Werkstatt-Garantie gibt Ihnen die Sicherheit den richtigen Preis zu zahlen."

Was hat der Mitarbeiter der KFZ-Firma getan? Er hat den potentiellen neuen Kunden gewissermaßen auf „Gedankenreise" geschickt. Er hat Bilder in seinem Kopf erzeugt. Bilder eines negativen Erlebnisses! Er hat damit Fragen des Kunden vorweggenommen, die der Kunde sich zwangsläufig stellen muss, wenn er sich nach einer neuen Werkstatt umsieht:

- Ist die Firma vertrauenswürdig?
- Werde ich als Kunde ernst genommen?
- Wird es mir vielleicht hier genauso ergehen wie damals…?
- Wie arbeitet die Firma?
- Kann ich immer nachvollziehen, was tatsächlich an Aufwand entstanden- und bezahlt werden muss?
- Etc.

Die Firma hat sich im Vorfeld damit beschäftigt, was Kunden denken, erwarten oder gar befürchten, wenn Sie einen neuen „Partner" für die Wartung ihres Fahrzeugs suchen. Gleich zu Beginn den Kunden da abzuholen, wo er mit seinen Überlegungen steht, zeigt, dass Sie wissen, wie es ihm gerade geht. Der Service-Mitarbeiter hat bei seinem Kunden Bilder erzeugt, die genau seinen Ideen entsprechen. Hat er tatsächlich schlechte Erfahrungen gemacht, bekommt er nun das Gefühl: „Der Mann weiß, um was es mir geht." So kann man sogar aus einem negativen Erlebnis Vertrauen aufbauen.

Welche Erwartungen haben Ihre Kunden, wenn Sie zu Ihnen kommen? Sammeln Sie alle Ideen, die Ihnen dazu einfallen. Hier ein Beispiel dazu aus meiner Erfahrung:

Beispiel

Ich habe einen Küchenverkäufer erlebt, der es sehr gut beherrschte seine Kunden *„auf Gedankenreise zu schicken"*. Er erklärte beispielsweise nicht, was für ein tolles Gerät der neue Dampfgarer ist und welche technischen Finessen er birgt. Er ließ seine Kunden schon im Voraus in Gedanken erleben, wie Sie zu Hause Gäste haben würden und wie sie gemeinsam mit ihnen ein Glas Wein trinken würden, während der Dampfgarer das Essen auf den Punkt genau kochen wird: *„Stellen sie sich vor, Sie haben Gäste zum Essen eingeladen. Sie haben alles in der Küche vorbereitet. Normalerweise muss dann einer von Ihnen in der Küche bleiben, während alle anderen schon am Tisch sitzen und mit dem Wein beginnen. Dieses Gerät verschafft Ihnen die Möglichkeit, dass alle gemeinsam anstoßen können und niemand mehr aktiv in der Küche sein muss. Wie finden Sie das?"*... Den Blick mit einem Schmunzeln in Richtung der Dame gerichtet. Die Bilder waren erzeugt und eine positive Emotion geweckt. Der Weg war bereitet, um die Fakten und die Handhabung zu erklären. Im Verlauf des Gesprächs kam er noch einmal auf die beschriebene Situation zurück. *„Ich bin überzeugt, davon, dass nicht nur Sie, sondern auch Ihre Gäste begeistert sein werden!"*

3.6.4   Lernen durch Unterstützung

Hart, wenn man sich ganz alleine alles neu erarbeiten muss, ging es Willy durch den Kopf. Nun war es nicht mehr eine bloße Vermutung, sondern Gewissheit. Vor drei Wochen hatte er in der neuen Firma begonnen. Er hatte genau den Job bekommen, den er wollte. In dem größten und besten Sportgeschäft der Stadt. Genau in der für ihn perfekten Abteilung. Seit Jahren spielte er selbst Tennis und hatte letztes Jahr die Stadtmeisterschaft gewonnen. Den ersten Titel in seinem Leben. Er war stolz und nicht nur in seinem Verein-, sondern in der ganzen Region war er unter Sportlern bekannt geworden. Eine Profikariere einzuschlagen kam für ihn überhaupt nicht in Frage, da er zuhause sein wollte bei seiner Frau und seiner Tochter. Er war zufrieden mit seinem Leben. Er hatte eine tolle Familie und Zeit, seinem Hobby nachzugehen. Am frühen Morgen lief er häufig eine Stunde durch den Wald. Danach frühstückten sie gemeinsam, bevor er ins Geschäft fuhr.

Beruflich lief auch alles perfekt. Die ersten Wochen hatte er sich alles angesehen und nun sein Ziel klar formuliert: „Ich werde in einem Jahr der beste Verkäufer in dieser Abteilung sein!" Das hatte er sich nach drei Wochen in seinen Organizer geschrieben. Und daran würde das, was er gestern Nachmittag zufällig gehört hatte, nichts ändern. Im Gegenteil dachte er. Jetzt erst recht! Er hatte gehört, wie sich zwei Kolleginnen über ihn unterhielten: „... ja, ganz genau. Das hat er bei mir auch gemacht. Er kommt und fragt ständig, wo er etwas finden kann. Wo ist der Katalog? Wer ist der Vertreter von dieser Firma? Wo finde ich dies, wo finde ich das? Bin ich hier die Auskunft, oder was?..." Er hatte genug gehört. Er ging zurück in seine Abteilung und auf den nächsten Kunden zu. Er hatte sich darauf eingestellt, die Ochsentour gehen zu müssen und sich alles selbst zu erarbeiten.

Heute dachte er, der Erste zu sein, in der Abteilung, denn alle anderen kamen immer erst kurz vor Geschäftsöffnung. Doch ein Kollege war schon da. Werner hieß er. Angeblich der beste Verkäufer des ganzen Hauses und eigentlich in einer ganz anderen Abteilung. Der Verkäufer begrüßte ihn sehr freundlich und erklärte, dass er sich früh morgens gerne einen Überblick verschaffe, was es im Geschäft so Neues gibt. Die beiden verstanden sich auf Anhieb blendend. Werner fragte Willy ein paar Dinge über Tennis und was so die Highlights im Sortiment seien. Willy gab ihm einen schnellen Überblick und erkannte dabei, warum Werner so erfolgreich war. Er schien sich für alles zu interessieren, was mit Sport und Sportartikeln zu tun hat. Am Abend kam Werner noch einmal zu Willy und fragte, ob er Lust habe auf ein kurzes Feierabendbier um die Ecke. Willy freute sich und sagte spontan zu. In der Bar bot Werner dann an, Willy könne gerne mit allen Fragen, die er über das Geschäft, die Lieferanten, deren Vertreter, oder was auch immer, gerne jeder Zeit zu ihm kommen. Er wisse, wie manche Kollegen immer wieder die Neuen schnitten, in der Hoffnung, dadurch weniger Umsatz zu verlieren. „Was für ein absurder Gedanke! Auf gute Zusammenarbeit!"

Zu diesem „Feierabendbier" gingen sie seither einmal pro Woche und tauschten sich aus über Verkauf und Gott und die Welt. Werner erklärte ihm, worauf es bei dem Aufbau eines Kundennetzwerks ankam und wie er seine Kontakte in der Sportwelt am besten dazu nutzen konnte. Sie sprachen über Bücher, die man unbedingt gelesen haben musste, und es entwickelte sich eine echte Freundschaft. Nach einem halben Jahr hatte Willy schon fast das Umsatz-Niveau von Werner erreicht. Der Geschäftsführer gratulierte Willy zu seinem „Blitzstart", wie er es nannte, und bot beiden an, darüber nachzudenken, welches Verkaufsseminar ihrer Meinung nach für die Firma sinnvoll sei.

Jeder erfolgreiche Mensch hatte irgendwann mindestens einmal einen Mentor. Einen selbst erfolgreichen Menschen, der ihn förderte und ein Beschleuniger für seinen Erfolg war. Einen Menschen der ihm zeigte, wo die Steine im Wasser liegen, damit auch er über das Wasser gehen kann. Einen, der ihm die Abkürzungen zeigte damit er nicht alle Fehler wiederholen musste, die andere schon vor ihm machten.

Aus den Fehlern anderer zu lernen ist ein schneller Weg zum Erfolg. Auf einen Menschen zu treffen der sein Wissen bereitwillig weitergibt eine glückliche Fügung. Daraus entsteht Dankbarkeit und eine Art Selbstverpflichtung auch andere in dieser Form zu unterstützen. Erkennen Sie bei jemandem das gleiche innere Verlangen nach Wachstum, nach Erfolg, welches auch Sie einmal am Anfang Ihrer Kariere in sich spürten dann seien Sie ein solcher Mensch. Seien Sie ein Unterstützer, ein Beschleuniger für andere.

Die Macht der Effektivität

4

4.1 Ziele als Beschleuniger für Motivation und Erfolg

Haben Sie schon einmal versucht, Ihr geschäftliches Umfeld aus den Augen Ihres Vorgesetzten, oder aus denen der Unternehmensleitung zu betrachten? Oder, falls Sie selbst Chef einer Abteilung sind oder ein Unternehmen leiten: Haben Sie sich schon einmal überlegt, ob Ihre Mitarbeiter wissen, wo Sie hinwollen? Was ihre Ziele sind? Und ob sie wissen, wie sie diese Ziele am besten erreichen? Einige von Ihnen werden jetzt sagen, man könne wohl voraussetzen, erfolgreiche Mitarbeiter oder gar alle müssten die grundlegende Ausrichtung ihres Unternehmens kennen. Weit gefehlt! Die Mehrzahl der Menschen beschäftigt sich nur oberflächlich bis gar nicht damit. Sie sind in diesem Zusammenhang noch stark im inneren Bezug (2a) und reaktiv. Sie glauben, die eigene Leistung habe wenig bis gar keinen Einfluss auf das Gesamtergebnis des Unternehmens, weshalb sie sich auch nicht sonderlich damit beschäftigen.

Eine ausführliche Behandlung dieses Themas würde den Rahmen eines Kapitels dieses Buches sprengen. Dennoch möchte ich nicht darauf verzichten es in Kürze angesprochen zu haben, da ich es als äußerst wichtige Basis für eine funktionierende und motivierende Unternehmenskultur erachte. Betrachten Sie daher die folgenden Ausführungen als Chance, um Ihre Informations- und Kommunikationsstruktur zu überdenken und Ihr Interesse daran zu wecken.

© Springer Fachmedien Wiesbaden 2015
T. W. Lörsch, *Kunden gewinnen mit Meta-Selling*,
DOI 10.1007/978-3-658-06964-3_4

Kennen Sie die Ziele Ihres Vorgesetzten und die des Unternehmens, für das Sie arbeiten?

Ihr Chef führt diese Abteilung, klar. Er möchte mehr Umsatz und wird irgendwie unbequem, wenn es bei Ihnen einmal nicht so rund läuft. Den anderen Mitarbeitern der Abteilung geht es schließlich genauso. Gehören Sie jedoch zu den Besten, brauchen Sie sich um solche Themen keine Gedanken zu machen und können sich auf das Wesentliche konzentrieren. Auf das Verkaufen und darauf, wie Sie noch besser werden.

Wird es einmal stürmisch – steht eine Sonderaktion, eine Werbemaßnahme oder der Schlussverkauf an –, dann sollen Sie auch noch mehr leisten, als sonst. In diesen Phasen steigt der Leistungsdruck für alle, nicht nur für Sie! Das Unternehmen investiert mehr Kapital in Werbung, mit dem Ziel, mehr Umsatz zu generieren. Primär sorgt es aber dafür, von mehr Kunden wahrgenommen zu werden, um sich und der gesamten Besatzung einen Vorteil gegenüber dem Wettbewerb zu verschaffen. Denn lässt ein Unternehmen in diesen ständigen Bemühungen nach, bedeutet das „Flaute". Das Schiff verliert an Fahrt, wird von anderen überholt, und sehr viel Kraft muss mit Rudern vergeudet werden. Und wer legt sich schon gerne freiwillig in die Riemen, wenn es große Segel gibt?!

Erreichen einzelne Mitarbeiter Ihre gesteckten Ziele nicht, gefährden sie das Gesamtziel der Abteilung, und damit gerät das Verhältnis von Umsatz und Kosten aus dem Gleichgewicht. Das sollte jedem Verkäufer bewusst sein! Er trägt mit seiner Leistung zum Gesamtergebnis des Unternehmens bei und damit auch direkt zur Sicherheit der gesamten Belegschaft.

Hinter den Zielen des Vorgesetzten nach mehr Umsatz und mehr Marktanteilen verbergen sich immer das Streben nach dauerhaftem Erfolg und Stabilität. Und das sind auch immer Ziele eines jeden einzelnen Verkäufers. Je größer die Begeisterung und die Leidenschaft für den Verkauf, desto größer ist auch das Verständnis für die Regeln, die in einem Unternehmen aufgestellt- und gelegentlich auch geändert werden müssen.

In Zufriedenheitsumfragen sind beispielsweise Urlaubsregelungen immer wieder Stein des Anstoßes. Erinnern Sie sich dazu bitte an den „Eigenen Einflussbereich". Können Sie keinen Einfluss nehmen auf ein Thema, das Sie persönlich blockiert, resignieren Sie nicht. Sagen Sie sich: „Okay, das ist jetzt nicht optimal oder sogar unpassend. Aber ich kann es nicht ändern und schaue mir die Dinge an, die ich beeinflussen kann.

Der beste Umgang damit ist, sich beispielsweise zeitig über Urlaubssperren zu informieren und planvoll vorzugehen. Betrachten Sie immer die Chancen und nicht die Einschränkungen. Denken Sie an die gemeinsamen Ziele von eben. Eine Urlaubsregelung hat immer einen sinnvollen Hintergrund. Interessieren Sie sich

für die Ziele des Unternehmens, dann werden Sie den Sinn erkennen. In Zeiträu-
men der Urlaubssperre können Sie in der Regel mit mehr Kunden rechnen, aufgrund besonderer Aktionen (Werbung, Jubiläen, etc.). Und das bringt Ihnen die
Möglichkeit für mehr Abschlüsse!

▶   Wenn es Brei regnet, braucht man große Löffel!

Fazit

* Wie sie in den vorangegangen Kapiteln gelernt haben, stehen Ihre persönlichen Ziele immer an allererster Stelle. Sie sind eine Art Fernrohr in *Ihre
  Zukunft* und bilden ihre innere Motivation für Leistung und Erfolg!
* Interessieren Sie sich für die Ziele Ihres Unternehmens und machen Sie sich
  bewusst, dass Sie und jeder Mitarbeiter zum Erfolg des Unternehmens beiträgt.
* Sorgen Sie dafür, dass Ihre Mitarbeiter regelmäßig über die Ziele und die
  Erfolge Ihres Unternehmens informiert werden. Das fördert die Motivation
  und die Loyalität.

4.2   Die Effektivität im Verkauf

Der Fokus dieses Kapitels liegt auf der Organisation der eigenen Arbeitsabläufe,
der Konzentration auf das Wesentliche und dem Bewusstmachen- und Ausschalten
von Hindernissen, damit Sie Ihre Ressource Zeit nicht nur managen, sondern optimal nutzen können. Denn ein übersichtliches Arbeitsumfeld und optimale Zeitnut-
zung helfen gegen Motivationsflauten und steigern die Produktivität.

▶   Schaffen Sie sich einen besseren Überblick und die Kontrolle über das,
    was wichtig ist!

Beispiel

Der frühe Vogel fängt den Wurm!
    8:30 Uhr, am ersten Arbeitstag des jungen Verkäufers. Er ist ein wenig auf-
geregt. Den aktiven Verkauf kennt er aus dem Effeff. Sieben Jahre hat er in
einem Möbel-Studio in der Innenstadt gearbeitet. Hier hat er sich mit allen Abläufen des Verkaufs vertraut gemacht und beherrschte sie sicher und souverän.
Wie aber würde ein solch riesiges Einrichtungshaus funktionieren? Es ist über

40.000 Quadratmeter groß und bietet mehr als 250 Mitarbeitern einen Arbeitsplatz.

Hoch motiviert und entschlossen, einer der besten Verkäufer in diesem Möbelhaus zu werden, fährt er die Rolltreppe hinauf. Bisher hat er noch keinen
Verkäufer gesehen. Nur eine Dame, die hinter der Kasse in Unterlagen zu versinken scheint. Er geht durch die Etage, die kein Ende zu nehmen scheint. Von
weitem sieht er noch jemanden, der in einer Ecke hinter dem Kaffeeautomaten
verschwinden. In einem Aufenthaltsraum stehen ca. zehn bis fünfzehn Verkäufer, eingehüllt in eine dichte Rauchwolke und angeregt in Gespräche vertieft. Er
blickt auf seine Uhr. 8:50! Gleich wird die große Eingangstür sich öffnen und
die ersten Besucher das Möbelhaus betreten. Auf dem Absatz macht er kehrt
und geht auf dem kürzesten Weg zur Rolltreppe. Und dort kommen ihm auch
schon die ersten Kunden entgegen. Mit einer freundlichen Begrüßung steigt
er ins Gespräch ein, wie er es schon so oft getan- und ständig optimiert hat.
Die Kunden wissen schon recht genau, was sie wollen und so ist es der junge
Verkäufer, der an seinem ersten Tag den ersten Auftrag des Hauses schreibt.
Die Auftragsformulare findet er in der Schublade eines Beratertisches. Er bittet
die Kunden Platz zu nehmen, notiert Name und Adresse und übernimmt alle
notwendigen Informationen von den Etiketten der Möbel. Abschließend bittet
er die Kunden um ihre Unterschrift und unterzeichnet selbst. Auf dem Weg zur
Kasse gesteht er seinen ersten Arbeitstag zu haben und bittet darum die Kunden
am Nachmittag anrufen zu dürfen. Er wolle zur Sicherheit noch einmal die Lieferzeit überprüfen lassen und für den Fall, dass es eine Korrektur geben sollte,
würde er sich melden. Die Kunden sind sehr zufrieden an einen engagierten
Verkäufer geraten zu sein, bedanken sich und verlassen zufrieden das Geschäft.
Diese Geschichte sollte Wellen schlagen bis in die oberste Etage des Konzerns
und ihm ein großes Lob vom obersten Geschäftsführer einbringen. Man war auf
ihn aufmerksam geworden! Am ersten Tag. In der ersten Minute! Und gelernt
hat er auch noch etwas dabei, denkt er sich, als er das Büro des Verkaufsleiters
verlässt, der gemeinsam mit ihm den Kaufvertrag geprüft hat.

Es ist prinzipiell genauso, wie in einem kleinen Einrichtungsstudio – denkt
er: „Betritt ein Kunde bei Geschäftsöffnung das Haus, ist dieser meist ein gut
organisierter und strukturierter Mensch, der einen konkreten Wunsch hat. Und
das bedeutet oft einen schnellen Umsatz." Auch hier gibt es sicherlich Ausnahmen. Aber auch dann kann sich dieser erste Kontakt am Morgen lohnen. Sie
können einem Kunden begegnen, der Ihre Hilfe benötigt. Ob Sie beispielsweise
eine Reklamation annehmen, einen direkten Kontakt zu der gesuchten Abteilung vermitteln, oder die Kunden dorthin begleiten. Der Kunde muss sich nicht

erst durchfragen und orientieren. Für das Unternehmen ist es ebenso von Vorteil: Kundenorientierung und Servicebereitschaft werden hervorgehoben. Zwei wichtige Faktoren für den langfristigen Erfolg.

Warum diese kleine Geschichte? Weil sie sehr schön aufzeigt, wie sehr Entschlossenheit und Leistungsbereitschaft den Erfolg beeinflussen.

▶   Ohne klares Ziel keine ausreichende Motivation. Und ohne Motivation
    keinen bestmöglichen Erfolg!

4.2.1   Analyse: Der „normale" Tagesablauf

Nehmen Sie bitte wieder ein Blatt Papier und einen Stift, und machen Sie sich stichwortartige Notizen. Wie sieht Ihr normaler Arbeitstag aus? Welche Abläufe haben sich im Laufe der Zeit eingespielt? Welche haben Sie von anderen übernommen, oder wurden Ihnen vorgegeben? Welche Nebenarbeiten haben Sie zu erledigen, und wann tun Sie dies? Notieren Sie bitte auch, wie viel Zeit sie für diese Arbeiten brauchen? Wie oft gehen Sie eine Zigarette rauchen, einen Kaffee trinken und wann? Stehen vielleicht auch Sie kurz vor Geschäftsöffnung mit Kollegen zusammen, oder sind sie gut vorbereitet? Sind Sie immer bereit, wenn Kunden in Ihrer Abteilung, Ihrem Geschäft sind? Oder sind sie gelegentlich auch mit andern Dingen beschäftigt? Den meisten Verkäufern geht es jedenfalls so, dass sie sich hin und wieder darüber ärgern, wenn sie bei einer Arbeit von einem Kunden unterbrochen werden. dementsprechend „professionell" fällt dann gelegentlich auch die Kontaktaufnahme aus. Und der magische Augenblick des „Ersten Eindrucks" ist vergeigt.
   Zwei äußere Faktoren tragen zu Ihrer Motivation bei:

1. Anerkennung und Wertschätzung
2. Geld

Zwischen diesen beiden Faktoren besteht ein kausaler Zusammenhang. Verkaufen Sie weniger, „verdienen" Sie weniger und die Anerkennung und die Wertschätzung werden dadurch langfristig auch leiden. Stellen Sie Ihre „Innere Motivation" her, die äußeren Faktoren werden ihr folgen.
   Grundsätzlich sind nur Sie selbst für Ihren Erfolg im Beruf verantwortlich und sonst niemand! Stellen Sie Ihr Verhalten und Ihre Motivation einmal auf den Prüfstand. Sie können dabei nur gewinnen.

Abläufe organisieren: Fokus auf das Wesentliche
Verlegen Sie alle Nebenarbeiten in Zeiten geringer Kundenfrequenz. Sobald ein Kunde ihre Abteilung betritt, sind sie der erste, der ihn begrüßt. Sorgen Sie dafür nicht mit organisatorischen Dingen blockiert zu sein; mit der Ausarbeitung von Aufträgen; Informationsbeschaffung; etc. Ihnen fallen sicher etliche Beispiele aus Ihrem Arbeitsumfeld ein.

4.2.2 Hindernisse und Blockaden erkennen

Auf dem Weg zum Erfolg begegnet jeder Mensch Hindernissen und Blockaden. Erkennen und benennen Sie diese, sind Sie in der Lage, sie aus dem Weg zu räumen. Daraus ergeben sich die drei folgenden Fragen:

• Welche Hindernisse und Blockaden liegen vor?
• Von wem oder wodurch werden diese Hindernisse und Blockaden verursacht?
• Wie lösen Sie die Hindernisse und Blockaden auf?

Sie erinnern sich an den jungen Verkäufer und an den Raucherraum, in dem sich die Verkäufer zum allmorgendlichen Plausch trafen. Ein sehr plakatives Beispiel – sicherlich. Bei genauem Hinsehen findet fast jeder bei sich etwas Vergleichbares.
   Nehmen Sie bitte wieder ein Blatt Papier und einen Stift zur Hand und schreiben Sei alles auf, was Sie blockiert oder behindert. Listen Sie alles auf, was Ihnen spontan einfällt. Die folgenden Punkte werden am häufigsten genannt und sollen Ihnen als Beispiele dienen.

• Die Organisation
• Die Kollegen (Zusammenarbeit, Konflikte, zu wenig Personal…)
• Die Kompetenz Ihres Vorgesetzten
• Ihre Erwartungshaltung den Kollegen gegenüber
• Zeitdruck
• Informationsflut, oder –Defizit
• Interne Kommunikation
• Etc.

Von wem oder wodurch werden diese Hindernisse und Blockaden verursacht? Ordnen Sie nun die Hindernisse und Blockaden den folgenden, möglichen Verursachern zu:

- Unternehmen/Organisation
- Führungskraft
- Kollegen allgemein
- Meine Abteilung/Team
- Ich
- Privat

Wie lösen Sie die Hindernisse und Blockaden auf? Durch das Zuordnen wird deutlich, ob Sie Einfluss auf die Hindernisse und Blockaden nehmen können. Diese wichtige Erkenntnis bildet die Grundlage für die Antwort auf die Frage: **Wie werden Sie erfolgreich(er)?**

Sie werden immer auch auf Hindernisse stoßen die Sie *nicht* beeinflussen können. Diese zu erkennen und zu akzeptieren, dass sie außerhalb des eigenen Einflussbereiches liegen sind wichtige Voraussetzungen für mehr Effektivität.

Haben Sie diese, für Sie „unbeeinflussbaren Hindernisse" erkannt, gelingt es Ihnen leichter sie zu akzeptieren. Verschwenden Sie keine Zeit mehr damit sich darüber zu ärgern. Schieben Sie diese Themen gedanklich beiseite und konzentrieren Sie sich stattdessen darauf die Hindernissen und Blockaden zu beseitigen, die in Ihrem Einflussbereich liegen.

Gehen Sie alle Punkte einzeln durch und beantworten Sie sich dazu die folgenden Fragen:

- Wie trägt *Ihr* eigenes Verhalten zu diesem Hindernis bei?
- Wie können *Sie* die betriebliche Organisation bestmöglich für Ihren Erfolg nutzen? (z. B. Support von zentralen Abteilungen; Berichtswesen, etc.)
- Wie und wodurch können *Sie* in Kollegen, oder Vorgesetzten einen Verbündeten gewinnen?

Schreiben Sie alle Ideen auf und planen Sie die Vorgehensweise. Formulieren Sie auch hierbei klare Ziele und machen Sie sich täglich die *Erfolge Ihrer Verhaltensänderung* in Ihrem persönlichen Erfolgsjournal bewusst, (folgt gleich in Kap. 4.2.7).

▶   Immer, wenn wir mit einem Finger auf andere zeigen, sind drei derselben Hand auf uns selbst gerichtet.

4.2.3 Disziplin

Ob Aristoteles, Albert Einstein, oder Bill Gates – alle diese großen Persönlichkeiten haben oder hatten eine besondere, herausragende Begabung, die sie so berühmt und erfolgreich hat werden lassen. Sie werden jetzt an Intelligenz, Kreativität und Erfindergeist denken. Das sind zweifelsfrei auch nicht unwesentliche Voraussetzungen. Was diese erfolgreichen Menschen aber mit allen anderen bekannten und großen Persönlichkeiten durch alle Epochen der Geschichte, bis heute verbindet ist die wichtigste Eigenschaft: *Fleiß!*

Aristoteles lebte im 4. Jahrhundert vor Christus. Sein Lehrer war Platon, doch hat Aristoteles zahlreiche Disziplinen selbst begründet oder maßgeblich beeinflusst. Darunter Wissenschaftstheorie, Logik, Biologie, Ethik und Staatstheorie. Albert Einstein, der Nobelpreisträger wurde mit seiner Relativitätstheorie weltberühmt und gilt als Inbegriff des Forschers und Genies. Und Bill Gates, der aus einer Garagenfirma den richtungsweisenden Weltkonzern Microsoft aufbaute, zählt zu den reichten Menschen unserer Zeit.

Es wäre zu einfach, bei diesen und so vielen anderen erfolgreichen Menschen „bloß" deren Talent als Ursprung des Erfolgs zu betrachten. Alle erfolgreichen Menschen verdanken ihren Erfolg viel harter Arbeit, einem eisernen Willen und viel, viel Disziplin. Natürlich ist das Vorhandensein von Talent eine nötige Voraussetzung für Erfolg. Aber nicht in so überdurchschnittlicher Quantität, dass es die herausragenden Erfolge rechtfertigen würde. Es ist vielmehr die Kombination von Talent und Disziplin. Der deutsche Astronom Johannes Keppler hat es so formuliert:

▶ „Das Beste findet sich dort, wo sich Fleiß mit Begabung verbindet."

Im Sport wird dieses Leistungsprinzip, diese Grundregel des Erfolgs, besonders deutlich. Das weiß jeder, der Sport treibt und sich weiterentwickeln möchte. Erfolg hat man nur dann, wenn man hart an sich arbeitet und klare Prioritäten setzt. Wenn man einem straffen Trainingsplan folgt und konsequent ist. Noch im letzten Jahrhundert war ein Marathonläufer ein bewundertes Ausdauer-Genie. Heutzutage können sie Dutzende Bücher mit diversen Anleitungen, Trainings- und Ernährungsplänen kaufen und ein Marathon ist mittlerweile eine Massenveranstaltung. All die tausenden Läufer wissen es: Es zu wissen wie es geht und ein Talent reicht bei weitem nicht aus. Es ist sehr viel harte Arbeit und viel Fleiß und Disziplin notwendig, um 42,195 km in einer passablen Zeit zu laufen. Und Laufen, Laufen, Laufen.

Wenn Sie bereit sind Disziplin und Fleiß aufzubringen, andere Dinge hintenan zu stellen, dann werden Sie im Verkauf erfolgreich sein. Das verspreche ich Ihnen!

Fazit

Erfolgreiche Menschen
- gehen immer planvoll vor,
- sind immer lösungsorientiert,
- räumen Hindernisse aus dem Weg,
- beschäftigen sich nicht mit Themen, die sie nicht beeinflussen können,
- sind sehr diszipliniert.

4.2.4   Das Pareto-Prinzip

Nach dem „Pareto-Prinzip" erreichen wir 80 % eines Ergebnisses in nur 20 % der Gesamtzeit eines Projekts. Die verbleibenden 20 % zur vollen Zielerreichung benötigen 80 % der Gesamtzeit und verursachen die meiste Arbeit (vgl. Abb. 4.1).

Zeit ist ein knappes Gut. Der bewusste Umgang damit ist eine Grundlage zur Steigerung Ihrer Effektivität. Die Erkenntnis aus dem Pareto-Prinzip legt nahe darüber nachzudenken, bei welchen Aufgaben ein 80-iges Ergebnis ausreichend ist, damit die gewonnene Zeit produktiver genutzt werden kann. Schauen Sie auf Ihre Notizen von eben. Bei welchen Nebenarbeiten ist eine 80ige Ergebniserreichung ausreichend? Wie viel Zeit würden Sie dadurch gewinnen? Rechnen Sie aus, welche Zeit Ihnen wöchentlich damit zur Verfügung steht und notieren Sie diese. Diese gewonnene Zeit können Sie zur Kundenbetreuung- und/oder Gewinnung einsetzen und damit mehr Abschlüsse erzielen. Haben Sie „Mut zur Lücke" und verschwenden Sie keine Zeit mit Detailfetischismus.

4.3   Die 7 Wege zur Selbstmotivation

Wie sollen Willenskraft oder Tatendrang entstehen, wenn nicht glasklar ist, wohin das Handeln führen soll? Wie soll Effektivität entstehen, wenn Nebensächlichkeiten das Wertvollste stehlen, was wir im Leben besitzen? *Unsere Zeit!* Die Entschlossenheit, mit der wir Ziele verfolgen und den Prozess der Willensbildung zur Überwindung all dessen, was uns vom Handeln abhält, beschreiben Psychologen mit dem Begriff der „Volition". Auf diese „Volition" können Sie Einfluss nehmen! Sie können Sie steigern, indem Sie sich einen Überblick verschaffen und struktu-

Abb. 4.1 Das Pareto-Prinzip

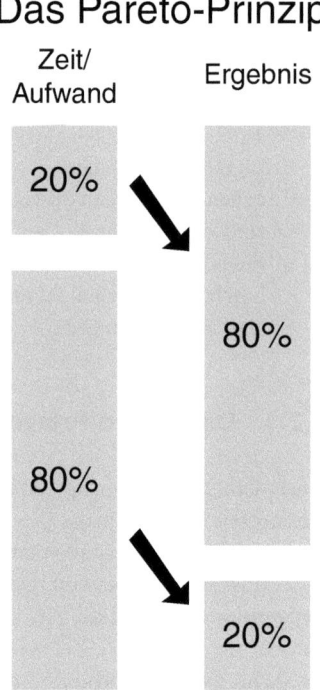

riert vorgehen. Dann werden Sie spüren, wie Ihre Selbstmotivation wächst und wie Sie Ihre Ziele erreichen. Wie sie Ihre Volition steigern, der „Aufschieberitis" den Laufpass geben, und Ihre Motivation steigern, erfahren Sie hier.

Immer, wenn wir eine dieser negativen Zustände an uns bemerken, sollten wir genauer hinschauen und feststellen, was uns nicht gefällt. Zeigen Sie Interesse, grenzen Sie das Thema ein, das Ihnen Unbehagen verschafft und setzen Sie sich damit auseinander.

Beispiel

Wie sich Frustration und Resignation anfühlen, welche Auswirkung sie auf die Motivation haben, erfuhr ich zum ersten Mal bewusst im Alter von 13 Jahren. Damals spielte ich Fußball und der Erfolg unserer Mannschaft war gelinde gesagt miserabel. Wir trainierten zweimal pro Woche und hatten immer unseren Spaß dabei. Wir waren noch halbe Kinder, lachten viel und rannten uns die

Seele aus dem Leib. Aber wenn es am Samstag oder Sonntag zum Meister-schaftsspiel ging, wurden wir alle klein und still. Keiner von uns war mehr zum Scherzen aufgelegt und das war auch verständlich. Es gab noch eine oder zwei Mannschaften, die zum Glück die Schlusslaterne der Tabelle hielten, aber uns graute davor, selbst diese unehrenhafte Position einnehmen zu müssen. Wir waren frustriert und glaubten, wir seien zurecht im Tabellenkeller, weil wir schlichtweg schlecht waren. Dieser Glaubenssatz war eine sich selbst er-füllende Prophezeiung, wie ich Jahre später lernen sollte. Zu dieser Zeit nützte mir das reichlich wenig, aber zur großen Wende kam es dennoch. Mit dem Trainerwechsel.

Mit unserem „wilden Rumgebolze", wie unser neuer Trainer unser Spiel nannte, müsse sofort Schluss sein. Er versprach uns, dass wir viel mehr Spaß am Spiel haben würden, wenn wir bereit seien, ihm eine Chance zu geben. Er könne uns beweisen, dass wir viel mehr könnten, als das, was er von uns ge-sehen habe. Er erklärte uns, wie wir Spielzüge aufbauen, unsere Gegner überra-schen können und welch wichtige Position ein jeder von uns in der Mannschaft einnimmt. Wieder und wieder trainierten wir einzelne Spielzüge und hatten nun auch regelmäßig Lauftraining! Das veränderte meine gesamte Sichtweise. Und nach ein paar Monaten war meine Einstellung vor jedem einzelnen Spiel und zum gesamten Sport eine völlig andere. Wir glaubten auf einmal fest daran, dass wir heute gewinnen werden und unsere Siege kamen genauso, wie sich unser Ehrgeiz und unsere Kondition entwickelten.

Was ich damals erkannte, nutze ich auch heute noch. Wenn ich in einem Verkäufer-Team von Motivation und Verantwortung spreche, ziehe ich sehr gerne Parallelen zum Fußball, um zu verdeutlichen, wie wichtig die Rolle des Einzelnen für ein erfolgreich funktionierendes Team ist.

Wenn auf dem Fußballplatz ein Einzelner seine Rolle nicht mit Leidenschaft und Ehrgeiz ausfüllt und nicht den absoluten Willen zum Sieg hat, kann die gesam-te Mannschaft niemals über ein Mittelmaß hinauswachsen. Vielleicht kann man die Klasse halten und schafft es nicht abzusteigen. Wenn das Ziel aber sein soll, in eine höhere Liga aufzusteigen und erfolgreich zu sein, muss jeder einzelne vor Begeisterung brennen und mit Leidenschaft und Einsatzwillen dabei sein. Dann MUSS Fußball zum Hobby werden und es reicht nicht nur pünktlich zum Trai-ning zu erscheinen. Dann ist jeder einzelne Spieler gefordert, seine Fähigkeiten auch jenseits der Trainingseinheiten zu entwickeln. Wirklich erfolgreich werden dann diejenigen, die sich anschauen, wie die „großen Mannschaften", „die großen Spieler" agieren. Jeder Fußballstar ist diesen Weg gegangen. Jeder hatte zumindest einen Helden, den er fast vergötterte und seinen rechten Arm dafür gegeben hätte, nur einmal mit seinem „Star" trainieren zu können oder ihm persönlich zu begegnen. Und wie Sie sehen, sind wir auch bei Fußballprofis und auch bei allen anderen Spitzen-Sportlern wieder bei den Grundsätzen, die ich eben von Aristoteles zitiert habe.

Um wieder zum Vertrieb zurückzukehren überlegen Sie bitte einmal selbst, wie wichtig der Beitrag eines jeden Verkäufers bzw. Mitarbeiters am Gesamtergebnis des Unternehmens ist. Der persönliche Ehrgeiz, die Leistungsbereitschaft und die Serviceleistung jedes Verkäufers tragen zum Gesamterfolg des Unternehmens bei. Bei jedem Kundenkontakt wird die Leistungsfähigkeit „Ihrer" Firma repräsentiert. Sie persönlich prägen die Außenwahrnehmung des Unternehmens entscheidend mit.

4.3.1   Ziele formulieren

In Kap. 3 haben Sie bereits Ziele formuliert. Das ist grundsätzlich ein fundamental wichtiger Schritt für Ihre Motivation. Nehmen Sie bitte die formulierten Ziele zur Hand, und betrachten Sie diese nochmals.

Keine Panik, wenn es Ihnen schwer fällt Ziele zu formulieren. Dann gehören Sie vielleicht zu den sogenannten „kreativ-chaotischen Menschen", für die es regelrecht Stress bedeutet, wenn Sie sich auf ein konkretes Ziel festlegen sollen. Diese Menschen brauchen viel Freiraum und Möglichkeiten für Änderungen. In diesem Fall definieren Sie statt des „Zieles" die „Richtung" in die Sie sich aufmachen-, in der Sie sich entwickeln wollen. Auch das ist ein Ziel. Wichtig ist nur, dass Sie starten und dieser Richtung folgen.

Ohne Ziele, oder eine klaren Richtung, in der Sie sich bewegen – sei es im Beruf, oder auch privat – schwankt Ihre Motivation wie eine Nussschale auf dem offenen Ozean. Es ist ein ständiges Auf und Ab.

Stellen Sie sich vor Sie sind an einem Bahnhof und steigen in einen Zug. Sie wissen aber nicht wohin Sie wollen! Und haben nun auch keine Ahnung wohin Sie dieser Zug bringen wird. Zugegeben, das klingt sehr unsinnig. Aber nichts anderes ist es ein Leben zu führen und einem Beruf nachzugehen, ohne genau zu wissen wohin die Reise gehen soll!

▶   Nur wenn Sie wissen, wo Sie hin wollen, können Sie auch ankommen!

Eine der bekanntesten Methoden zur systematischen Zielformulierung ist die S.M.A.R.T.- Formel (Doran 1981). Sie ist sehr sinnvoll, da sie die wichtigsten Kriterien berücksichtigt, die bei der Formulierung von Zielen hilfreich sind:

S.	Spezifisch	Das Ziel muss so präzise wie möglich formuliert sein
M.	Messbar	Das Ziel muss immer messbar sein
A.	Attraktiv	Das Ziel muss ein Verlangen auslösen
R.	Realistisch	Das Ziel muss erreichbar sein
T.	Terminiert	Das Ziel bracht eine Deadline; einen Termin, zu dem es erreicht wird

4.3.2   Meilensteine Setzen – kleine Ziele möglich machen

Bei größeren Zielen, die einen längeren Zeitraum umfassen ist es sinnvoll sich kleine Zwischenziele zu setzen. Diese, häufig als „Meilensteine" umschriebenen Etappenziele sind einerseits kleine Motivationsquellen, die uns aufzeigen, an welchem Punkt der Strecke wir uns befinden. Andererseits sind sie auch Punkte, an denen wir unsere Vorgehensweise auf den Prüfstand stellen und ggf. Korrekturen vornehmen können, falls ich an den Bedingungen etwas geändert haben sollte. Hier empfiehlt sich ein S.M.A.R.T.-Check. Treffen diese Kriterien noch zu. Gibt es Einflüsse die wir vorher nicht haben erkennen können?

Zwischen den einzelnen Meilensteinen gehen Sie am besten mit einer klassischen und in der heutigen Zeit etwas altmodisch anmutenden To-Do-Liste vor. Listen Sie alles auf was bis zum nächsten Meilenstein zu tun ist und bis wann. Sich immer wieder vor Augen zu halten was ansteht ist ein sehr effektives Mittel das Ziel, oder die Richtung im Blick zu behalten.

Indem Sie sich mit Meilensteinen Zwischenstationen auf dem Weg zum Ziel formulieren, behalten Sie erstens Ihr Ziel immer vor Augen und zweitens wirkt das Erreichen von Zwischenzielen motivierend. So simpel diese kleine Maßnahme auch klingt, sie ist sehr effektiv für eine dauerhafte Motivation.

4.3.3   Deadlines

Damit Sie Ihre Ziele und Projekte auch erfolgreich abschließen können und die Fortschritte auf dem Weg dorthin sichtbar werden, sollten Sie sich Fristen setzen. Planen Sie dabei immer einen kleinen zeitlichen Puffer ein für unvorhersehbare Verzögerungen, sonst setzen Sie sich unnötigem Stress aus. Zeitliche Grenzen sind wichtig, da sonst der innere Schweinehund zu viele kleine Siege gewinnt. Deadlines erinnern Sie immer wieder daran Ihre Prioritäten richtig zu setzen und den kleinen Versuchungen sich abzulenken zu widerstehen.

4.3.4 Belohnungen

Wenn ein (Zwischen-) Ziel erreicht haben, belohnen Sie sich selbst. Am besten mit etwas Bleibendem, wie zum Beispiel einer schönen CD, oder DVD, einem Sportartikel, einem Kleidungstück, oder etwas ähnlichem. Die Belohnung sollte im Verhältnis zu der Anstrengung stehen, den Sie zur Zielerreichung haben aufwenden müssen. Für die Erreichung eines kleinen Meilensteines kann das auch einmal nur die kleine Kaffee- oder Zigarettenpause sein. Wichtig ist nur, dass Sie das Erreichen würdigen und die kleinen Belohnungen zu einem Ritual werden lassen. Sie sollten nur nicht zu etwas alltäglichem werden, denn dann verlieren sie ihre motivierende Wirkung.

Für das Erreichen größerer Ziele,- oder solche, die eine dauerhafte Wirkung haben, sollten Sie sich auch angemessen belohnen. Dann ist es für die Motivation unterstützend, wenn Sie Ihre gewählte Motivation visualisieren. Sollte Ihre Belohnung ein Shoppingausflug sein, drucken Sie sich einen Gutschein dafür aus und hängen ihn für sich gut sichtbar auf. Oder planen Sie sich einen Wochenendausflug zu schenken, machen sie gleiches mit dem Reiseprospekt oder einem Foto des Hotels o.ä.. Denn Sie wissen ja: Unser Gehirn arbeitet in Bildern!

4.3.5 Emotionen und der Idealzustand

Wie sehr haben Sie Ihre Emotionen im Griff? Wie sehr schlagen sich kleine Fehlschläge oder Pannen auf Ihre persönliche Befindlichkeit nieder? Wie sehr beeinflussen unangenehme Kollegen, oder die Unzufriedenheit mit dem Vorgesetzten, oder mit anderen äußeren Bedingungen Ihre Motivation?

Vergleiche mit dem Profisport zu ziehen, finde ich auch in diesem Moment sehr passend. Ein Fußballspieler geht auf das Spielfeld, um mit seiner Mannschaft gemeinsam zu gewinnen und nicht um sich ausführlich Gedanken über einzelne Situationen zu machen. Sei es das Foul von vorhin, die Beleidigung durch den Gegenspieler, oder die Fehlentscheidung des Schiedsrichters gerade eben. Gelingt es einem Fußballspieler nicht sich professionell auf seine Aufgabe im Team zu konzentrieren, wird er nie erfolgreich sein können. Und die gesamte Mannschaft damit ebenfalls nicht. Gefragt ist der Idealzustand, die Bedingungen, unter denen die Bestleistung abgerufen werden kann. Wie aber schafft man es seine Emotionen zu kontrollieren? Wie lenkt man seine Aufmerksamkeit weg von den Hindernissen, hin zu den Zielen? Hin zum Tor – hin zum Erfolg?

Erfolgreiche Menschen im Vertrieb schalten alle ihre negativen Emotionen ab und konzentrieren sich darauf, was zu tun ist. Gedanken an hinderliche Bedingungen kosten nur unnötig Energie und Zeit und halten Sie davon ab, Ihr Ziel zu erreichen. Überlegen Sie sich morgens, was sie an diesem Tag tun wollen. Nehmen Sie sich ein paar Minuten Zeit dazu. Das kann unter der Dusche sein, auf der Fahrt in die Firma… wann auch immer. Machen Sie ein Ritual daraus und formulieren Sie für sich klare Tagesziele. Schreiben Sie sie gegebenenfalls auf. Und lassen Sie nicht zu, dass externe Faktoren bremsen, die Sie ohnehin nicht beeinflussen können. Danken Sie an den Fußballprofi. Wenn er sich nach einem Foul, oder einer Fehlentscheidung nicht schüttelt und alle hinderlichen Emotionen abwirft, kann er auch gleich in die Kabine gehen.

Wenn es einmal nicht so rund läuft, überlegen Sie sich, was Sie getan haben, als es so richtig perfekt lief. Als der Arbeitstag sich anfühlte, wie eine ausgedehnte, längere Pause. Als einfach alles geklappt hat. Wie hat sich das angefühlt. Versetzten Sie sich in diesen Gefühlszustand und schalten Sie alles andere ab. Und dann nehmen Sie Ihre To-do-Liste hervor, sei es vor dem geistigen Auge, oder aus der Schreibtischschublade. *Versetzen Sie sich in den Idealzustand!* Und dann sind Sie wieder Profi, überlegen den nächsten Spielzug und denken an den Sieg.

4.3.6 Am Anfang schon das Ende sehen

Wenn Sie sich ein neues Ziel vornehmen, werden Sie es sich auch immer vorstellen, wie es sein soll, wenn Sie es erreicht haben. Zumindest zu Beginn, in der Planungsphase. Diese Vorstellung hat auf Ihre Motivation das Ziel zu erreichen einen erheblichen Einfluss. Das Ziel muss möglichst attraktiv sein, das haben wir eben in der S.M.A.R.T.- Formel schon gesehen. Je positiver und realistischer Sie es sich ausmalen, desto mehr Kraft bekommt es. Und je häufiger Sie sich Ihr Ziel vorstellen desto tiefer verankert es sich in Ihrem Unterbewusstsein und wird dort bereits schon zur Realität.

Wie aber finden Sie heraus, ob ein Ziel für Sie persönlich attraktiv ist? Dazu stellen Sie sich einfach die Frage nach dem: „Wozu"? Wozu möchte ich das Ziel erreichen? „Wozu" ist immer auf den Sinn und den Nutzen hin ausgerichtet, und damit in die Zukunft. Wozu dient das Ziel? Was haben Sie davon (Nutzen)?

Häufig wird an dieser Stelle die Frage nach dem „Warum?" gestellt. Warum soll ich das Ziel erreichen? Diese Frage ist jedoch immer auf die Ursache und damit in die der Vergangenheit gerichtet. Eine Frage, die für ein Ziel, das ja zukunftgerichtet ist, nicht förderlich ist.

Stellen Sie sich vor, Sie wären schon am Ziel angekommen. Wie sieht es aus? Wie hört es sich an? Wie fühlt es sich an? (je nach „Sinn", Meta 3a, 3b, o. 3c) Hat sich der Weg dorthin gelohnt? „Wozu" dient es Ihnen? Auf diese Weise erkennen Sie, ob Sie Ihr Ziel mit positiven Emotionen verbinden. Ob es für Sie attraktiv ist.

Bei größeren Vorhaben ist es ratsam, sich ein Ziel- oder Motivationsbuch anzulegen und sich so viele Details, wie möglich in Form von Bildern zu visualisieren. Ähnlich eines Reisekatalogs, in dem Sie die Reisedestination mit einigen Beispielfotos immer wieder betrachten und damit Ihre Vorfreude auf den ersehnten Urlaub noch steigern. Darüber vergisst man glatt, die unangenehmen Vorbereitungen wie Kofferpacken, eine Versorgung der Pflanzen und des Haustiers zu organisieren, Hausputz, eventuelle Impfungen, oder was sonst noch so vor einer Reise getan werden muss. Das Ziel, den genialen Urlaub, haben Sie sich schon ein dutzendmal vorgestellt und wissen schon genau, wie es sein- und was Sie erwarten wird.

Achten Sie darauf, Ihre Ziele immer unter den folgenden zwei Kriterien zu formulieren:

- positiv und
- *nie* verneinend

Nie verneinend, da sich das Menschliche Gehirn keine Verneinung vorstellen kann. Wie sieht es bei Ihnen aus, wenn ich Sie bitte sich jetzt *kein* gelbes Krokodil vorzustellen? Sie werden ein ähnliches Beispiel sicher schon einmal gehört haben. Negative Ziele zu erreichen ist sehr umständlich, da unser Gehirn in diesem Fall unnötig Energie damit vergeudet ein konkretes Ziel zu erkennen.

Vermeiden Sie daher Formulierungen wie:

- „Ich will nicht mehr…"
- „Ich will weniger…"

Im Vertrieb werden Sei sich wahrscheinlich auch irgendwann einmal das Ziel setzen mehr Umsatz zu machen. In diesem Fall (was zweifelsohne das am häufigsten formulierte Ziel ist) stellen Sie sich nicht nur den Betrag vor, um den Sie sich steigern wollen, sondern das, was Sie mit dem Geld machen werden. Stellen Sie es sich in immer in Bildern vor. Immer und immer wieder.

Stehen Sie vor einer wichtigen Abschluss-Verhandlung, stellen Sie sich immer wieder vor, wie es sich anfühlen wird, wenn Sie die Zusage bekommen haben. Wie werden Sie reagieren? Was werden Sie im Anschluss tun? Durchleben Sie diese Momente, als seien Sie bereits jetzt Realität.

Wenn Sie sich größere Ziele stecken, stellen Sie sich vor, wie es sein wird, wenn Sie es erreicht haben. Stellen Sie es sich vor, in möglichst vielen Details. Wie wird Ihr Tagesablauf sein? Erleben Sie in Gedanken einen ganzen Tag so, wie Sie ihn sich wünschen, dass er sein soll. Machen Sie sich gedanklich möglichst klare Bilder. Anschließend besorgen Sie sich dazu passende Fotos und kleben diese in ein

Heft, oder Album. Kreieren Sie Ihr persönliches „Ziel-Album" möglichst so, wie Sie es sich in Ihren Vorstellungen ausgemalt haben. Sehen Sie sich dieses Album immer wieder an. Mindestens einmal am Tag. Dadurch verankert sich Ihr Ziel im Unterbewusstsein und wird dort zur Realität. Das ist ein sehr starker Beschleuniger auf Ihrem Weg.

4.3.7   Erfolgsjournal schreiben

Da wir, wie schon beschrieben, Negativem mehr Aufmerksamkeit schenken, als Positivem ist die folgende Übung ein sehr wirkungsvolles Mittel den Fokus auf das Positive zu richten. Dadurch trainieren Sie automatisch eine andere Wahrnehmung von sich selbst. Es stärkt das Positive, gibt Ihnen Kraft, Energie und Motivation. Und zugleich schwächt es automatisch alles Negative.

Nehmen Sie sich die nächsten 21 Tage am Abend jeweils 10 bis 15 min Zeit und schreiben Sie Ihr persönliches Erfolgsjournal. Schreiben Sie alles auf was Sie an diesem Tag Positives erlebt haben. Erfolge im Verkauf, eine positive Reaktion auf Ihr Verhalten, Ihr positives Interpretieren einer Situation… Einfach alles, was Ihnen einfällt. Sie werden erstaunt sein, wie viel Positives jeden Tag geschieht. Nach ein paar Tagen wird Ihnen auffallen immer häufiger zu denken: „Das war jetzt gut. Das ist ein Thema für mein Erfolgsjournal." Schreiben Sie Ihre persönlichen Ziele ebenfalls in Ihr Erfolgsjournal. Sie verankern sich dadurch in Ihrem Unterbewusstsein, was ihnen dadurch noch mehr Kraft verleiht. Halten Sie die 21 Tage unbedingt durch und führen Sie Ihr Erfolgsjournal.

Wenn Motivation für Sie selbstverständlich ist und Sie diese Übung für sich als überflüssig betrachten, gratuliere ich Ihnen. Vielleicht fällt Ihnen aber ein Mensch ein, von dem Sie wissen, oder glauben, es könnte ihm helfen sich zu entwickeln, empfehlen Sie ihm dieses Buch.

Der Haka-Tanz der Maori

Bei einem Haka-Tanz handelt es sich um ein überliefertes Ritual der neuseeländischen Māori-Kultur. Furchterregende Schauspiele, um die physische Überlegenheit und Verfassung der Māori-Krieger zu demonstrieren, sowie dem Gegner Angst einzujagen. Ein uraltes Ritual, das sich die neuseeländische Rugby-Union-Nationalmannschaft von Ihren Vorfahren ausgeliehen hat, um es den Zuschauern, aber vor allem ihren Gegnern, vor ihren Länderspielen vorführen. Dabei geht es nicht nur um die Außenwirkung, sondern auch um das eigene Selbstvertrauen. Sicher ist dieses Ritual nicht unbedingt geeignet, um ein Verkaufsgespräch zu eröffnen, aber um zu verstehen, wie Rituale die eigene Überzeugung unterstützen können. Wenn Sie in die Gesichter der Spieler blicken, während der Vorführung eines „Haka", sehen Sie absolute Willenskraft, Selbstsicherheit und Überzeugung. Dieses Ritual haben die Spieler immer und immer wieder trainiert, bis kein Platz mehr blieb für den leisesten Zweifel oder Unsicherheit. So lange, bis jeder der Spieler nur noch den Glauben an die eigene Kraft und die eigenen Fähigkeit in sich spürte. Schauen sich ein Video dazu auf YouTube an und Sie werden verstehen, was ich meine. http://www.youtube.com/watch?v=cle20lQg0Qs

Haben Sie einen Haka-Tanz gesehen, wissen Sie wie dieses Schauspiel auf die gegnerische Mannschaft wirken muss. Entschlossenheit und Willenskraft pur! Im Verkauf ist das Gegenteil von Aggressivität gefragt:

- Freundlichkeit, Einfühlungsvermögen und ein entwaffnendes Lächeln!
- Eröffnen Sie Ihre Verkaufsgespräche so?
- Wie sieht Ihr Kunde Sie?

Viele Handelsunternehmen haben mittlerweile am Übergang vom Personalbereich zum Verkaufsraum Spiegel angebracht. Eine sehr sinn- und wirkungsvolle Maßnahme. Schauen Sie hinein und lächeln Sie! *So* wird Sie Ihr Kunde sehen!

Fazit

- Sie steigern Ihre Selbstmotivation, indem Sie klare Ziele formulieren. Damit legen legen Sie den Grundstein für Ihre Selbstmotivation.
- Planen Sie den Weg zur Erreichung Ihrer Ziele möglichst genau und setzen Sie Meilensteine. Dadurch behalten Sie Ihr Ziel im Auge und haben die Möglichkeit korrigierend einzuwirken (falls sich Bedingungen ändern sollten).
- Setzen Sie sich Fristen für Ihre Ziele und für die Meilensteine auf dem Weg dorthin.
- Überlegen Sie sich, womit Sie sich selbst belohnen, wenn Sie Ihr Ziel erreichen. Belohnen Sie sich auch mit kleinen Dingen wenn Sie einzelne Meilensteine erreichen. Dadurch bleibt Ihre Motivation auf dem gesamten Weg erhalten.
- Stellen Sie sich vor, Sie sind bereits am Ziel angekommen. Machen Sie sich möglichst genaue Bilder davon, wie es sein- und wie es sich anfühlen wird.
- Versetzen Sie sich in Ihren Idealzustand.
- Schreiben Sie ein Erfolgsjournal und machen Sie sich damit die positiven Dinge sichtbar.

4.4 Wie Sie die Komfortzone verlassen

Sie erinnern sich an Kap. 2 „Persönlichkeitsentwicklung", als es um die Wandlung von der reaktiven- zur proaktiven Denk- und Handelsweise ging. Das ist der erste Schritt: die eigene Komfortzone zu verlassen. Die Komfortzone verlassen bedeutet gewohnte Wege zu verlassen und neues Terrain zu be– und neue Pfade zu treten, ohne genau zu wissen, was einem alles auf diesem Weg erwarten wird. Was auf der einen Seite wie ein kleines Abenteuer klingt ist auf der anderen Seite auch äußerst unbequem, da der Mensch von Natur aus Veränderungen meidet. Vielleicht haben Sie es schon einmal erlebt, dass Sie aus welchen Gründen auch immer das gewohnte, berufliche Umfeld verlassen haben. Etwas vollkommen Neues kennenlernten. Eine neue Umgebung, neue Menschen, andere Vorgehensweisen. Das ist anfänglich beschwerlich, besonders in der Entscheidungsphase, stimmt's? Dann meldet sich der innere Schweinehund besonders laut und zeigt alle Risiken auf die der neue Weg vermeintlich parat hält. Unser innerer Schweinehund hat es sich doch so kuschelig gemacht in der Hängematte der alltäglichen Bequemlichkeiten. „Ist doch alles genial, so wie es ist! Wenn sich schon etwas ändern soll, dann soll aber auch alles wieder so werden wie es gewesen ist. Hat doch perfekt funktioniert die ganze Zeit!" Welche Möglichkeiten sich mit Veränderungen ergeben könnten, verschweigt uns das bequeme Pelztier offensichtlich ganz bewusst, denn es mag Veränderungen nicht. Wenn er sich bei Ihnen einmal wieder melden sollte, der innere Schweinehund, schlagen Sie ihm ein Schnippchen. Nehmen Sie sich ein Blatt Papier und notieren Sie sich alles was mit der geplanten Veränderung bestenfalls auf Sie wartet und was schlimmstenfalls passieren könnte. Kreieren Sie das Best-Case- und das Worst-Case-Szenario. Sie werden sehen, um wie viel mehr positive Argumente Sie finden werden, im Vergleich zu den negativen. Letztlich führt es immer zur Horizont- und Bewusstseinserweiterung, wenn Sie sich aus der Komfortzone bewegen.

▶   Wirkliche Entwicklung geschieht nur jenseits Ihrer Komfortzone!

Die eindeutigsten Beweise dafür, hat in unserem Kulturkreis fast jeder selbst erlebt. Es waren sehr einschneidende, alles verändernde Ereignisse, die unser Leben völlig veränderten und uns bis heute im Gedächtnis verankert sind:

- der erste Tag im Kindergarten
- der erste Schultag
- die Berufsausbildung
- das Studium
- der Jobwechsel
- der Umzug in eine fremde Stadt

Wenn Sie zurückblicken, waren es diese Momente – jene der großen Veränderungen –, die Sie am meisten geprägt und weitergebracht haben. Diese Veränderungen haben uns, noch bevor sie eintraten, am meisten beschäftigt. Sie haben uns beunruhigt und den Schlaf geraubt. Vor Aufregung, oder Vorfreude, ob der anstehenden Veränderung, die wir erahnten, oder erhofften, aber nie genau vorhersehen konnten. Wenn Sie sich zurückentsinnen, sind die Befürchtungen, die am meisten beunruhigten nie eingetreten. Aber eines passierte immer: Ihre Welt hat sich verändert. Ihre Sicht– und Denkweisen haben sich verändert. Sie haben sich weiterentwickelt. Immer dann am prägendsten, wenn Sie Ihre Komfortzone verlassen haben.

Im Verkauf wird Ihr innerer Schweinehund Ihnen dutzende Gegenargumente liefern, wenn er Sie wieder einmal dabei erwischt hat, dass Sie sich mit Veränderungen beschäftigen:

- Warum Sie Ihre Ziele nicht an den erfolgreichsten Menschen Ihrer Branche ausrichten sollten.
- Warum es unklug ist, neue Wege zu gehen.
- Was an einem Seminar alles schlecht ist, statt den Fokus auf die bereits erwähnten, wenigen für Sie wichtigen Prozente des Inhalts zu richten und daraus klare Ziele für Sie abzuleiten.
- Warum Sie sich das ein- oder andere Thema aus diesem Buch nicht vornehmen brauchen.

Warum Sie Ihre Komfortzone unbedingt immer wieder verlassen sollten:

- um Neues zu lernen
- um sich persönlich zu entwickeln
- um eigenen Ängsten ins Auge zu blicken und sie zu überwinden
- um erfolgreicher zu werden
- um Ihr wahres Potenzial zu entwickeln
- um selbstsicherer zu werden
- um zu dem zu werden, der Sie wirklich sein können!

▶   Geben Sie Ihrem inneren Schweinehund den Laufpass! Verlassen Sie Ihre Komfortzone, formulieren Sie klare Ziele und seien Sie proaktiv!

Fazit

- Pro-aktives Denken ist der erste Schritt, um die Komfortzone zu verlassen.
- Wahre Entwicklung findet nur außerhalb der Komfortzone statt.
- Orientieren Sie sich bei Ihren Zielsetzungen immer an den Besten Ihrer Branche!

Literatur

Doran, G. T. 1981. There's a S.M.A.R.T. way to write management's goals and objectives. *Management Review* 70 (11) (AMA FORUM).

Weiterführende Literatur und Links

Literatur

Asch, S. A. 1946. Forming impressions of personality. *Journal of Abnormal and Social Psychology.*

Bandler, R., und J. Grindler. 2010. *Metasprache und Psychotherapie – Die Struktur der Magie I*, 11. Aufl. Paderborn: Junfermann.

Briggs Myers, I., und M. H. McCaulley. 1985. *A guide to the development and use of the Myers-Briggs type indicator.* Palo Alto: Consulting Psychologists.

Cameron-Bandler, L., D. Gordon, und M. Lebeau. 1985. *Know how: Guided programs for inventing your own best future.* San Rafael: FuturePace.

Carnegie, Dale 2011. *Wie man Freunde gewinnt*, 3. Aufl. Frankfurt a. M: S. Fischer.

Cialdini, Robert, B. 2009, *Die Psychologie des Überzeugens.* Bern: Huber.

Covey, Stephen R. 2005. *Die 7 Wege zur Effektivität.* Offenbach: Gabal.

Dick, A. 2010. *Mut.* Bern: Huber.

Doran, G. T. 1981. There's a S.M.A.R.T. way to write management's goals and objectives. *Management Review*, 70 (11) (AMA FORUM).

James, T., und Woodsmall Wyatt. 2012. *Time Line – NLP Konzepte*, 7. Aufl. Paderborn: Junfermann.

Jung, C.G. 1994. *Psychologische Typen.* Olten: Walter-Verlag.

Luft, J., und H. Ingham 1955. *The Johari window, a graphic model for interpersonal relations.* Los Angeles: University of California at Los Angeles, Extension Office.

Pelz Wirtschafts Waldemar TH Mittelhessen. Publikationen auf http://www.willenskraft.net. Zugegreffin: 25. Sept. 2014.

Schäfer, B., und B. Grundl. 2013. Meta-Techniken, Life Seminar.

© Springer Fachmedien Wiesbaden 2015
T. W. Lörsch, *Kunden gewinnen mit Meta-Selling,*
DOI 10.1007/978-3-658-06964-3

Link

zu den Tabellen und Checklisten:
– Übersicht Meta-Programme
– Checkliste Meta-Programme
– Kernfragen
– Selbstbild/Fremdbild
– Meta-Übungen
– Online-Video
http://www.thomasloersch.com/downloads/

Auf ein Nachwort: FAQ
Fragen, die mir immer wieder
gestellt werden:

Welche persönliche Eigenschaft ist für einen Verkäufer am wichtigsten?
Sowohl bei der Personalauswahl, als auch für den Verkäufer selbst es die Begeis-
terungsfähigkeit im Umgang mit Menschen. Das impliziert eine positive Bereitschaft zur Kommunikation und ein echtes Interesse an anderen Menschen, was
meist eine altruistische Komponente beinhaltet. Ebenso ist sie ein Indikator dafür,
dass die Person eine Gewichtung im äußeren Bezug hat (2b), was eine Voraussetzung ist für intrinsische Motivation und damit für dauerhaften Erfolg im Verkauf.

Was sind für Sie die größten Fauxpas im Verkauf?
Da gibt es eine ganze Reihe die ich immer wieder beobachte. Was mich letztlich
dazu veranlasste diese No-Goes unter dem Tltel „Die 7 Todsünden im Verkauf"
zusammenzufassen. Diese können Sie auf meiner Webseite kostenlos downloaden.

**Wenn ein Verkäufer bereit dazu ist sich zu entwickeln. Womit fängt er am
besten an?**
Der erste und zugleich dauerhaft beste Ansatz ist sich eine Regelmäßigkeit zur
Bildung zu organisieren. Sei es zu einem festen Tag in der Woche eine Stunde ein-
zuplanen, die für das Lesen von Fachliteratur reserviert ist. Die Regelmäßigkeit
wird sich auf Dauer auszahlen und häufig werden dann aus einer Stunde auch zwei.
Sie wird zur Gewohnheit und in der Regel findet man Gefallen daran und schafft so
eine gute Grundlage immer neue Ideen aufzunehmen. Häufig scheuen Menschen
diesen Weg, der jedoch – ist er erst einmal gestartet – nicht nur sehr motivierend ist
sondern Wissen anhäuft, wovon immer wieder Impulse für Entwicklung ausgehen.

Benutzen Sie die Meta-Programme auch in Ihrem Privatleben?
Ja, das tue ich. Das heißt gelegentlich wird es mir bewusst, dass ich sie, seit ich
sie verinnerlicht habe, immer wieder erkenne. Fast automatisch. Ich höre dadurch

© Springer Fachmedien Wiesbaden 2015
T. W. Lörsch, *Kunden gewinnen mit Meta-Selling*,
DOI 10.1007/978-3-658-06964-3

noch aufmerksamer zu und sehe die Menschen in meinem Umfeld noch wohlwollender. Wenn ich merke es ist gerade jemand völlig in seinem inneren Bezugsrahmen (2a) weiß ich, es ist dann wenig sinnvoll ihn von etwas anderem überzeugen zu wollen, da er dafür gerade keine Antenne besitzt. Dann ist es besser allenfalls eine passende Frage zu stellen, als mit meiner eigenen Meinung überzeugen zu wollen. Daher nochmals meine Antwort: Ja, das tue ich.

Bei der Gelegenheit weise ich immer darauf hin, dass Meta-Programme in der Anwendung eine sehr starke Kraft haben und ein sehr wirkungsvolles Werkzeug sind, dass keinesfalls zu manipulativen Zwecken verwendet werden darf. Es soll einzig und alleine dazu dienen ein besseres Verständnis für seine Mitmenschen zu entwickeln.

Schlusswort

In den immer wiederkehrenden Zyklen des Lebens geht es auf und ab. Das ist ein Naturgesetz, wie auf Ebbe die Flut folgt, auf die Nacht der neue Tag und auf Regen der Sonnenschein. Genauso verhält es sich auch mit Ihrem Erfolg im Beruf. Es geht ständig auf und ab. Das Niveau, wie hoch die Wellen Ihres Erfolgs Sie tragen, und wie weit, können dauerhaft nur Sie selbst beeinflussen. Keine Glückssträhne ist in der Lage, Sie dauerhaft über dem Niveau Ihrer persönlichen Qualifikation zu halten. Keine hemmenden, äußeren Bedingungen werden Sie dauerhaft von dem Erfolg abhalten, den Sie als Ihr Ziel formuliert haben. Durch „Zufälle" und unvorhersehbare Ereignisse kann urplötzlich ein Tief, ein *Wellental Ihres Erfolgs* auftauchen und Sie hinunterziehen. Wie weit es abwärts-, und wie schnell es dann wieder hinauf geht, liegt alleine in Ihrer Hand. Nur Sie selbst sind in der Lage, durch eine permanente persönliche Weiterentwicklung, durch Investitionen in Ihr Wissen, in Ihre Persönlichkeit, Ihren langfristigen Erfolg zu sichern.

Verkäufer sein ist viel mehr als nur ein Beruf. Er kann für Sie zur Leidenschaft werden und bietet Ihnen alle Entwicklungsmöglichkeiten, die Sie anstreben. Formulieren Sie für sich klare Ziele, die Sie in Ihrem Beruf erreichen wollen. Seien Sie dabei nicht zu bescheiden! Die Grenzen für Ihre Ziele bestimmen Sie alleine. Wollen Sie ein Ziel wirklich erreichen, werden Sie es auch schaffen. Meißeln Sie Ihr Ziel in Stein und lassen Sie sich nicht von andern beirren oder verunsichern.

► Sie und sonst niemand, entscheidet, wohin Ihr Weg Sie führt!

Die Gelegenheiten für Ihre Entwicklung werden sich ergeben und für Sie sichtbar werden. Mit Ihrem Ziel vor Augen werden Sie die Wegkreuzungen erkennen. Wenn sie auftauchen, werden Sie wissen, wo es langgeht, auf Ihrer persönlichen Entwicklungsreise. Auf Ihr vielleicht spannendstes Abenteuer in Ihrem Berufsleben: Auf Ihre Reise, auf Ihrem *Weg zum Meta-Verkäufer*.

© Springer Fachmedien Wiesbaden 2015
T. W. Lörsch, *Kunden gewinnen mit Meta-Selling*,
DOI 10.1007/978-3-658-06964-3

Verkaufen heißt nicht *nur* verkaufen. Es bedeutet vor allem anderen Menschen zu helfen. Das ist eine der zentralen Erkenntnisse für Erfolg im Vertrieb. Durch Ihre permanente Weiterentwicklung erhalten und steigern Sie Ihre innere Motivation. Sie führt Sie zu Selbstsicherheit und innerer Ruhe. Zu einem erfolgreichen und glücklichen Leben. Letzten Endes ist unser ganzes Leben ein ständiges Verkaufen. Kommunikation mit anderen Menschen ist ein ständiges gegenseitiges Verkaufen von Ansichten, Ideen, Überzeugungen und Meinungen. Wir tauschen uns aus, lernen voneinander jeden Tag, wenn wir offen sind dafür.

Sie verkaufen sich täglich dutzendfach an Ihre Mitmenschen. Durch Ihre optische Erscheinung und durch das was Sie sagen. Ihre Leistung an die Firma, für die Sie arbeiten verkaufen Sie natürlich auch. Das Gehalt, welches Sie dafür erhalten richtet sich immer nach der Qualität Ihrer Leistung-, nach dem Mehrwert den Sie beitragen. Und selbst auf dem Sterbebett verkaufen manche noch die ein oder andere Sünde, gegen die Absolution des Pfarrers.

Es hat mir sehr viel Freude bereitet für Sie dieses Buch zu schreiben und ich hoffe sehr, dass Sie beim Lesen viele Aha-Erlebnisse hatten. Mit einem Buch ist es ist wie mit einem Seminar, das man besucht hat. Gelingt es einem, nur zehn Prozent des Inhaltes zu verinnerlichen, haben sich der Zeitaufwand und die Mühen gelohnt. Es geht immer um die Inhalte, die zur Persönlichkeitsentwicklung beitragen. Sicher war auch in diesem Buch einiges dabei, was Sie schon wussten und auch anwenden. Sollten manche Themen Sie nicht ansprechen, nehmen Sie diejenigen, mit denen Sie sich auch identifizieren können. Und setzten sie um! Ich wünsche Ihnen viel Freude dabei, das nötige Durchhaltevermögen und von Herzen viel Erfolg auf Ihrer Reise. Auf Ihrem persönlichen Weg zum „Meta-Verkäufer". Sollten Sie Anregungen und Feedback zu diesem Werk haben, schreiben Sie mir gerne direkt unter tl@thomasloersch.com.

Wenden Sie die Meta-Programme immer wieder an und werden Sie vertraut mit der Anwendung. Die beste Übung dazu ist es, anderen davon zu berichten und die Wirkungsweise zu erklären. Das ist der effektivste Weg, um sie zu beherrschen und zu verinnerlichen. Sollten Ihnen Freunde oder Bekannte einfallen, die in ihrem Leben mehr erreichen wollen, egal in welchem Bereich sie auch tätig sind, empfehlen Sie Ihnen dieses Buch. Es könnte ein Anstoß sein für mehr Eigenverantwortung, für mehr Selbstvertrauen und für mehr Zufriedenheit.

Herzlichst, Ihr Thomas W. Lörsch

PS: Ein Extra habe ich noch für Sie: Auf meiner Webseite www.thomasloersch.com finden Sie, als Leser dieses Buches, unter „Downloads" die Tabellen und Checklisten dieses Buches. Geben Sie dort den folgenden Code ein: „metaselling14"